LEIPZIGER BAROCK

Die Baukunst der
Barockzeit in Leipzig

Nikolaus Pevsner

LEIPZIGER BAROCK

Die Baukunst der Barockzeit in Leipzig

—

Mit einem Nachwort von
Ernst Ullmann

VEB E. A. Seemann Verlag
Leipzig

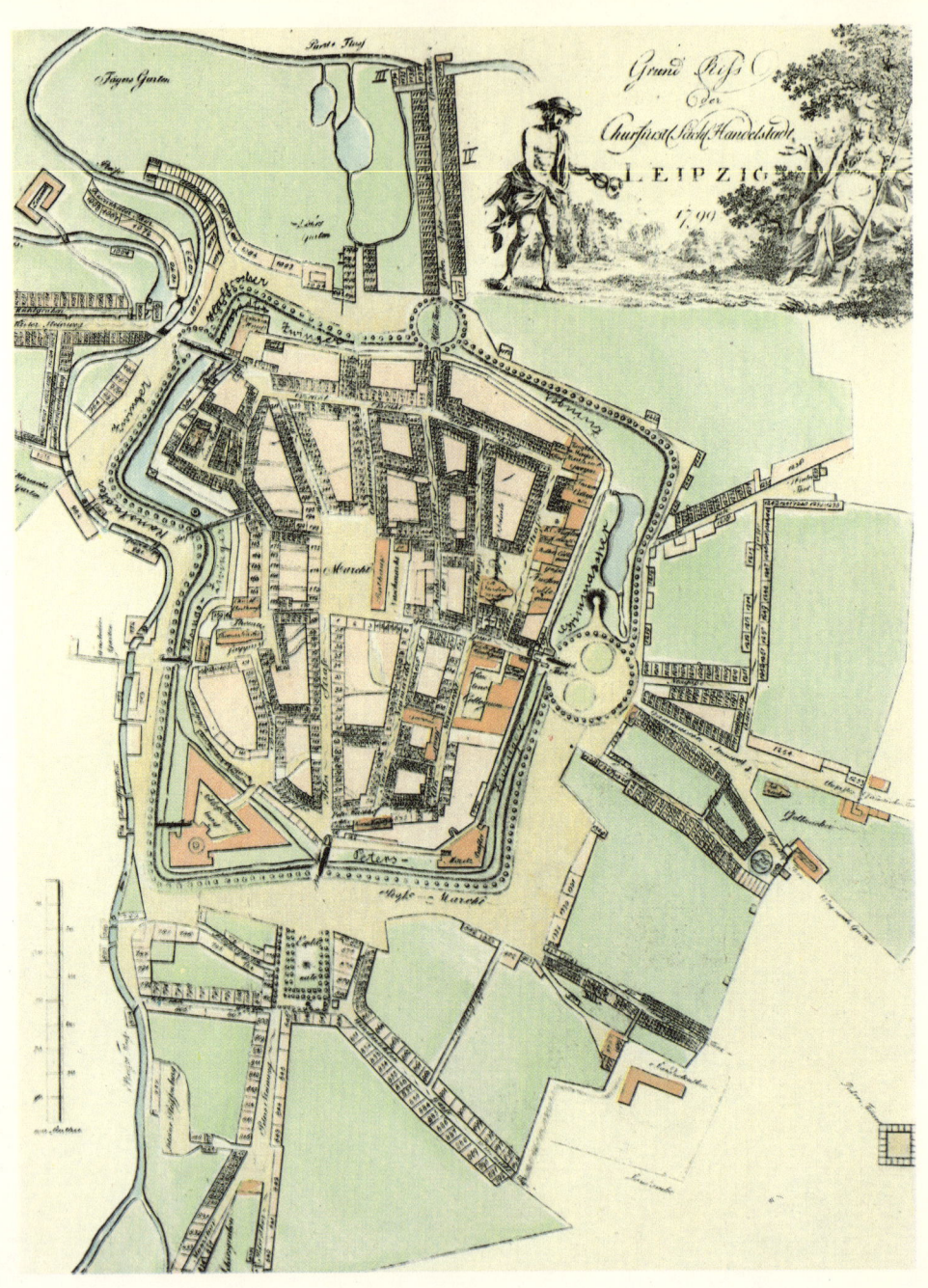

LEIPZIGER BAROCK

*Die
Baukunst der Barockzeit
in Leipzig*

von

Nikolaus Pevsner

Verlag von Wolfgang Jess in Dresden

Pevsner, Nikolaus
Leipziger Barock : d. Baukunst d. Barockzeit in Leipzig.
— Reprint d. Ausg. Dresden, 1928, 1. Aufl. —
Leipzig : E. A. Seemann Verl., 1990. —
416 S. : 117 Ill., 1 Kt. (farb.)

ISBN 3-363-00457-5

1. Auflage 1990
© by VEB E. A. Seemann Verlag 1990
Veröffentlicht unter Lizenz-Nr. 460/20/90 · LSV 8124
Unveränderter Nachdruck der Ausgabe von 1928 mit einem Nachwort
von Ernst Ullmann, Leipzig
Gestaltung von Einband und Schutzumschlag Erika Palme, Coswig
Printed in the German Democratic Republic
Bestell-Nr. 505 979 4

*Meinen Eltern
in dankbarer Liebe
zugeeignet*

Inhaltsverzeichnis

Vorwort

Die Studien, auf denen das vorliegende Buch beruht, fallen in die Jahre 1922 und 1923. Aus ihnen entstand 1924 meine Inaugural-Dissertation, die der Philosophischen Fakultät der Universität Leipzig vorlag. Infolge der schwierigen Verhältnisse jener Jahre im deutschen Buch- und Verlagswesen unterblieb damals die Drucklegung, so daß sich nun eine ausgiebige textliche Umredaktion unter Verarbeitung der seit 1924 veröffentlichten Forschungsergebnisse zur Barockarchitektur nötig machte. Ihr Ergebnis ist diese erste wissenschaftliche Darstellung eines bisher weder seiner kunstgeschichtlichen noch seiner stadtgeschichtlichen Bedeutung entsprechend gewürdigten Gebietes.

Für reichlich mir gewährte Hilfe bei meinen Leipziger Arbeiten danke ich in erster Linie den Herren Direktor Dr. Schulze vom Stadtgeschichtlichen Museum, Professor Dr. Kroker und Direktor Dr. Hoffmann von der Stadtbibliothek und dem Ratsarchiv, sowie Ratsobersekretär Dathe. Herr Geheimrat Cornelius Gurlitt bemühte sich in der liebenswürdigsten Weise um die Ermöglichung der Drucklegung, Adelbert Graf Schulenburg gestattete mir aufs zuvorkommendste eine gründliche Durchsicht seines Burgscheidunger Schloßarchivs, Herr Professor Hamann ermöglichte die Aufnahme des größten Teiles der Abbildungen auf Platten des Marburger Kunstgeschichtlichen Instituts, Herr Architekt Rometsch und der Landesverein Sächsischer Heimatschutz stellten mir mehrere Negative aus ihren reichen Beständen zur Verfügung, Herr Oberbaurat Kahnt ließ durch seine Schüler, die Herren Uhlich und Pötsch einen Grundriß, der erforderlich war, neu aufnehmen.

Endlich gedenke ich auch an dieser Stelle mit der wärmsten Dankbarkeit der mittelbaren und unmittelbaren Förderung, die ich meinen Lehrern verdanke: Wilhelm Pinder und Franz Studniczka, Rudolf Kautzsch und Leo Bruhns, denen ich vielleicht, wenn auch nicht mehr auf Grund persönlich genossener Ausbildung, so doch auf Grund seiner für die ganze wissenschaftliche Methode dieses Buches vorbildlichen Arbeiten über das Wesen des Barockstiles, August Schmarsow anfügen darf.

Dresden, im März 1928   Nikolaus Pevsner

Einleitung

Die kulturelle Bedeutung Leipzigs
im 17. und 18. Jahrhundert

Eine monographische Behandlung der Leipziger Barockbaukunst wird
auf vielen Seiten zunächst dem Zweifel begegnen, ob das Gebiet überhaupt eine solche Arbeit benötige[1]. Daß ein derartiger Zweifel unbe-
rechtigt ist, läßt sich von verschiedenen Gesichtspunkten aus begründen.
Das gewichtigste Wort müssen natürlich die Denkmäler selbst sprechen,
aus denen unschwer der Beweis zu erbringen ist, wie viele und hohe
Werte die Leipziger Architektur dieses Zeitraumes birgt, die, durch die
moderne Stadtentwicklung beeinträchtigt, allzu wenig Beachtung gefunden haben. Davon aber zunächst abgesehen gibt schon die Tatsache
zu denken, daß Leipzig im 17. und 18. Jahrh. in unvergleichlich höhe-
rem Maße als heute einen Mittelpunkt deutscher Kultur bedeutete,
nicht nur in Bezug auf sein geschäftliches und industrielles Leben, wie
es doch jetzt vornehmlich der Fall ist, sondern ebensosehr kraft seiner
wissenschaftlichen und künstlerischen Produktion. Das ist um so be-
achtenswerter, als Leipzig nicht Residenz eines absoluten Herrschers
war und also keinen von den Vorteilen, die damit verbunden waren,
genoß. Vielmehr ruhten die Geschicke der Stadt ausschließlich in den
Händen der Kaufmannschaft selbst, deren angesehenste Vertreter den
Rat bildeten. Ihnen ist die Bedeutung Leipzigs in jener Epoche zu
danken. Schon damals war die Stadt die Zentrale des Buchgewerbes.
Von den industriellen Unternehmungen nahmen die Tuchfabriken die
erste Stelle ein, die mit den dazugehörigen Arbeiterwohnungen ge-
wöhnlich jenseits des Stadtgrabens dort lagen, wo ihre Besitzer sich
gleichzeitig Gärten und Lusthäuser anlegten. Daneben war Leipzig vor
allem eine der wichtigsten deutschen Handelszentralen, was sich in den
dreimal jährlich[2] stattfindenden Messen zeigte. Seit etwa 1711 hatten
diese das entschiedene Übergewicht über alle anderen deutschen Messen.
Um die Jahrhundertmitte schon zogen sie jährlich zwischen 6000 und
10 000 Fremde nach Leipzig[3]. Sogar ein französischer Schriftsteller (den
Gurlitt absichtlich zitiert)[4] nennt sie „von gewaltiger Bedeutung für

ganz Europa". Auch das Bankgeschäft stand in Flor, und unter den wichtigsten Bauherren werden wir die Gestalten des Bankiers Michael Koch und seines Schwagers Peter Hohmann finden, jenes Hohmann, der, als Sohn armer Eltern 1663 in dem Dorf Cönnern geboren, 1717 von Karl VI. geadelt wurde, und dessen Nachkommen, die Grafen Hohenthal, wie so manche ehemalige Leipziger Kaufmannsfamilie, zur sächsischen Aristokratie gehören. Im 17. und 18. Jahrh. vollzieht sich nämlich im Leipziger Gebiete die wirtschaftsgeschichtlich interessante Entwicklung, daß zahlreiche Rittergüter und Güter ins Eigentum von städtischen Bürgern übergehen und in der Folge diese neuen Großgrundbesitzer mit dem alten, landeingesessenen Adel verschmelzen[5].

Aus den gleichen Kaufmannsgeschlechtern, die so dem Adel des Landes frisches Blut zuführten, stammen nun aber auch eine ganze Reihe von Gelehrten der Leipziger Universität, wie die Professoren Winckler, Jöcher, Mencke[6], die mehr oder weniger bedeutsame Rollen in der damaligen deutschen Wissenschaft spielten. Überhaupt genießt die Leipziger Hochschule in der Barockzeit einen Ruf, wie kaum eine zweite im Reiche. Darin zeigen sich die Literarhistoriker einig, wenn Erich Schmidt Leipzig „die gebildetste Stadt Deutschlands" nennt, Muncker von der „geistigen Metropole Deutschlands" und Reichel vom „Mittelpunkt des geistigen Lebens" spricht. Zum Beweise kann hier nur ein knapper Überblick über die Größen der deutschen Wissenschaft und Literatur dienen, die in dem Jahrhundert zwischen 1650 und 1750 in Leipzig gelebt haben.

Die Philosophie der Aufklärung freilich wendet sich bald von Leipzig fort nach Preußen und seiner Universität Halle. Leibniz, der 1646 in Leipzig geboren wurde und hier Schul- und Hochschulbildung erwarb, versuchte 1666 vergeblich die Habilitation in Leipzig und kehrte daraufhin für immer der Stadt den Rücken. Thomasius, 1655 in Leipzig geboren und Lehrer an der Universität, macht sich seiner Anschauungen wegen viele Feinde und geht 1690 nach Halle über. Wolf habilitiert sich 1703 in Leipzig, nimmt aber schon 1706 die Professur in Halle an. Wie tief allerdings Orthodoxie und Feindschaft gegen die Aufklärung im Charakter der Stadt und des Landes begründet sind, werden wir erst später sehen und von der positiven Seite verstehen können.

Begreiflicherweise sind es so Jurisprudenz und Theologie, die an der

Universität am Ende des 17. Jahrh. das Wort führen, zentralisiert in der bedeutenden Familie Carpzov, orthodoxen und intoleranten Professoren und Predigern, die gegen den Pietismus Front machen (Joh. Ben. d. J. 1639–99 und die „Leipziger Bewegung") und sich durch die Strenge ihres Vorgehens gegen Hexerei und Zauberwesen einen Namen gemacht haben (Joh. Ben. d. Ä. 1595–1666 soll 20000 Todesurteile auf dem Gewissen haben). Demgemäß sind gerade sie in der theologischen Literatur als die Vertreter der Predigtart bekannt, die alle barocken Raffinements verwertet und sich in der Freude am formal Schwierigen nicht genug tun kann (Realjahrgänge, emblematische Predigtweise)[7].

Im 18. Jahrh. ist es dem Wandel der Anschauungen entsprechend mehr die Philologie und Literaturwissenschaft, die in Leipzig ihre wichtigen Vertreter hat: vor allem Gottsched, der seit 1724 hier residiert und bis zu seinem Tode 1766 eine gar nicht zu überschätzende Rolle im deutschen Geistesleben spielt. Von ihm gehen die Reformbestrebungen der deutschen Sprache, der Bühne und Dichtung aus, und wenn er auch selbst kein Künstler war, so vertritt er doch unübertrefflich den Rationalismus der Zeit zwischen 1730 und 50, dem wir auch in der bildenden Kunst begegnen werden. Derselbe Geist leitete die philologischen Bestrebungen Ernestis und Christs, den man mit Recht unter Winckelmanns Vorgängern aufführt[8].

Besonders sind es aber die Dichter selbst, die das ganze 17. und 18. Jahrh. hindurch auf der Leipziger Universität entscheidende Anregungen erfahren haben: Mit Paul Fleming fängt es an, der 1624–33 in Leipzig lebte. Dann mehren sich mit dem 18. Jahrh. die großen Namen an der Hochschule: Günther ist von 1717–19 Student, Gottsched seit 1724 Dozent, Gellert lebt von 1734 bis zu seinem Tode erst lernend, dann selbst lehrend in Leipzig, Lessing studiert hier 1746–48, und in den gleichen Jahren tritt Klopstock in Beziehungen zu dem Kreise der Bremer Beiträger, von denen so viele zur selben Zeit mit ihm sich in der Stadt aufhalten. Joh. Elias Schlegel allerdings verließ sie nach vierjährigem Aufenthalt schon 1743, doch sind noch immer Rabener, Cramer, Gärtner, Ebert, J. A. Schlegel und Giseke mit Klopstock zusammen, Namen, die wir aus Klopstocks Oden wie aus Goethes „Dichtung und Wahrheit" kennen. Aus diesem Werke ist auch der Allgemeinheit geläufig, wie hoch das Niveau der Leipziger Kultur in den

60er Jahren war. Und Goethe selbst schließt so die Reihe der großen Studenten, die im Zeitalter des Rokoko in Leipzig weilten.

Ganz gewiß nicht weniger überragend war Leipzigs Blüte in der Barockmusik. Schon mit dem Anfang des 17. Jahrh. setzt die Reihe der hochbedeutenden Thomaskantoren ein, die in Bach, dem größten Genie des deutschen Barock, gipfeln: Auf Calvisius folgt in der ersten Hälfte des 17. Jahrh. Schein, den übrigens mit Fleming eine nahe Freundschaft verband. Und im folgenden Säkulum werden die Thomaner nacheinander von Knüpfer (1657–76), Schelle (1676–1701), Kuhnau (1701–22), Bach (1723–50) dirigiert. Diesen großen Kantoren stehen bedeutende Organisten zur Seite, wie Kuhnau es schon seit 1684 an der Thomas-, Rosenmüller und Adam Krieger in der Mitte des 17. Jahrh. an der Nikolai- und Telemann 1700–04 an der Neuen (Matthäi-) Kirche ist. Daneben führt Strungk seit 1693 seine Opern im eigenen Opernhause auf, gründet und leitet Kuhnaus Schüler Fasch das Collegium Musicum, komponiert Sperontes (Scholze) 1736 seine „Singende Muse an der Pleiße".

Ohne Zweifel: zu keiner anderen deutschen Stadt hat in jener Zeit eine derartige Fülle von größten Künstlern und Gelehrten in Beziehung gestanden. Wo hätte man etwa im fünften Jahrzehnt des 18. Jahrh. eine Reihe von Namen zusammenfinden können, die denen von Bach, Lessing, Klopstock, Gottsched, Gellert entsprächen? Unter so außerordentlichen Umständen muß sich nicht nur die Frage nach dem Aussehen der Stadt, in der sie alle lebten, regen, sondern man wird auch, selbst ohne den Tatbestand zu kennen, mit sehr beträchtlichen Erwartungen an die gleichzeitige bildende Kunst dieses Kulturzentrums herantreten. Wer der Meinung ist, daß sie, was die Baukunst betrifft, getäuscht werden, prüfe zunächst eine Reihe von Urteilen des 18. Jahrh. über das Stadtbild und die Gebäude von Leipzig.

Goethe, den wir als Kronzeugen anführen, schreibt noch 1811 in „Dichtung und Wahrheit" voll Respekt und Anerkennung: „Nun trat mir die Stadt selbst mit ihren schönen, hohen und untereinander gleichen Gebäuden entgegen. Sie machte einen sehr guten Eindruck auf mich, und es ist nicht zu leugnen, daß sie überhaupt, besonders aber in stillen Momenten der Sonn- und Feiertage etwas Imposantes hat ..." und dann: „Leipzig ruft dem Beschauer keine altertümliche

Zeit zurück; es ist eine neue, kurz vergangene, von Handelstätigkeit,
Wohlhabenheit, Reichtum zeugende Epoche, die sich uns in diesen
Denkmalen ankündet. Jedoch ganz nach meinem Sinn waren die mir
ungeheuer scheinenden Gebäude, die, nach zwei Straßen ihr Gesicht
wendend, in großen, himmelhoch umbauten Hofräumen eine bürgerliche Welt umfassend, großen Burgen, ja Halbstädten ähnlich sind. In
einem dieser seltsamen Räume quartierte ich mich ein, und zwar in der
Feuerkugel zwischen dem Alten und dem Neuen Neumarkt." Noch
enthusiasmierter berichtet er, als die Eindrücke frisch sind, im Dezember 1765 an seine Schwester: „Die Gärten sind so prächtig, als ich
in meinem Leben etwas gesehen habe. Ich schicke Dir vielleicht einmal
den Prospekt von der Entree des Apelischen, der ist königlich. Ich
glaubte das erstemal, in käme in die Elysischen Felder." Nach diesem
Urteil ist es keineswegs undenkbar, daß Haarhaus[9] die Wahrheit sagt,
wenn er erzählt, sogar der Papst habe Reisende, die aus Deutschland
kamen, nach dem Großbosischen Garten zu fragen gepflegt. Ein frühe-
rer Zeuge, Iccander, behauptet sogar, was ja gewiß übertrieben, aber
ebenso gewiß nicht völlig aus der Luft gegriffen ist, daß „so gar viele
Italiänische, Frantzösische und andere Baumeister nach Leipzig kommen, nach solchen Kunst-Gebäuden sich umzusehen, und deren Risse
sich bekannt zu machen". Auch die zahlreichen Reisenden des 18. Jahrh.
die ihre Eindrücke veröffentlichten, waren voll Lobes über die Leipziger Gebäude. In den 50er Jahren schreibt der dänische Justizrat
Willebrandt in seinen Reisebriefen: „Wenn ich mich des Modewortes
bedienen darf, so ist Leipzig ganz Palast. Kehren Sie sich also nicht
daran, daß man die kostbaren Romanische, Hohmannische, Apelische
Gebäude Häuser nennt. Dergleichen Paläste halten eine ganze Stadt
an Familien in sich . . ." 1773 hören wir von dem französischen Kriegs-
schriftsteller Guibert: „Leipzig ist nicht groß, aber die Straßen sind
schön, die Häuser hoch und gut gebaut. Der holländische Geschmack
herrscht im Baustile, er hat alles angesteckt in den deutschen Städten,
besonders in den handeltreibenden."

Dem gegenüber fällt ein Urteil, wie das jenes Pasquillanten, der 1783
das „Tableau von Leipzig" schrieb, wenig ins Gewicht. Er spricht von
einem „Mischmasch von großen und kleinen, das Auge beleidigenden
Häusern". Bedenkt man die Schmähabsicht des ganzen Werkchens, so

wird man zugeben, daß Wustmann keinesfalls recht hatte, sich allein von diesem Gutachten leiten zu lassen, und daß vielmehr seine Ablehnung des Kunstwertes der Leipziger Gebäude nur scheinbar auf solchen Quellen, in Wahrheit aber auf dem barockfeindlichen Geschmack der 1880er Jahre beruht.

Nach all diesen Argumenten könnten wir uns getrost unserer eigentlichen Aufgabe, der Betrachtung des Entwicklungsganges der Leipziger Barockbaukunst zuwenden, ohne daß jemand ihr noch von vornherein ihre Berechtigung abstreiten könnte. Bauten einer Stadt, die so enthusiastisch von Zeitgenossen beurteilt, die eher als Paläste denn als Bürgerhäuser empfunden und sogar von ausländischen Architekten beachtet werden, verdienen vollauf eine monographische Behandlung. Auch werden wir sehen, daß das Gebiet durchaus nicht von geringem Umfang ist und daß – wenig auffallend zwar und umgeben, verdeckt, zum Teil auch verunstaltet vom Handel von heute – noch eine größere Anzahl wertvoller Barockhäuser erhalten ist, als in den meisten Städten Deutschlands. Zu ihnen kommen die gerade in Leipzig unverantwortlich zahlreich von der modernen Stadtentwicklung verschlungenen Gebäude und Anlagen, die in Stichen und Photographien im Stadtgeschichtlichen Museum gesammelt vorliegen. Vor allem aber handelt es sich um die Verwertung eines außergewöhnlich reichlich vorhandenen, größtenteils noch völlig unbearbeiteten Aktenmaterials aus dem Leipziger Ratsarchiv, das fast alle notwendigen Daten lieferte, so daß mit einer Vollständigkeit, wie in den wenigsten Zentren der deutschen Barockarchitektur die Stilentwicklung fast von Jahr zu Jahr verfolgt werden kann. Die meisten dieser Archivalien sind auch Corn. Gurlitt unbekannt geblieben, dessen Verdienst bei der Bearbeitung des Leipziger Inventars es bleibt, die Barockbauten zu einer Zeit gründlich erörtert zu haben, als das den Inventarisatoren im allgemeinen noch sehr fern lag. Dieser Mangel an Daten ist auch nicht auf Gurlitt, sondern auf Gustav Wustmann zurückzuführen, der ihn mit Aktenangaben versah und der bei seiner erwähnten persönlichen Indifferenz gegen die Barockbaukunst fast ausschließlich den öffentlichen Bauten nachgeforscht hatte.

Eine wie unhaltbare Einengung des Themas das bedeutet, kann erst die Darstellung der kunstgeschichtlichen Entwicklung selbst zeigen, der wir

uns nun zuwenden können. Diese ist aber nur auf Grund einer Reihe
von stadtgeschichtlichen Voraussetzungen verständlich, so daß auch davon einleitungsweise einiges angefügt werden muß: Leipzig hatte nach
seiner ersten Blüte im 16. Jahrh., als deren Zeugen das Rathaus und das
Fürstenhaus auf uns gekommen sind, einen schweren Niedergang im
Dreißigjährigen Kriege durchzumachen. Die Bevölkerungszahl sank in
diesen drei Jahrzehnten von 18000 auf 12000[10]. Kein Wunder, da die
Stadt allein zwischen 1631 und 1642 fünf Belagerungen zu erleiden hatte
und ihre schwedische Besatzung noch bis 1650 behielt! Wenn man sich
so auch das Elend der Bevölkerung groß vorstellen muß – erzählt man
sich doch sogar von wilden Hunden, die auf den Straßen ihr Wesen
trieben –, so kam den Zeitgenossen dennoch Leipzig wohl erhalten, ja
als „des Landes bestes Asylum und armer Verjagter, Dürftiger und
Kranker Apothek und Brotkammer"[11] vor; – wie man denn überhaupt
die Beobachtung machen wird, daß die Kriege der Stadt und ihrer Bautätigkeit viel weniger geschadet haben, als man wohl denken könnte.
Weder die Geldaufgebote für den Türkenkrieg, für den man seit 1672
sogar jedes Jahr Bußtage in den Kirchen abhielt[11], noch die Pestilenz
von 1680, noch sogar der Nordische Krieg vermochten die Entwicklung
zu hemmen. Denn obwohl Vogel zu berichten weiß, daß 1706 nach
Karls XII. Einfall in Sachsen alles floh und viele reiche Leute ihr Hab
und Gut von Leipzig fort retteten, obwohl seit dem 18. September
Leipzig sogar wirklich von den Schweden besetzt war, ist aktenmäßig
auch nicht der mindeste Stillstand im Bauwesen festzustellen. Erst
der Siebenjährige Krieg und die Bedrückungen, die Leipzig durch
Friedrich den Großen erlitt, riefen einen solchen offenbar hervor. Trotzdem finden wir zu Goethes Zeit Leipzig schon wieder in voller Tätigkeit und schon mit dem Auftreten Oesers 1763 dem „modernen" Stil
zugewandt.

Ebenso rasch ging es nach dem Dreißigjährigen Kriege mit der Stadt
bergauf. Schon die Einwohnerzahlen lehren es uns, die von 12000
1648 auf 19936: 1679 und 28448: 1719 stiegen. Deutlicher noch aber
lehren es die Gebäude, die seit 1650 entstanden und denen unsere Darstellung gilt. Diese Baulust ist um so bemerkenswerter, als die Auspi-
zien in Leipzig keineswegs vielversprechend waren. Der Stadt fehlten
mit der andauernden Förderung eines Herrschers kommunale Bauauf-

gaben größten Stils. Eine Umgestaltung ganzer Stadtteile im barocken
Sinne fand nicht statt, und die Straßenführungen der inneren und
wichtigsten Viertel sind durchaus mittelalterlich geblieben. Nur ganz
gelegentlich kümmerte sich August der Starke einmal um die Leipziger
Architektur, so als er plötzlich das Rosental zu einem modernen Park
umgestalten und mit einem Lustschloß versehen wollte, ein Plan, der
dann wie so viele des raschlebigen Königs halb ausgeführt liegenblieb.

Von solchen Einzelfällen abgesehen, waren die Bauherren stets Bürger. Auch sind an Zahl und Güte die öffentlichen Baulichkeiten bei
weitem unterlegen, zumal auch die Geistlichkeit keine größeren Aufgaben zu vergeben hatte. Die Leipziger Kaufleute der Barockzeit fühl-
ten sich ganz als Herren und bauten mit demselben Baufieber, das seit
1660 alle großen und kleinen, weltlichen und geistlichen Herren Deutschlands ergriff, für ihren eigenen Bedarf Stadthäuser, Handelslager, Villen
und Parks. Ideelle Motive trafen sich dabei aufs vorteilhafteste mit
praktischen. Denn einerseits stachelte der Ehrgeiz einander zu über-
bieten, die Bauherren zu immer neuen und größeren Aufträgen an, so
daß beispielsweise Peter Hohmann in den zwanzig Jahren zwischen
1709 und 1729 drei große Gebäude in der Stadt errichten ließ, sicherlich
also nicht von Wohnnotwendigkeiten veranlaßt. Andererseits ließ solch
ein Haus sich praktisch trefflich verwerten. Außer dem großen Apparte-
ment des Besitzers enthielt es verschiedene Mietwohnungen und vor
allem die umfangreichen Lagerräume, die schon damals während der
Messen durch Vermietung im Nutzen gesteigert wurden. Zudem waren,
wie mir Corn. Gurlitt einmal betonte, derartige Häuser, deren Errichtung vom Staate auch noch mit Steuererlaß belohnt wurde, die beste
festliegende, vom Staate nicht angreifbare Kapitalanlage.

Die ausschließliche Bürgerlichkeit der Auftraggeber ist die Voraussetzung, welche die Leipziger Barockarchitektur von der aller anderen
Kunstzentren Deutschlands unterscheidet. Sie gibt den Bauaufgaben
ihre besondere Note und ist die äußere Veranlassung vieler nur gerade
in Leipzig auftretenden Einzelzüge. Der Rat der Stadt, der selbst aus
Kaufleuten bestand, mischte sich in diese Privatbauten nur durch seine
Gutachten. Diese werden im Barock nicht mehr von den „Baumeister"
(Aediles) titulierten Ratsherren gegeben[12]. Längst schon war die
eigentliche Bauaufsicht auf den Obervogt übergegangen, einen Be-

amten, der ebensoviel vom Rechnungswesen wie von der Architektur
verstehen mußte. Trotzdem gab es wie überall so auch in Leipzig nach
wie vor unter den Bauherren solche, die erstaunlich versiert auch auf
dem Gebiete der praktischen Baukunst waren. Den Obervogt beglei-
teten bei seinen Baubesichtigungen, wie sie amtlich bezeichnet
werden, Ratsmauer- und Ratszimmermeister. Die Berichte dieser drei,
das umfang- und aufschlußreichste Aktenmaterial, das mir zur Verfügung stand, lassen deutlich erkennen, daß die Stadtregierung die
Baulust in keiner Weise hemmte, sondern jeder Neubauabsicht wohl-
wollend gegenüberstand. Denn der Glanz, den die neuen Stadtpaläste
der Stadt gaben, war ja eben ganz im Sinne der Handelsherren, die den
Rat bildeten.

Seit dem Jahre 1660 sind die Baubesichtigungsberichte erhalten,
und da um diese Zeit auch die Blüte der Leipziger Architektur einsetzt,
so soll hier die Betrachtung der Baudenkmäler selbst und ihrer kunstgeschichtlichen Bedeutung beginnen.

I

Die Bauten bis zum Jahre 1690

Die ersten Bauten, mit denen wir uns zu befassen haben, fallen schon in die Zeit kurz nach dem Dreißigjährigen Kriege. Jn den vorhergehenden Jahren seit dem Beginn einer deutschen Barockarchitektur[13] fehlt es in Leipzig an Aufträgen, und das Verhältnis zur deutschen Renaissance, wie wir es noch recht lange nach dem großen Kriege antreffen, veranlaßt dazu, anzunehmen, daß man im wesentlichen in der Zeit zwischen 1600 und 1650 in Leipzig sehr konservativ baute.

Von barockem Geiste und barocken Formen kann zum ersten Male bei Deutrichs Hof, Nikolaistr. 15 und Reichsstr. 8 (L.[14] 537, Abb. 1—2) die Rede sein. Das Gebäude geht von Straße zu Straße durch einen ganzen Häuserblock, wie es später in Leipzig immer beliebt war und zu hervorragenden architektonischen Lösungen führte. Hier dagegen war offenbar eine künstlerische Ausbildung des Hofes als Passage noch nicht beabsichtigt, und der Wert des Bauwerkes liegt allein in den beiden Fassaden. Die gegen die Nikolaistraße ist abgebrochen, während die Seite gegen die Reichsstraße im ganzen noch das alte Bild zeigt. Neu gegenüber allem, was bis dahin in Leipzig bestand, ist vor allem die strikte tektonische Durchorganisierung der ganzen Fassade. Die Fenster sind streng axial angeordnet, und ein Gerüst von tragenden Halbsäulen und lastenden Gebälken teilt die Front ein. Die Säulen sind im akademisch-italienischen Sinne nach dem System der drei Ordnungen aufgebaut. Diese ganze tektonische Gliederung ist im übrigen Deutschland schon seit langem nicht mehr unbekannt, sie wurde schon im 16. Jahrh. aus Italien übernommen, so daß manches Haus dieser Zeit auf den ersten Blick auffallende Ähnlichkeiten mit Deutrichs Hof aufweist, etwa um ein beliebiges Beispiel zu nennen, das Haus Ägidienstr. 11 in Münster von 1573[15]. Man kam naturgemäß aber immer dann auf sie zurück, wenn der Wunsch nach baugerechter Strenge rege wurde. Obwohl die Elemente an sich also nicht neu sind, gehören sie hier doch unverkennbar dem 17. Jahrh. an. Das beweist schon die Ornamentik, die sich, besonders an der Unter-

seite des Erkers in der Reichs- und am Giebel in der Nikolaistraße, ganz
in den teigigen Formen des späten Knorpelwerkes hält, also einer Deko-
rationsart, die mit dem Barock kam und seinem Drang nach Verun-
klärung und Verwischen tektonischer Grenzen adäquat ist. Ebenso
deutlich beweisen es aber auch die hohen, schmalen Kompartimente
zwischen den Halbsäulen, die vor der holländischen Klassik undenkbar wären. Von ihr und ihrem Einflußgebiet in Niederdeutschland
stammt denn auch das ganze System der Fassaden, wie sich wieder
am einfachsten aus einem ornamentalen Detail ablesen läßt, den gekreuzten, blattreichen Zweigen von unverkennbar niederländischer Abstammung, wie sie auf den Füllungen der Sohlbankzonen an der Nikolaistraße angebracht sind.

Trotz diesen für Leipzig fundamentalen Neuerungen ist freilich überall ein konservativer Geist zu spüren: Er spricht aus den hohen Giebeln,
die einer Zeit und einer Gegend nahe stehen, welche die Firstlinie im
rechten Winkel zur Straße zog, eine Gewohnheit, die sich übrigens auch
nur in Norddeutschland bis nach dem Dreißigjährigen Kriege hielt.
Jedenfalls haben die Giebel an Deutrichs Hof mehr Beziehungen zu
denen des 16. Jahrh., als zu den Dacherkern der folgenden Jahrzehnte.
Konservativ ist dann aber vor allem die Unentschlossenheit und das
geringe Verständnis, mit dem die tektonischen Neuerungen durchgeführt sind. Im Verhältnis zu den Stockwerkhöhen muten die Säulen
viel zu dünn und die Gebälke zu schwach an. So geht man wohl mit
der Annahme nicht fehl, daß den Baumeister trotz der bis dahin unbekannten Betonung des Tragens und Lastens die Fassade eigentlich
als dekorative Fläche, den Grabmal- und Altarbauten des deutschen
Frühbarocks entsprechend, interessierte.

Die Datierung des Hauses, für die alle archivalischen Anhaltspunkte
fehlen, ergibt sich aus folgenden Erwägungen: Daß die Zeit nach 1660
kaum in Frage kommt, wird sogleich die nächste Weiterentwicklung
zeigen. Auch ist nach dieser Zeit keine Knorpelornamentik mehr in der
großen Architektur nachzuweisen. Andererseits wird man nicht auf ein
Datum vor 1640 kommen, zumal der Giebel des Schlosses in Dölitz,
den schon Gurlitt und dann Dietrich[16] mit dem von Deutrichs Hof
zusammenstellte, in der Anordnung der Säulen, die einander in den
zwei Stockwerken nicht entsprechen, eine frühere Stufe vertritt und

doch erst nach 1636 entstanden sein kann, dem Zeitpunkt, an dem Dölitz in den Besitz der Familie Winckler kam. Wohl möglich, daß beide Werke vom selben Baumeister stammen. Seinen Namen habe ich nicht ermitteln können. Die somit errechnete Erbauungszeit stimmt nun vortrefflich mit einem Besitzerwechsel des Hauses überein. 1652 kommt Reichsstr. 8 an den Handelsherrn Andreas Egger, der, wie die Häuserchroniken[17] ausdrücklich vermerken, die Vereinigung mit dem Haus in der Nikolaistraße vollzieht. Da der Fall, daß Neubauten gleich nach dem Kaufe vorgenommen werden, der übliche ist, wie sich immer wieder zeigen wird, so hat die Datierung auf ca. 1653–55 die meiste Wahrscheinlichkeit für sich.

Deutrichs Hof weist der Weiterentwicklung zwei sehr verschiedene Wege: zu ruhiger, vernünftiger und kühler Tektonik im niederländischen Sinne und zu üppig-plastischer Dekoration, die tektonische Elemente sogleich wieder unwirksam macht. Beide Wege werden von dieser und der folgenden Generation beschritten.

Das Leipziger Stadtgeschichtliche Museum besitzt ein Skizzenbuch mit Architekturzeichnungen, das 1660–66 entstand (Abb. 3–4). Es enthält 21 recht ungeschickt gezeichnete Blätter, auf denen neben Grundrissen und Aufrissen schon bestehender Gebäude auch eine Schleusenanlage vorkommt[18]. Der Verfasser nennt sich auf der Titelseite Christian Richter, Meiermeister. In mancher Beziehung sind seine Entwürfe noch konservativer als Deutrichs Hof. Ihre Proportionen, wie besonders die Türme, die im oberen Teil abgetreppt profilierten Gewände der Fenster, die Zwerghäuser mit ihren kleinen Obelisken und die durchgezogenen Sohlbankgesimse sind Elemente, die sich noch unmittelbar der Renaissancetradition anschließen. Ebensowenig geht die Raumbildung in irgendeiner Weise über die Renaissance hinaus, und nur das Ornament ist es, das einwandfrei der Entstehungszeit des Heftes entspricht. Denn seit 1662 findet sich an den Giebeln ein Fortschritt über Deutrichs Hof hinaus: Über und unter den Fenstern an den Gebälken und an den Voluten stellen sich nämlich Festons und hängende Blumenketten ein, wie sie ebenfalls von der holländischen Klassik des 17. Jahrh. herkommen. Sehr wichtig ist es, daß diese ersten Werke des Barockstils in Leipzig ihm nicht kraft ihrer Raumgestaltung angehören, wie die süddeutschen Italienerbauten der Jahrzehnte nach dem Kriege, sondern nur durch Neuerungen, die den Baukörper und seine ornamentale Auszierung betreffen. Dementsprechend nimmt auf dieser Stufe Leipzig noch nichts von den Italienern auf, sondern wandelt sich unter vorherrschend niederdeutschen Einflüssen.

Mit Christian Richter tritt uns zum ersten Male in Leipzig eine greifbare Baumeisterpersönlichkeit entgegen. Wann er geboren wurde, konnte ich nicht ermitteln. Seit 1650 ist er Geselle, seit 1660 Meister [19], seit 1668 fungiert er als Ratsmauermeister und kommt in dieser Eigenschaft bis 1684 vor. Am 19. August 1684 wird er begraben[20]. Nach diesen Daten ist er also wohl sicher nicht mit der Thüringer Familie Richter verwandt, in der zur selben Zeit auch ein Christian Richter auftritt[21]. Da die Baubesichtigungen der drei städtischen Gewerken in diesen Jahren noch keine Ausführenden der Bürgerhäuser nennen, so bleiben wir über den wahrscheinlich umfangreichsten Teil der Tätigkeit Richters im unklaren.

Ein gesicherter Bau Richters ist dagegen das Schlößchen von Hopfgarten (A. H. Borna)[22]. Es wurde nach der Inschrift am Portal und der Wetterfahne 1677–79 errichtet. Das Haus ist ein rechteckiger Block von 10 × 4 Fenstern mit drei gleichhohen Stockwerken, einem hohen Walmdach darüber und auf der Mitte einem hübschen Dachreiter mit gedrückter Zwiebelhaube und schlanker Laterne. Ein Hauptgeschoß im barocken Sinne fehlt noch. Ebenso ist jede Gliederung in Vor- und Rücklagen unterlassen. Nur nach der Seite des Gutshofes zu sind die je zwei Fenster des Treppenhauses dadurch risalitähnlich hervorgehoben, daß sie statt der üblichen hochrechteckigen vielmehr quer-ovale Form haben und von Draperien und hängenden Tüchern umgeben sind. Im Geiste der Renaissance hält sich noch das einfache Portal mit der kleinen Büste darüber, das nicht einmal in der Mitte der Front liegt. Auch sind die Gewände der Fenster in der oberen Hälfte abgetreppt, wie wir es aus dem Skizzenbuch kennen. Die zweiläufige, um 180° gebrochene Treppe, die zwischen geschlossenen Wangen läuft und unmittelbar in den Hauptsaal jedes Stockwerks einmündet, steht dem Barock noch ebenso fern. Im Innern stammen einzig die Türrahmungen mit letzten schwächlichen Knorpelformen aus der Erbauungszeit. Wir können sie nur einem Handwerker am Orte zutrauen, da Richter damals über diese Ornamentik weit hinaus war. Denn wenn man für die eigenartige Freiheit der Ovalfenster und Tuchgehänge eine Quelle sucht, so genügt der bisher gebräuchliche niederdeutsch-holländische Stil nicht mehr. Leipzig hat sich vielmehr offenbar, ebenso wie gleichzeitig ganz Ost- und Teile von Norddeutschland, von ihm ab und dem neu eindringenden Stil der umherreisenden italienischen Muratori zugewandt. Im Charakter das ähnlichste ist wohl das rätselhafte Hinterhaus Landhausstr. 13 in Dresden[23]. das aber selbst in seiner Entstehungszeit und den Ursprüngen seines Stiles ungeklärt ist. So bleiben am vergleichbarsten unter allem, was mir vorkam – viel besser und reizvoller zwar und sicher in keinerlei direkter Beziehung zu Leipzig –, die Fassaden der Barockhäuser am Luckauer Markt[24]) mit ihren ungezügelten Ornamentorgien, besonders die der Nr. 32. Hier finden sich auch ovale Blendnischen, über und unter denen Tücher ausgespannt sind. Diese Fassaden gehen nun sicher auf einen der oberitalienisch-alpenländischen Stuccatoren zurück, die im letzten Jahrhundertviertel überall in Brandenburg arbeiteten[25]. Das gäbe einen ersten Hinweis auf eine neue Richtung, nach der die Leipziger Künstler blickten. Prüfen wir das Hauptwerk dieser Jahre daraufhin, ob es damit etwas auf sich hat.

Die Kaufleute Leipzigs wandten sich 1678 an den Rat und trugen ihm vor, wie notwendig ein Börsengebäude wäre. Der Rat stimmte zu, und am 6. Mai 1678 wurde der Neubau beschlossen (Abb. 5)[26]. 1683 war er fertig, da die vier Statuen Joh. Caspar Sandtmanns[27] in diesem Jahre aufgesetzt wurden. Im Inneren dauerte es bis 1687, ehe Stuck und Deckenmalerei verfertigt war. Das Gebäude hat sich bis auf die Freitreppe in seiner ursprünglichen Gestalt erhalten. Nur diese wurde 1816 durch einen terrassenförmigen Vorbau ersetzt und 1906 nicht ganz in der ehemaligen Form erneuert. Diese ist durch zwei Zeichnungen aus der Vogelperspektive erhalten, von denen eine im Ratsarchiv, die andere, Christian Richter Mauermeister signierte, in der Deutschen Gesellschaft aufbewahrt wird. Nach ihr knickte die Treppe einst schon nach 5 Stufen von unten im rechten Winkel um, so daß statt 5 vom Sockel des Gebäudes 9 Quaderreihen sichtbar blieben. Dafür war der Mittelpodest schmaler und hatte nur 6 statt 11 Balustern, und die Pilaster ruhten anders als heutzutage auf konsolenartig vorkragenden Steinen.

Als Meister des Baues darf man nach der Signatur des Planes Chri-

stian Richter annehmen, der auch gerade in diesen Jahren eine Bezahlung für Baurisse erhalten hat. Die betreffende Aktenstelle lautet:

28 Gld. 12 Gr. Christian Richtern Mauermeister vor etliche Risse, so
er zu unterschiedlichen öffentlichen Gebäuden verfertiget auch vor
andere viele Extraordinarverrichtungen zur Verehrung[28].

Durch diesen Vermerk war schon Wustmann die Zuschreibung der
Börse an Richter sicher erschienen, und Becker hat sie anläßlich der
Publikation des Planes in der Deutschen Gesellschaft kürzlich nochmals betont[29]. Ganz sicher ist sie deshalb freilich doch nicht; denn
der Entwurf könnte sehr gut – wie wir das in den letzten Jahren so oft
bei Barockbauten erfahren haben – von einem auswärtigen Architekten
stammen und dann von Richter als dem ausführenden Maurer in einer
Nachzeichnung mit seinem Namen versehen worden sein. Immerhin
fehlt dafür bisher jeder archivalische Anhalt, so daß man an der Autorschaft Richters als der weitaus wahrscheinlichsten festhalten muß.

Die künstlerische Wirkung der Börse wird durch die blockhafte
Grundform bestimmt. Auf einen zu Kaufgewölben eingerichteten
Sockel folgt das Hauptgeschoß, das nichts als einen schmalen Vorsaal
und den Börsensaal enthält. Ein flaches Balustradendach schließt den
Bau nach oben ab. Die Fassaden des freistehenden Gebäudes sind auf
allen Seiten gleichmäßig behandelt, mit hochrechteckigen und darüber
niedrigen querrechteckigen Fenstern, Festons über und unter und
ionischen Pilastern zwischen den Fenstern. Nur das Portal unterbricht
dieses System und reicht mit seinem doppelten Giebel bis ins Gebälk.
Zum gesamten Aufbau der Börse ist die nächste Parallele das ganz
gleichzeitige Dresdner Palais im Großen Garten[30]. Auch hier finden
sich die blockartige Geschlossenheit, die Abtrennbarkeit einzelner
Kuben, die nur schmückende und nicht verunklärende Dekoration mit
Festons und Girlanden. Schon dieser Vergleich zeigt, daß zeitgenös-
sische Schriftsteller, wie J. J. Vogel, mit Recht die Börse „auf Italiänische Manier" erbaut nannten. Nur eins, und gerade dies ein sehr
Wichtiges, hat das Dresdner Palais nicht: die Ausschmückung des
Pilasterkörpers mit dicken, langen Blattgirlanden. Durch sie wird der
tektonische Wert der Stützen geschmälert, fast vernichtet, da ihre
Funktion es verbietet, sie durch aufgeheftete Dekoration als Schmuckfläche hinzustellen. Daß dies in Leipzig geschieht, paßt vortrefflich zu

dem Mangel an tektonischem Gewissen, den wir schon bei Deutrichs Hof festzustellen hatten, und verbietet es, etwa dem Architekten des Dresdner Palais selbst den Entwurf der Börse zuzuschreiben. Parallelen zu dieser Verwendung des Motivs der hängenden Blattgirlande sind ebenso selten, wie es an sich sowohl im holländisch wie im italienisch beeinflußten Gebiete Deutschlands häufig ist. Außer an niederdeutschen Möbeln des ausgehenden 17. Jahrh.[31] fand ich es nur an dem besonders freien Dresdner Holzerker Wilsdruffer Str. 15[32], an dem überhaupt ähnlichen Portal des Schlosses zu Reitwein in Brandenburg[33] und an dem schlesischen Schlosse Großpeterwitz von 1693[34]. Diese Fälle weisen also überzeugend nach der Richtung, in die schon Hopfgarten führte, zu den Italienerbauten Ostdeutschlands. Bemerkenswert ist dabei die sehr frühe Zeit, in der in Dresden und Leipzig dieser Stil bereits von Deutschen beherrscht wird, da ja die Mehrzahl der in Frage kommenden italienischen Werke erst der Zeit nach 1680 angehört. Woher Richter die Kenntnis dieser Kunst hat, wüßte ich nicht zu sagen. Nicht jedenfalls kommt dafür der einzige Italiener in Frage, der damals vorübergehend in Leipzig gearbeitet hat: der Stuccator, Bildhauer und Baumeister Giovanni Simonetti, der 1686/87 die Decke des Börsensaales stuckiert hat. In ihm tritt auch in Leipzig jener Typ der oberitalienischen Allerweltshandwerker von größter Geschicklichkeit, erstaunlicher Leichtigkeit des Schaffens und blühender Phantasie auf, wie er für das späte 17. Jahrh. überall in Deutschland so außerordentlich anregend gewirkt hat. Simonetti[35] wurde, um seinen für diese Künstlergruppe bezeichnenden Lebenslauf zu berichten, 1652 zu Roveredo in Südtirol geboren und siedelte ganz jung ins Böhmische über. Nach Füssli (1763) soll er „das Palais Czernini und verschiedene andere Gebäude in dem Königreich Böhmen" aufgeführt haben. An Carattis Palais Czernin ist er aber nicht nachweisbar, dagegen (nach frdl. Mitteilung von J. J. Morper) 1668 zusammen mit Martino Simonetti in den Prager Registern als neuer Maurergeselle eingetragen. 1680 taucht er dann in Breslau auf, wo er die Elisabethkapelle des Domes stuckiert. Er verläßt darauf den Südosten, während Julius Simonetti, vermutlich sein Bruder, der 1659 in Roveredo geboren wurde, bis zu seinem 1729 in Bunzlau erfolgenden Tode in Schlesien bleibt. 1682 tritt Giovanni Simonetti in Berlin auf, am 10. Oktober 1683 wird er hier zum Hofmauermeister ernannt, 1688 wiederum in Berlin auch zum Hofstuccator. 1699 erbaut er unter Grünberg die alte Werdersche Kirche, 1701–08 die Deutsche Kirche auf dem Gendarmenmarkt. Gleichzeitig ist er als Stuccator an der Schloßtreppe tätig – wieweit nach eigenen und wieweit nach Schlüters Modellen, steht noch nicht fest. Nach wie vor ist er viel auf Reisen: Auf preußischem Gebiete finden wir ihn in Frankfurt a. d. O. (Junkerhaus, ca. 1689, u. a.), Schwedt, Klein-Glienicke, Oranienburg (1697), auf sächsischem, außer in Leipzig, in Barby (Bauleitung an Nerings Schloßbau) und Magdeburg (1708–11, Tätigkeit an der Dompropstei) und vor allem in Anhalt, wo er seit 1699 Hofbaumeister war. Hier hat er 1697 am Groß-Mühlinger Schlosse gearbeitet, am Zerbster Schloß erst Ryckwaerts Corps de Logis stuckiert, dann 1705–11 den rechten Flügel selbständig erbaut und schließlich auch die Innenausstattung der Trinitatiskirche besorgt. 1716 ist er in Berlin gestorben. Es ist das typische Leben jener oberitalienischen Auswanderer-Handwerker, die erst in Deutschland umherziehen – gerade im Südosten herrschen sie ja in den 70er und 80er Jahren noch so gut wie uneingeschränkt[36] – und dann allmählich seßhafter werden, ohne aber doch meistens ganz zur Ruhe zu kommen. Simonettis Leipziger Aufenthalt ist einer dieser Abstecher, ohne die er es gewiß in Berlin auf die Dauer nicht ausgehalten hätte.

So verlockend es wäre, mit seiner Tätigkeit das Aufkommen des italienisch-südöstlichen Stiles in Verbindung zu bringen, so verbietet sich das schon durch die Tatsache, daß der Außenbau bereits fertiggestellt war, als Simonetti nach langen Verhandlungen mit Giovanni Carvero (1681), Antonio Quadri, Giovanni Paerna und Giacomo Botta schließlich den Auftrag erhielt, den Stuck der Decke zu liefern. Er gehört einer Gruppe an, deren beste Beispiele in thüringischen Schlössern wie Eisenberg, Meiningen, Gotha erhalten sind. Von prachtvollem Schwung ist die Führung der Akanthusranken, und dicke, strotzende Blumengirlanden sind zwischen sie eingeflochten. Das Figürliche beschränkt sich im Unterschied zu den besten der thüringischen Decken auf Putten, doch sind diese von einer Lebhaftigkeit der Bewegung und des Ausdruckes, die beweist, daß Simonetti ein ausgebildeter Bildhauer war. Um so merkwürdiger, daß sein Werk in Leipzig nur Mißbilligung fand[37].

Neben diesem mit dem modernen Stil des Ostens verknüpften öffentlichen Bau geht schon seit etwa 1670 eine tätige bürgerliche Baukunst
her, die ohne besondere Anregungen von außen unmittelbar aus der
heimischen Renaissance in einen urwüchsigen Volksbarock überleitet.
Ihr gehört die große Reihe von Häusern an, die sich durch den Schmuck
ihrer Höfe und ihrer Erker auszeichnen. Gurlitt hat sie im Inventar
ziemlich lückenlos zusammengestellt, nach den Aufgaben getrennt[38].

Die Holzarchitektur der Höfe, die sich bis etwa 1700 hält, geht
prinzipiell nicht über die Gesinnung der deutschen Renaissance hinaus.
Der Hof wird als abgeschlossen zentraler Raum betrachtet, den so viel
Galerien wie Geschosse umziehen. Das besterhaltene Beispiel ist das
im Griechenhaus Katharinenstr. 4[39]. Das Übereinanderfolgen der drei
Ordnungen beweist die Entstehung nach den Neuerungen von Deutrichs Hof. Die meisten anderen Höfe erhielten sich nur unvollkommen
in Galeriebruchstücken oder einzelnen Säulen.

Kunstgeschichtlich viel wesentlicher sind die Erker. Seit dem ersten
Barockhause war darauf hinzuweisen, daß die Entwicklung der Architektur mehr den Baukörper als den Raum betraf, und also bei den im
Straßenzuge eingebundenen Bürgerhäusern in der Hauptsache die
Fassade. Schon die eine Seite von Deutrichs Hof schmückte ein hölzerner Erker, der mit Bewurf versehen das Aussehen von Steinarchitektur
erhielt. Er ist an der für Leipzig besonders tektonisch verständig ge-
stalteten Fassade ganz schmucklos. In jedem Stockwerk enthält er ein
auffallend breites Fenster – wahrscheinlich waren es ursprünglich zwei,
deren Pfosten nachträglich weggebrochen wurden – mit flachen rechteckigen Platten versehene Mauerstreifen zwischen den Fenstern, und
eine einfache sehr gedrückte Kuppel als Dach. Chr. Richter in seinen
Entwürfen behält diese Form bei. Nur entspricht die Schlichtheit der
Sohlbankzonen seinem Geschmack nicht. Er bringt hier gern die vegetabilischen Kartuschen an, die uns von seinen Giebeln bekannt sind.
Im übrigen bleiben die Formen die gleichen, und die Dekoration greift
nicht auf die tragenden Glieder über.

Seit 1673 treten in den Baubesichtigungen Berichte über Neubauten
von Vorderhäusern auf. Gleich einer der ersten betrifft das Haus Joh.
Zipffels Reichsstraße 23 (L. 397; H. Reg. 112[40]), das mit einem Erker
versehen werden soll. Die Sache stand nun so, daß zur Errichtung eines

Erkers stets eine besondere Genehmigung vom Rate erforderlich war, um die Verdunkelung enger Gassen zu verhüten, und aus ähnlichen Gründen. Trotzdem entstand in diesen Jahrzehnten kaum ein Haus ohne Erker, ein Beweis dafür, daß der Rat den Wünschen des Zeitstiles gern nachgab. Der Erker in der Reichsstraße besteht noch heute. Seine Inschrift SOLI DEO GLORIA ist sein einziger Schmuck, also eine noch sehr frühe Form. Die ausführenden Handwerker gibt die Baubesichtigung hier noch nicht an, dies wird erst 15 Jahre später üblich. Überhaupt sind die Akten für diese Jahre bedeutend lückenhafter, als für die Zeit nach 1700.

Erst 10 Jahre nach Zipffels Hause treffen wird den nächsten datierten Erker – und welche Wandlung ist seitdem eingetreten. Der Bau Petersstraße 12 (L. 73, Reg. 104) trägt ihn, bis auf sein unterstes Geschoß noch im originalen Zustande[41]. Im Juli 1684 wird das Haus des beabsichtigten Erkers wegen besichtigt. Seine Formen beweisen dieselbe Stiländerung, die wir schon zwischen Deutrichs Hof und der Alten Börse festzustellen hatten. Jedes Fleckchen des wie bisher auf schmal rechteckigem Grundriß errichteten Erkers ist mit einer Dekoration von kraftvollstem Leben bedeckt. Nicht nur, daß die Sohlbankzonen aller Fenster, der Breit- wie der Schmalseiten, daß die Gebälke, ja auch die Gesimse und das Giebelfeld des Segmentgiebels voll von ihr sind, so gilt dies sogar von den Pfosten, die die vordere von den Seitenflächen trennen. In derselben Art greift hier das Ornament auf die tragenden Glieder über, wie es bei den Pilastern der Börse der Fall war. Die Dekoration im einzelnen ist rein vegetabilischer Natur, wie es damals in ganz Deutschland üblich war. Neben üppig saftigen Akanthusranken und -voluten gibt es Girlanden von Laubblättern, im Giebel auch zwei der dicken Blumenfestons und vor allem figürliche Elemente: Putten im ersten Stock, zwei Kinder, die aus Akanthus hervorwachsen und eine kreisrunde Kartusche halten, im zweiten, und eine ganze Szene mit einem kleinen Jägerjungen und einem Hund im dritten Geschoß.

Sehr ähnlich muß ursprünglich der ehemalige Erker Nikolaistraße 9 (L. 601) gewesen sein, ehe man die Fensterbrüstung seiner Stirnseite ihres Dekorationsfeldes beraubte[42]. So ist auf Bildern nur die Ähnlichkeit der Girlanden an den Eckpfosten – und hier auch am Mittel-

pfosten zwischen den beiden Fenstern der Stirnseite – und der Gebälk-
dekoration festzustellen. Auch Putten an den Schmalseiten fehlen nicht
und die Formen der Ornamentik sind von der gleichen überschwellen-
den und blühenden Phantasie.

Diesen beiden Vertretern des Stils der 80er Jahre ist der Erker
H a i n s t r a ß e 8 (L. 342, Reg. 28, Abb. 6) anzuschließen. Auch von ihm
kennen wir die Erbauungszeit nicht. Wenngleich hier die Putten fehlen,
so ist doch die Anordnung der Dekoration die gleiche und auch das
einzelne wieder vom selben Geiste. Die Brüstungsdekoration des untersten Geschosses mit dem Löwenkopf und den beiden Blumengirlanden
kann sich mit jedem gleichzeitigen Werk dekorativer Plastik messen.
Hier können wir einmal mit einiger Sicherheit den Künstler bestimmen.
1711 wurde der Erker von zwei auf drei Stockwerke erhöht. Die Baubesichtigung nennt bei diesem Anlaß als Ausführende den Zimmermeister Weißmantel und den Maurermeister Valentin[43]. Da die Erker
nun reine Werke der Holzarchitektur sind, so wird die Zuschreibung
des Entwurfes an den Zimmermeister die wahrscheinlichere sein, zumal
Weißmantel einer der gesuchtesten seines Berufes im damaligen Leipzig
war. Er tritt in den Baubesichtigungen seit 1691 auf und stirbt laut
Angabe in dem handschriftlich geführten Adreßbüchlein des Leichen-
bitters G. Geißler im Stadtgeschichtlichen Museum im Jahre 1723.
Wenn unsere Annahme richtig ist, und dafür spricht der völlig über-
einstimmende Stil der oberen und unteren Teile, so hätten wir hier sein
erstes, sicher sehr frühes Werk vor uns.

Derselben Gruppe gehört auch der besonders schöne Erker der Salomonis-Apotheke G r i m m a i s c h e G a s s e 17 (L. 595, Reg. 22[44], Abb. 7)
an, dessen Dekoration seit 1916 wieder in ihrem alten Reichtum prangt,
der unbegreiflicherweise im 19. Jahrh. mit Putz zugedeckt worden war.
Hier ist als Wahrzeichen der Apotheke an der untersten Sohlbank sogar
eine kleine vergoldete Freifigur des Königs Salomo verwandt. Die
Errichtung des Erkers geschah übrigens verhältnismäßig spät: 1692.
Den entwerfenden Meister kennen wir nicht.

Noch immer zur gleichen Gruppe ist auch der Erker des abgerissenen
Hauses zum Roten Ochsen B r ü h l 7 (L. 321, Reg. 2–3) zu zählen. Das
Haus entstand 1687–88. Während die Fassade ganz schmucklos und
nüchtern gelassen wurde, steht der Erker mit seiner reichen Ornamen-

tik, den Festons und den Monogrammkartuschen dem des Hauses Petersstraße 12 nahe. Sonderbar sind die Konturen des Dacherkers. Er hat im Gegensatz zu Deutrichs Hof nur noch ein Stockwerk, das von einem Gesims gekrönt wird. Darüber steht – wie aus einem Brett Holz geschnitzt – die Giebelwand, in zwei Kurven aufsteigend und oben ganz unwahrscheinlich wiederum von einem schmalen Gesims und einem ganz kleinen Dreieckgiebel darüber abgeschlossen. Die Form ist nur als letzter Ausläufer von Renaissance-Giebelformen wie denen an der Wage in Leipzig zu verstehen.

Der ebenso kurios aufgebaute Giebel verbindet mit diesem das 1690 erbaute Haus B r ü h l 25 (L. 449, Reg. 10). Die Dekoration des Erkers dagen ist viel einfacher und phantasieloser als bei den bisher besprochenen und schließt sich den locker auf glatte Füllungsfelder aufgesetzten Festons im Richterschen Skizzenbuche an. Das Haus ist nur von geringer Qualität.

Ganz vorzüglich war dagegen die Lösung beim Polygonalerker, der im selben Heft öfters vorkommt und unmittelbar aus der Leipziger Renaissance des Fürstenhauses herstammt, am ehemaligen Hause R e i c h s s t r a ß e 2 (L. 589) gelungen[45]. Der untere und obere kuppelähnliche Abschluß entspricht den frühen Erkern, doch das Ornament gehört derselben Stufe wie Hainstraße 8 an, und seine Akanthusspiralen sind ebenso saftig und lebendig wie dort.

Alle diese Erker der Zeit von 1680 bis zum Anfang der 90er Jahre unterscheiden sich im Typus wie in den Ornamentformen nur wenig voneinander, so daß eine Gliederung in bestimmte Gruppen etwas künstlich ausfallen muß. Immerhin haben die bisher besprochenen Erker das Gemeinsame einer besonders kräftigen und üppigen, meist mit Figuralplastik durchsetzten Dekoration, die sich an allen Flächen und Gliedern, ganz besonders ungebunden aber an den Brüstungsfeldern auslebt.

Das letztere veranlaßt mich, das eigenartige Haus K a t h a r i n e n -
s t r a ß e 20 (L. 414, Reg. 56–58, Abb. 8) im Zusammenhang mit dieser Gruppe zu besprechen. Die Form seines Erkers und die Verteilung der Dekoration ist die bekannte, nur daß wie schon am Hause Nikolaistraße 9 auch die Mittelpfosten der Stirnseite durch Blattgirlanden ersetzt sind. Das Besondere des Gebäudes liegt darin, daß die Dekoration der

Brüstungszone auf die übrige Fassade übergreift und sich hier als fries-
artiger Streif über die ganze Breite fortsetzt. Doch geschah das nur in
einem, dem dritten Stockwerk, während der Fries über dem vierten
Geschoß eine spätere Imitation ist. Ebenso absonderlich wie diese Ein-
bindung des Erkers in die Fassade sind die Einzelformen des Ornaments. Im Grunde besteht es aus lauter ganz kurzen Akanthusranken,
die an den Pfosten ihre Beziehung zu den anderen Erkern deutlich verraten. Am Fries jedoch ist die einzelne Ranke so kurz und so geringelt,
daß für den Beschauer das Pflanzliche ganz zurücktritt und nur ein
Spiel von kleinen Kurven und Voluten übrigbleibt, die sich zu symmetrisch fortlaufenden Mustern zusammensetzen. Neben der S-Form
herrscht die des lateinischen L und C. Im Charakter schließt sich die
Ornamentik am ehesten dem späten Knorpelwerk an, dem sie konservativ die Elemente der neuen Akanthusdekoration angleicht. Wie
archaisierend dieser Rückgriff ist, macht die Erbauungszeit des Erkers
klar, für den im Juli 1692 erst die Besichtigung stattfindet und der vor
1697 beendet ist. Die Meister des Umbaues lassen sich aus einem 1697
erwähnten kleineren Umbau im selben Grundstück erschließen: Rotzsch
und Schmidt heißen sie. George Rotzsch, der 1663 Geselle bei Christian Richter und 1670 Meister wurde[19], ist im Amte des Ratsmauermeisters der Nachfolger von George Richters d. J. Sohn George Richters d. Ä., der wieder auf seinen Oheim Chr. Richter folgte. Er signiert
die Baubesichtigungen seit Ende 1692 und stirbt im Jahre 1700. In
Christian Schmidt tritt uns der Zimmermeister entgegen, der an den
meisten großen Bauten des beginnenden 18. Jahrh. beschäftigt ist. Er
zeichnet seit 1673 die Baubesichtigungen und stirbt erst 1737. Da für
beide Künstler vergleichbare Werke derselben Zeit fehlen, so ist nicht
feststellbar, auf wen der Entwurf zurückgeht.

Die nun folgenden Beispiele unterscheiden sich von den bisherigen
nur durch eine Vereinfachung, die teils einer zeitlichen Wandlung, teils
Wünschen des Bauherren, pekuniären Verhältnissen und vielleicht einmal auch späteren Änderungen entstammt. Das bezeichnendste Beispiel dieser, wie nochmals betont werden muß, trotzdem allen bisherigen durchaus verwandten Gruppe trug einst das Haus Barfußgasse 6 (L. 235). Während das Ornament des Eckpfostens und des
Gebälkes nichts Neues bietet, ist das Unterscheidende das Fehlen der

Brüstungsdekoration. Statt ihrer tragen die Sohlbankzonen rechteckige eingetiefte Platten. G r i m m a i s c h e G a s s e 31 (L. 680, Reg. 26
bis 27a) hatte einen ebensolchen Erker. Die Platten fehlten hier, und
statt dessen setzten sich die Girlanden der Eck- und Mittelpfosten in
den Brüstungszonen fort. Unleugbar sind sie merklich dünner und
lockerer geworden, wie es der Erbauungszeit 1692–93 entspricht. Unter
den ausführenden Meistern kennen wir den Maurer: denn in der seit
ca. 1690 üblichen Weise wird erwähnt, daß er sich für feuersichere Ausführung des Neubaues verbürge. Nikolaus Rempe nennt er sich und
wird uns noch öfters begegnen, da er, ohne zwar selbst schöpferisch
begabt gewesen zu sein, ein viel beschäftigter Meister war. Er wurde
1672 Geselle bei Christian Richter, 1689 Meister und starb 1711.

Qualitativ besser und in dem, was an Ornamentik vorhanden ist, lebhafter ist der erhaltene Erker K a t h a r i n e n s t r a ß e 2 (L. 389 Abb. 9), der
trotzdem nicht viel früher entstanden sein kann, da er der Zwillings-
bruder dessen am Griechenhaus K a t h a r i n e n s t r a ß e 4 (L. 390,
Reg. 36a) ist. Und wenn auch für dieses Gebäude alle Daten fehlen, so
hat es doch Merkmale, die es schon dem folgenden eigentlichen Stil der
90er Jahre nähern. Auch hier sind die Girlanden enger und geschlossener als bei der ersten Gruppe und ist die Brüstungsdekoration durch
aufgesetzte, übrigens laubsägeartig geschnittene Platten ersetzt. Viel
entschiedener drückt sich aber hier die Wandlung zu einem beherrsch-
teren, vernünftigeren Stil in der Betonung der Kanten der Fassade
durch genutete Streifen aus. An einem letzten und besonders auf-
wändig dekorierten Erker endlich, dem des ehemaligen Hauses P e t e r s -
s t r a ß e 39 (L. 56, Abb. 10)[46], zeigt sich dieselbe Wandlung außer in den
genuteten Eckstreifen besonders in dem noch nicht angetroffenen Motiv
eines Dreiecksgiebels als oberem Abschluß. Davon abgesehen ist übrigens gerade dieses Werk mit besonders saftiger Akanthusdekoration
und verschiedenen figürlichen Elementen – einem Kopf im Giebel und
zwei Adlern, die einen Schlüssel halten, im Obergeschoß – versehen.

Bis auf solche schon am Übergang zu einem neuen Stile stehende
Erker haben alle, die zwischen 1680 und 1695 entstanden, einen einheitlichen Charakter. Wir haben es bisher unterlassen, nach seinen Quellen
zu fragen, und die Antwort ist auch nicht mit völliger Sicherheit zu
geben. Dresden jedenfalls, das zum Stil der Alten Börse Aufklärungen

bot, hat nichts wirklich Entsprechendes. Die zahlreichen Dresdner
Erker des letzten Jahrhundertviertels unterscheiden sich dadurch
prinzipiell von den Leipzigern, daß sie ausnahmslos statt der Eckpfosten Pilaster verwenden. Nur selten breitet sich auch die Dekoration
so ungebunden über die Brüstungsfelder aus. Merken wir es zunächst
nur an, daß in Dresden die Erker nicht ganz auf den tektonischen
Gliederbau verzichten – ebenso wie die Börse durch das Unwirksam-
machen ihrer Pilaster mit Girlanden sich vom Palais im Großen Garten
abhob. Wir werden auf entsprechende Gegensätze noch oft kommen,
die tief im verschiedenen Charakter der beiden Städte begründet sind.
Auch in Thüringen, in Preußen, in Böhmen würde man Vorbilder für
die Leipziger Erker vergeblich suchen. Der Typus wird vielmehr wirklich bodenständig sein und hat sich meiner Überzeugung nach unmittelbar aus der sächsischen Renaissance entwickelt. Daß sie erst gegen 1650
in der Leipziger Baukunst zu herrschen aufhörte, sagten wir schon, und
wie lange über diesen Zeitpunkt hinaus sie noch lebte, beweisen Erker-
fassaden wie die Brühl 7, Hainstraße 8, Brühl 25 oder Katharinenstraße 2, die sowohl die Gewändeprofilierung der Fenster wie die Stock-
werkproportionen noch immer dem Stil des Fürstenhauses nachbilden.
Als unmittelbaren Nachfahren von dessen Erkern hatten wir den Reichsstraße 2 angesehen. Und auch für die rechteckigen Erker besonders der
am reichsten dekorierten ersten Gruppe sind die verwandtesten Vorbilder an Renaissancebauten, wie dem Torgauer Schloß oder der Bam-
berger Residenz zu suchen.

II

Leonhard Christoph Sturms Tätigkeit und Einfluß in Leipzig

Bevor gegen 1680 der reiche Schmuckstil der Börse und der Erker-häuser in Leipzig Fuß faßt, war ein niederdeutsch-holländisch gerich-teter Geschmack in der Stadt herrschend, dem nicht nur Deutrichs Hof, sondern auch so sachliche und nüchterne Erker wie der am SOLI-DEO-GLORIA-Haus von 1673 angehörten. Holländische Dekorations-formen fehlen auch an der Börse nicht, und besonders die Festons unter den Fenstern stehen dem Stil der italienischen Stuccatoren recht fern. Nur ein Bürgerhaus dieser Richtung konnte ich ermitteln, das ehe-malige Haus Nikolaistraße 37 (L. 530, Reg. 103 e–f), ein offenbarer Nachzügler der holländischen Klassik. Schon die schmalen Propor-tionen der dreiachsigen Fassade und ihrer Fenster weisen nach Westen, auf Vingboons etwa. Und von Bauten wie den seinen stammen auch die der Börse ähnlichen Festons her. Nun ist der Bau aber – übrigens durch Rotzsch und Weißmantel – erst kurz vor 1690 in die überlieferte Form gekommen und bringt so den Beweis von der Langlebigkeit der rein holländischen Barockformen. Als also 1690 mit Leonhard Christoph Sturm der klassische Vertreter des norddeutsch-holländischen Stils der Jahrhundertwende in Leipzig ansässig wurde, da konnte er hier an Bestehendes anknüpfen und gewann daher um so schneller Anhang und Nachfolge.

Thomasius hat die Berufung des vielversprechenden, erst 21jäh-rigen Mathematikers veranlaßt. Sein Mäcen in Leipzig war aber Georg Bose, einer der reichen Kaufherren der Stadt. Ihm widmete Sturm als dem Förderer und Geldgeber seine große Ausgabe von Nikolaus Gold-manns Civil-Baukunst, die 1696 erstmalig erschien. 1694 aber verließ er schon Leipzig, als Professor an die Universität Wolfenbüttel berufen. Hier traf ihn der Ruf nach Frankfurt a. O., von wo aus er in Berlin Schlüters Schloßbau zu begutachten hatte. Später wurde er zum mecklenburgischen Oberbaudirektor ernannt und starb 1719 als Braun-schweigischer Baudirektor. Für Leipzig kommt er also nur vier Jahre

lang in Betracht. Doch hat er in dieser kurzen Zeit zwei wichtige Anlagen entworfen, die ihm eine nicht zu unterschätzende Bedeutung verschaffen: die Parks nämlich, die sich damals Georg Bose und sein
Bruder Caspar Bose anlegten und die im Volke die Bezeichnungen Klein-
bosischer und Großbosischer Garten erhielten. Dieser breitete sich von
der heutigen Seeburgstraße bis zur Johannisgasse, jener in der Gegend
der Bosestraße aus.

Der archivalische Nachweis von Sturms Urheberschaft läßt sich
nicht erbringen, wie auch die Daten der Erbauung unbekannt sind.
Bekannt ist nur, was der Gärtner Elias Peine in seinem 1690 zuerst
erschienenen Büchlein „Der Bosensche Garten in Leipzig ...“ berichtet. Er sagt, daß Caspar Bose ihm seinen Posten 1684 anvertraut habe
und daß „nun dieser Bau meistens zu Ende“ sei, meint aber nur den
Garten vom botanischen Standpunkt aus. Das Gartenhaus und die
Orangerie erwähnt er nicht. Für diese gibt Sturm in der Vorrede zu
seinem „Prodomus“ (1714) folgenden Hinweis: „Ob ich schon keine
Gebäude von Importantz angegeben, doch aber von meinem ein und
zwanzigsten Jahr an, wiewohl nur unterschiedliche Adelige Land- und
Burgerliche Wohn-Häuser, Lust-Häuser, Altär u. d. gl. inventirt hatte.“
Das würde also auf die Zeit seit 1690 zu beziehen sein. Wo außer Leipzig
gab es bürgerliche Lusthäuser, und wer außer den Boses baute damals
hier solche? Das Fruchthaus des Kleinbosischen Gartens war jedenfalls 1695 fertig, als es Pitzler[47] in sein Skizzenbuch zeichnete. 1700
starben beide Brüder, und zwar nach der Vollendung ihrer Parks;
denn der Gärtner Peine gab 1700 den ersten Plan des ganzen Großbosischen Gartens mit Haus und Orangerie heraus, und 1701 sah auch
Pitzler beide in ganz fertigem Zustande[48]. Soviel ergeben die Quellen.

Was nun den Stil betrifft, so möchte ich im Gegensatz zu Koch den
Großbosischen Garten als den vorgeschritteneren ansehen und den
Entwurf für den Garten des Sturm näherstehenden Georg Bose (Abb. 11)
für den älteren halten. Entscheidend scheint mir dafür das Fehlen
einer einheitlichen Achse. Das Gelände wird zunächst zweigeteilt, in
ein langes und schmales Rechteck, das den Ziergarten und ein breiteres,
unregelmäßiges Stück, das den Obstgarten enthält. Nach dem Über-
schreiten der Pleißebrücke – etwa in der Gegend des jetzigen Central-
theaters, betrat man das Terrain, auf dem im Sommer die Orangerie

aufgestellt wurde. Man mußte sich sogleich um 90⁰ nach links wenden, um zum Gartenhaus zu gelangen und stand dann erst am rechten Fleck, um diesen ersten Abschnitt zu überschauen. Man blickte auf ein schmales, regelmäßiges Feld mit einem Blumenparterre und hatte als Abschluß das Gärtnerhaus mit einem zweiten Eingange vor sich. Im Weitergehen mußte man wieder die ursprüngliche Richtung annehmen, um durch das Tor einer Balustrade mit Statuen in den ebenso ge-schlossen rechteckigen zweiten Teil, das eigentliche Zierparterre, über-zugehen. Hier wiederholte sich das gleiche: man hatte nach rechts um-zubiegen, erreichte am rechten Ende dieses Abschnittes die Orangerie, und hatte von da aus die gewünschte Richtung, um ihn zu überblicken. Wieder mußte derselbe Richtungswechsel erfolgen, ehe man durch das obeliskengeschmückte Hauptportal in den großen, wieder geschlosse-nen rechteckigen Garten kam. Er war einheitlich um einen ovalen Mittelteich gegliedert, doch hatten alle Beete quadratische oder recht-eckige Form. Vom Teiche aus um 90⁰ nach rechts gewandt stand man in der Hauptachse des Baumgartens, dessen Mitte ein hölzernes Vogel-haus an der Kreuzung zweier breiter Baumalleen bildete. Im Verfolg dieser Wanderung durch den Garten wird klargeworden sein, was das Konservative an der Anlage ist: die rechteckige Grundform des Ganzen und jedes Teiles und der häufige rechtwinklige Wechsel der Blickachsen.

Sehr bedeutsam wächst das Orangerieparterre in Caspar Boses Garten vor dem Grimmaischen Tor (Abb. 12) darüber hinaus. Auch er ist seiner dominierenden Breitenausdehnung entsprechend zwei-geteilt, rechts liegt das Parterre und die Baumschule, links der Baum-garten. Wie bei der Anlage Gg. Boses ist auch hier der Baumgarten einfach in Rechtecke aufgeteilt, und die Hauptallee mit der Grotte als point de vue läuft an kompositionell unbetonter Stelle. Viel entschie-dener ist die Gliederung der rechten Hälfte, schon durch den Niveau-unterschied ihres hinteren und vorderen Abschnittes, der mehr als 11 m betrug. Die hinten gelegene Baumschule besteht wie üblich nur aus rechteckigen Beeten, das Parterre hingegen ist – fundamental neu für Leipzig – radial komponiert. Eine halbkreisförmige Terrasse, in die in der Mitte die Orangerie eingebaut ist, überwindet den Höhenunter-schied, und von ihr gehen radiale Wege auf das stattliche Gartenhaus zu, das in deren Schnittpunkte, rechts und links von Rasenstücken umgeben, errichtet war. Mit dieser Anlage vollzieht der Großbosische Garten den großen Schritt in der Geschichte der Gartenkunst des 17. Jahrh.: die Wendung vom holländischen zum französischen Garten. In Holland fehlen solche Kompositionen, während sie seit Vaux selbstverständlicher Bestandteil des französischen Gartens sind. Die Anwendung dieses neuen Motivs geschieht dann freilich wieder in einer entschieden konservativen Weise: denn gerade der geschlossene Halbkreis und die allerseits steil aufsteigende Terrasse ließ nirgends den Blick hinausschweifen und raubte die Ausblicke in unabsehbare Fernen, die das Wesentliche für Lenôtre waren.

Die nächste große Gartenanlage Leipzigs entstand erst nach einer Pause von über einem Jahrzehnt und gehört in einen anderen Zusammenhang. Stehen in dieser Beziehung also beide Werke Sturms in Leipzig isoliert, so fanden seine in ihnen errichteten Gartenhäuser und Ziergebäude (Abb. 13–15) um so mehr Anklang. Wie in seiner Gartenkunst ist er auch in der Architektur Schüler der Holländer und der von ihnen beeinflußten Franzosen. Besonders charakteristisch dafür wirkt das von Pitzler 1695 aufgenommene Fruchthaus mit seinen hohen Rundbogenfenstern und dem dorischen Metopenfries im Gebälk. Rein holländisch und das eigentlich Epochemachende aber ist das Caspar Bosische Gartenhaus, trotz Iccanders Bemerkung[49], es sei „auf Italiänische Art" gebaut. Der Bau ist 3×5 Achsen groß und an Hof- und Gartenseite mit einer flachen Vorlage versehen. Die zweiarmige Außentreppe führt in das erste Geschoß, wo neben einem Speisezimmer und einem Gewächssälchen die Treppe ins Hauptgeschoß führt, das den durchlaufenden und ein oberstes Halbgeschoß mit einschließenden Gartensaal sowie Nebengelasse enthält. Holländischen Landhäusern[50]) entspricht diese Grundrißdisposition und entspricht besonders die Außenarchitektur mit den hohen, schmalen, ungerahmten Fenstern, der Überhöhung der Vorlagen, dem steilen Dreieckgiebel mit dem Ochsenauge, der Form des Daches, und insbesondere der Festondekoration und der Eckarmierung mit genuteten Streifen, die in Holland nie fehlt und, wie wir sahen, jenen letzten Erkerhäusern der 90er Jahre eigen ist, bei denen schon Sturm anregend wirkte.

1694 verließ er, wie gesagt, Leipzig und wird uns nur noch einmal, in einem viel späteren Zusammenhang begegnen. Seine Wirkung auf

Leipzig ist also nur kurz und beschränkt sich auf nicht viele erhaltene
Gebäude, ist dort aber intensiv und bedeutet eine selbständige Stilstufe
zwischen der ersten Wendung nach dem Osten und der grundsätzlichen
Wandlung um 1700. Nicht wenig freilich ist auch hier zugrunde gegangen, und Pitzlers 1701 aufgenommene Zeichnungen (Abb. 16–17) ent-
halten eine ganze Anzahl nicht mehr identifizierbarer Stadt- und Gartenhäuser dieses, Pitzlers Geschmack am meisten entsprechenden Stiles[51]. Die genuteten Eckstreifen sind ein allen gemeinsames Merkmal.
Daneben sind einfache und wenig dekorierte Erker und Giebel von der
sonderbaren Art jener beiden Brühl 7 und 25 zu finden. Vielleicht ist
mit einer der Zeichnungen auf Blatt 404 das große Schmidtsche Haus
Brühl 21 (L. 327, Reg. 4–5 a) gemeint, das leider auch abgerissen wurde.
Das Inventar bildet seine Grundrisse ab. Die Fassade hat eben diese
sonderbar mißverstandenen Renaissancegiebel und einen Erker, der
sich unmittelbar dem Typus des SOLI-DEO-GLORIA-Hauses anschließt. 1695–97 wurde der Neubau aufgeführt, und zwar durch den
Maurermeister Rempe, den wir schon zu nennen hatten.
Den Hauptbau des Sturm-Stiles in Leipzig zeichnete Pitzler auch
ab: die 1695 vollendete Große Feuerkugel auf dem Neumarkt 3
(L. 626, Reg. 98–98 b, Abb. 18–19). Das Haus, bekannt dadurch, daß
hier Goethes Studentenwohnung war, ist erhalten, aber an der Fassade
peinlich verändert. Außer bei Pitzler ist es auch auf Stichen des Stadtgeschichtlichen Museums im ehemaligen Zustande überliefert. Der elf-
achsige Bau wurde durch eine mit Erker versehene Vorlage gegliedert,
die wie bei Sturm um ein Geschoß über die Rücklagen ragte und mit
einem Dreieckgiebel bekrönt war. Auch die einfachen Fenster in ihrer
schmalen Proportion gehen auf Sturm zurück. Über dessen Gartenhäuser hinaus bringt der unbekannte Meister der Feuerkugel ein für
Leipzig sehr wesentlich Neues: das Portal, das in ursprünglicher Form
erhalten ist. Es ist rustiziert, im Korbbogen geschlossen und von rustizierten Pilastern flankiert, die ein Gebälk tragen. Aus dem Kragstein
der Tür wächst die Konsole, auf der der Erker aufruht. Zu seinen beiden
Seiten sind auf dem Gesims weibliche Figuren gelagert, letzten Endes
wie alle diese Sitzfiguren Abkömmlinge von Michelangelos Mediceer-
Gräbern. Von diesen und ihren meisten Nachfolgern unterscheiden sie
sich hauptsächlich durch eins: sie ruhen nicht auf Voluten oder giebel-

artig ansteigenden Quadern, die zwischen Horizontale und Vertikale vermitteln, sondern sie selbst übernehmen diese Funktion. Das Motiv ist in dieser Form nicht häufig, doch hat es z. B. das Portal der Hofstallkaserne in Salzburg (1693—94) [52] und der Parkeingang des Oranienburger Schlosses [53]. Es kommt also sowohl im niederdeutschen wie im südöstlichen Kunstkreise vor. Die satte Ruhe und Schwere der Plastik macht für Leipzig den Ursprung vom Norden wahrscheinlicher. Der Erker, dessen ganze Dekoration übrigens ebenso wie die der erhaltenen Fenster einer späteren Veränderung angehört, hatte ehemals in den Brüstungsfeldern Tafeln mit eckigen Ohren, und schließt sich damit, wie überhaupt mit seiner ganzen Existenz, der Leipziger Tradition an, ein Muster für die Überleitung von Sturms Stil in den der Stadt.

Das andere ausgezeichnete Beispiel derselben Stufe ist das Jöchersche Haus am M a r k t 2 (L. 386, Reg. 73–75, Abb. 20). Die Akten ergeben nichts Unmittelbares über die Erbauung, für die aber ein Stich des Stadtgeschichtlichen Museums von 1693, auf dem ein sehr stattliches Renaissancehaus an der Stelle des unserigen steht, einen Terminus post gibt. Da nun 1697 die Neuerrichtung von Frontispiz und Dacherker genannt wird, so muß der Neubau ca. 1695 entstanden sein. Das Gebäude war ursprünglich nur dreistöckig und wurde erst 1707 im Stile des alten Teiles auf die jetzige Höhe gebracht, die es in einem Stiche Schreibers von 1712 hat. Wieder arbeitet der Architekt mit der Gliederung in Vor- und Rücklagen, und hier auch mit den genuteten Eckstreifen. Dagegen fehlen bei Sturm Verdachungen, wie sie hier die Mittelfenster tragen, während die übrigen Fenster undekorierte Einschnitte wie bei ihm sind. Die Verdachungen halten sich in den einfachsten Grundformen des Dreiecks- und Segmentgiebels. Besonders streng und entschieden wirkt der obere Abschluß durch den dreiachsigen, zweistöckigen, kastenartigen Dacherker, den kein Giebel, sondern eine Balustrade nach oben endet. Fuchs, der 1707 den Umbau leitete, schloß sich damit sehr sensitiv dem düsteren und unnahbaren Charakter von 1695 an. Merkwürdig stark wirkt der Bau noch heute in seiner Höhe und drückenden Wucht. Ein sehr eigener Meister muß Sturms Stil so umgedeutet haben. Aber es ist keinerlei Anhalt da, ihn zu bestimmen.

Was sonst der gleichen Stufe angehört, ist unwesentlicher wie das Haus H a i n s t r a ß e 15 (L. 203, Reg. 31–32), das 1695 vom Maurermeister Bachmann[54] gebaut wurde, und das nicht erhaltene Nachbarhaus H a i n s t r a ß e 17 (L. 204, Reg. 33) von 1699, das immerhin durch einen vierachsigen Dacherker mit Dreiecksgiebel ausgezeichnet war. Es liegt im Charakter dieses Stiles, daß sich wenig über die einzelnen Häuser aussagen läßt. Denn das Neue gegenüber dem Barock der Erkerhäuser ist ja gerade die Einfachheit, Nüchternheit und Schmucklosigkeit.

Insofern gehört ihm auch ein Haus wie die Hohe Lilie N e u m a r k t 28 (L. 48, Reg. 102–102 a) an, das in keiner Einzelheit Verbindung mit Sturm aufweist. Das Haus – übrigens die Geburtsstätte der Clara Schumann – entstand nach 1693 und wurde 1748 um ein fünftes Geschoß erhöht. Es will nichts als die äußere Hülle einer bestimmten notwendigen Anzahl von Räumen sein. Nicht einmal die Fenster stehen ganz symmetrisch. Zehn Jahre früher wäre man noch nicht zur Errichtung eines solchen reinen Nutzbaues imstande gewesen.

Die begreifliche Einwirkung Sturms gerade auf die öffentliche Baukunst Leipzigs, die das ehemalige Georgenhaus bewies, wird uns an anderer Stelle zu beschäftigen haben. Dagegen können wir die Betrachtung dieses Stiles nicht abschließen, ohne noch eines Schloßbaues in Leipzigs Umgebung zu gedenken, der schon durch seinen Erbauer wichtig ist. Es ist das ehemalige Dieskausche, jetzt Gräfl. Hohenthalsche Schloß K n a u t h a i n (Reg. 244, Abb. 21), dessen Grundstein nach Schwartze 1700 gelegt wurde. Der Bau wurde, wie derselbe Autor schreibt, „unter Direction des Baumeister Schatzens ... ausgeführt". Die Hauptwerke dieses bedeutenden Architekten, fallen in eine viel spätere Zeit, in die 20er Jahre, und werden dort eingehend besprochen werden. Über sein Leben konnte ich nicht sehr viel ermitteln: Er wurde 1667 geboren und starb am 15. März 1750. Nach Füssli (2. Aufl.) war er polnischer und Fürstlich Schwarzenbergischer (muß heißen Schwarzburgischer) Baumeister. Er lebte in Leipzig, wo er schon 1707 in der Windmühlengasse einen Garten hat und 1711 auf dem Neumarkt ein Haus kauft. Die Gruft, in der er begraben wurde, war Nr. 118 auf dem Johannesfriedhof. Zum Hofe hatte er schon frühzeitig Beziehungen: 1710 nennt ihn ein Brief Augusts des Starken[55], 1713 bewirbt er sich um eine Landbaumeisterstelle. Es wird ihm „wegen Uns gerühmten guten Geschicklichkeit das praedicat des Landbaumeister" beigelegt, und 1714 kommt er ohne Gehalt angestellt in den Akten des Geheimen Kabinettsarchivs in Dresden vor[56]. Sein Ruf in Dresden war mit der Zeit so allgemein geworden, daß er zu den Gutachtern für Bährs Frauenkirche zählte und dafür von Leipzig in die Hauptstadt berufen wurde. Seinem energischen Eingreifen ist es dabei zu danken, daß gegen die Stimmen der anderen Gutachter der Entschluß gefaßt wurde, die kühne Wölbung der Kuppel in Stein auszuführen.

Das erste Werk seiner Hand, das ich feststellen konnte, ist eben das Knauthainer Schloß. Sein Aufbau mit dem obersten Halbgeschoß, den genuteten Eckstreifen, dem Dreieckgiebel mit dem ovalen Fenster, der zweiarmigen Außentreppe und auch die Art der Gliederung mit eckig herausspringenden Vorlagen stimmt so auffallend mit Sturms Neuerungen überein, daß man, auf die Gefahr hin, durch etwa noch auftauchende Frühwerke Schatzens eines Besseren belehrt zu werden, annehmen darf, Sturm habe dem bedeutend älteren Schatz die entscheidenden Anregungen vermittelt.

Suchen wir abschließend die Bedeutung dieses neuen Stiles zusammenzufassen, so liegt sie – im Gegensatz zur Börse und den Erkerhäusern – zunächst in ihrer Sachlichkeit. Sie ist Sturm so einzig am Herzen gelegen, daß er lieber nüchtern, lieber kalt und schroff als unbeherrscht weltfroh oder pathetisch wirken möchte. Mit der überzeugten Aufnahme dieses Stils wendet sich Leipzig von seinen bisherigen Quellen, den italienischen Stuccatoren des Südostens einerseits und der schmuckfreudigen Renaissance andererseits ab und wieder – nach zwanzig Jahren Unterbrechung – dem Norden zu. Hier, in Preußen, in der Stätte reformierter Kultur, hat Sturm nachher seine Heimat gefunden, und hierhin neigte denn auch von Anfang an sein Geschmack. Der Weißenfelser Pitzler, der ein ähnlicher Charakter wie Sturm gewesen sein muß, zeichnete sich säuberlich in sein Reisebuch alle die schlichten und würdigen Schlösser Preußens und Niederdeutschlands ab, die in jenen Jahren neu errichtet wurden oder noch eben im Bau waren: Zerbst, Köpenick, Barby, Oranienburg, Oranienbaum, Coswig, Baruth und wie sie alle heißen. Sie charakterisiert derselbe Geschmack in allen Merkmalen wie die Leipziger Bauten der 90er Jahre: die Blockhaftig-

keit und additive Zusammenfügung von Teilen, die Nutung der Eckstreifen, die einfachen Fensterrahmungen und die Dreieckgiebel. Zu
diesem preußisch-holländischen Kunstkreise gehörte Leipzig noch einmal eine kurze Spanne Zeit, kaum ein Jahrzehnt, ehe mit voller Macht
die Hochblüte des Leipziger Barock beginnt, neuen Zielen nachstrebend
und neuen Idealen zugetan.

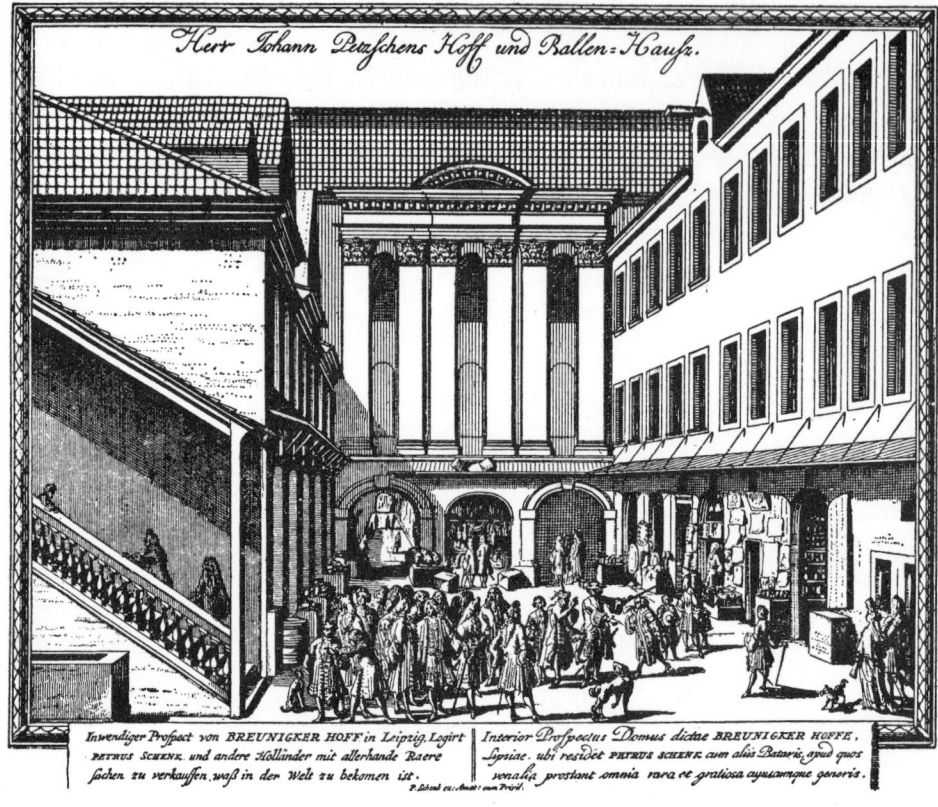

Inwendiger Prospect von BREUNIGKER HOFF in Leipzig. Logirt
PETRUS SCHENK. und andere Holländer mit allerhande Raere
Sachen zu verkauffen, waß in der Welt zu bekomen ist.

Interior Prospectus Domus dictae BREUNIGKER HOFFE,
Lypsiae. ubi residet PETRUS SCHENK cum aliis Batavis, apud quos
venalia prostant omnia rara et gratiosa cujusurnque generis.

P. Schenk ex. Amst! cum Privil.

III

Der Wendepunkt um 1700

Mit der Zeit um 1700 hat in Deutschland die Barockbaukunst den
entscheidenden Wendepunkt erreicht. Nachdem sie in den meisten
Gegenden seit dem Dreißigjährigen Kriege die künstlerischen Gedanken
vom Auslande, aus Italien oder den Niederlanden, bezogen hatte, wird
sie erst jetzt wirklich deutsch und schickt sich zu dem steilen Aufstiege
an, welcher sie auf eine Höhe der architektonischen Gesinnung führt,
der sich nichts Gleichzeitiges in der Welt an die Seite stellen läßt. Dieser
Vorgang erfolgt ganz entsprechend in Wien und Prag, in Bayern und
in Schwaben, in Franken und am Rhein wie in Berlin und in Dresden.
Ein äußeres Symptom ist sehr oft das Abnehmen der ausländischen

Baumeister und ihr Ersatz durch deutsche, was einen erwünschten Sieg des Deutschtums bedeutete, der genau den literarischen Bestrebungen Leibnizens und seiner „unvorgreiflichen Gedanken betreffend die Ausübung und Verbesserung der Teutschen Sprache" (1697) entspricht. Architekturgeschichtlich offenbart sich die Wandlung, um es mit einigen Schlagworten erst anzudeuten, in einer neuen Zusammenfassung des Baukörpers zum Plastisch-Organischen und Einheitlichen und in einer Auflockerung der strengen, schweren und ruhenden Majestät des zweiten 17. Jahrh. zu gesteigerter Beweglichkeit.

Dieser entscheidende Umschwung kündigt sich in Leipzig hier und da in den 90er Jahren an, ehe er fast genau mit dem Jahre 1700 voll einsetzt: Die Formen, in denen er sich manifestiert, sind bedingt durch die Eigentümlichkeiten der lokalen Bauentwicklung. Schon seit dem Beginn einer kontinuierlichen Barockkunst hatten einheimische Handwerker in Leipzig gebaut und hatten den Sinn fürs Kleinteilige, für reichlichen Schmuck und Differenzierung aus einer langlebigen Renaissance-Tradition unmittelbar übernommen. Bis auf Simonetti fehlten die Italiener gänzlich, und so fehlte auch eine Kunst von der einfachen und schweren Wucht der südostdeutschen Paläste, wie des Leopoldinischen Traktes in Wien oder des Palais Czernin in Prag. Statt ihrer war mit Sturm der holländische Einfluß gekommen und hatte mit der radikalen Ablehnung des Spielerischen, das den vorhergehenden Erkern und Höfen ihren Reiz gab, Sachlichkeit und Erfüllung der baulichen Gegebenheiten gelehrt und damit zum mindesten freien Raum für eine neue Monumentalität und eine großzügig zusammenfassende Rhythmisierung geschaffen.

Sie klingt zum ersten Male in zwei Bauten der 90er Jahre an, die in Zweck wie Durchführung manches Gemeinsame haben. Beide sind von Privaten errichtete Gebäude, die einer öffentlichen Verwertung dienten. Beide vermutlich gehen auf die Entwürfe von Nicht-Leipziger, wenn nicht sogar nicht-deutschen Architekten zurück.

Über das Opernhaus (Abb. 22), das in einem Hofe am Nordostende des Brühls (L. 495) errichtet wurde, orientieren die Akten, die von Fritz Reuter[57] herangezogen und zum Teil abgedruckt wurden (Reg. 162–168). Der Bau entstand 1692-93 und sollte schon 1708 niedergerissen werden. Dann wurde er noch bis 1729 erhalten. Eine Abbildung des Gebäudes hat Reuter bei Pitzler (S. 405–06) nachgewiesen. Der Architekt ist Girolamo Sartorio, der von sich selbst berichten kann, er habe „auch schon an vielen Orthen als zu Amsterdam und Hamburg und sonsten dergleichen mit großem Ruhm und ohnschädlich aufgebauet"[58]. Auch der oberste Zimmermeister ist Italiener: Tarquinio Bernardelli. Er arbeitet mit zwei Leipziger Handwerkern als „Consorten". Auch Sartorio gehört wie Simonetti einer der mitgliederreichen oberitalienischen Familien an, die im endenden 17. Jahrh. Deutschland mit Architekten versorgten. Ein Girolamo Sartorio war seit 1667 Bauleiter in Herrenhausen und leitete den Umbau der Schloßkapelle in der katholischen Hofkirche zu Hannover. Er war an der Neustädter Kirche und in Münden am Schlosse tätig. Ein Sartorio war um 1700 Oberbaumeister in der Kurpfalz[59]. Er könnte identisch sein mit dem in Erfurt genannten Architekten Sartorio, der sowohl bei dem Umbau des Hauses Zum Stolzen Knecht 1697[60] als beim Neubau des Packhofes[61] vorkommt. Mit diesem identifiziert den unseren wohl Gurlitt, wenn er ihn als kurmainzischen Architekt bezeichnet. In den Akten ist mir dieser Titel nicht vorgekommen[62].

Das Opernhaus war nach Pitzlers Aufnahme ein dreistöckiges Gebäude mit steilem Satteldach. An den Ecken waren ihm zweistöckige Pavillons mit Zelt- oder Pyramidendach angegliedert. Der Aufbau setzt sich aus Sockelgeschoß mit durchgezogenem, nur von der Portalverdachung durchbrochenem Gesims und durch Kolossalpilaster vereinheitlichten Obergeschossen zusammen. Diese Pilaster sind in Leipzig völlig neu und verraten ihre italienisch-österreichische Herkunft durch die eingetieften Spiegel, die in Wien in den 60er und 70er Jahren das Übliche sind. Auch die Eckpavillons sehen den Beispielen in Praemers Architekturwerk[63] ähnlich. Die Fenster sind nur in jeder zweiten Achse der beiden Obergeschosse mit besonderen Rahmungen versehen und im ersten mit geraden Verdachungen, im zweiten mit abgetreppten Schlußsteinen geschmückt. Das einzige Zierstück der Fassade ist das Portal, ebenfalls aus der Leipziger Reihe nicht zu erklären. Eher als mit den gerade in den Jahren vorher erbauten könnte man es mit dem der Alten Börse vergleichen, doch auch dies nur sehr bedingt. Die Tür ist mit einer Rahmung mit eckigen Ohren versehen. Sie wird von zwei Pilastern mit eingetieften Spiegeln flankiert, auf denen von oben kurze

Festons niederhängen. Sie tragen ein niedriges Gebälk und einen flachen Segmentgiebel. Zwischen Türsturz und Gebälk breitet sich italienisch geformtes Muschel- und Volutenornament aus. Das ganz Neue für Leipzig ist die Kolossalordnung, die zwar noch nicht zum einheitlichen Zusammenziehen der Fassade verwandt wird, aber doch — und das ist ihre entwicklungsgeschichtliche Bedeutung — eine der Möglichkeiten dazu verschafft. In Österreich war diese schon seit 1660, in den Niederlanden das ganze 17. Jahrh. hindurch gebräuchlich, während umgekehrt die in Wien erst um 1700 aufkommende Möglichkeit zur Vereinheitlichung durch Risalitbildung in Leipzig schon lange üblich war.

Der andere Bau der gleichen geschichtlichen Situation ist das Ballhaus (Abb. Seite 34), das Gottl. Krelle 1692 in Breunigkes Hof an der Petersstraße (L. 32, Reg. 105–06) errichten ließ und das nur aufrecht stehen blieb, bis Peter Hohmann gegen Ende der 20er Jahre des 18. Jahrh. das ganze Grundstück völlig neu bebauen ließ. Die ausführenden Meister werden in der Baubesichtigung nicht ausdrücklich genannt, lassen sich aber aus der Notiz erschließen, daß drei Jahre später das Seitengebäude dem Ballhaus gegenüber vom selben Bauherrn durch Rotzsch und Chr. Riedel errichtet wird. In ihnen würde man also die Autoren des Ballhauses vermuten müssen, wenn sein Stil den Leipziger Gepflogenheiten nicht so fremd wäre, daß man auch hier lieber den Entwurf einem auswärtigen Architekten und nur die Ausführung den beiden einheimischen Handwerkern zuschreiben wird. Denn bei jedem Bau dieser Zeit gibt es ja die verschiedensten Möglichkeiten, wer unter den im weitesten Sinne an ihm Beteiligten als der eigentliche geistige Schöpfer zu betrachten ist. Man muß sich über diese Vielfältigkeit der Möglichkeiten klar sein, um die Hindernisse nicht zu unterschätzen, die sich der Künstlergeschichte gerade des 17. und 18. Jahrh. in den Weg stellen. Die Arbeiten über Barockarchitektur, die im letzten Jahrzehnt entstanden sind, haben diese Schwierigkeiten immer wieder gezeigt. Die unterschiedlichsten Kombinationen sind nachgewiesen worden und mahnen zur Vorsicht bei Zuschreibungen. Nur in seltenen Fällen geben uns die Akten wirklich sichere Anhaltspunkte, meist lassen sie gerade das entscheidende, aber natürlicherweise auch am schwersten faßbare Problem: die geistige

Autorschaft, unbeantwortet. So bleibt man schließlich immer wieder auf die Stilkritik angewiesen.

Ziehen wir aus diesen Verhältnissen für unsere Lage die notwendigen Konsequenzen, so ergeben sich folgende Fälle: Das Häufigste und Gewöhnliche, mit dem wir bisher bequem ausgekommen sind, ist der Fall, daß der ausführende Maurermeister zugleich der Erfinder der Pläne ist. Daß er dazu wohl imstande sein mußte, ergibt sich aus der Tatsache, daß in der Leipziger Maurerinnung gerade der Entwurf eines großen Bürgerhauses der inneren Stadt das obligate Meisterstück war[64]. Daneben kommt sein Genosse, der Zimmermeister, in Frage, wenn auch, außer etwa bei den hölzernen Erkern, sicherlich seltener. Jedenfalls sind diese beiden Möglichkeiten von Natur das Gegebene, was durch zahlreiche Aktenstellen in den Baubesichtigungen erhärtet wird. So wird am 4. April 1708 ein hölzerner Neubau auf dem Großen Kauz den Gewerken vom Zimmermeister Mattern vorgeführt, der „den vorhabenden Bau folgender maßen angegeben auch bereits dazu einen Riß gefertiget, und selben uns vorgezeiget". Ebenso heißt es z. B. am 3. März 1731: „Meldete . . . Christian Döring Maurer-Meister wie dem Herrn General Major von Hopffgarten, als Commandanten der Vestung Pleissenburg er den Riss von den Lübeckischen Bau communicirt . . ." Ähnliche Fälle gibt es häufig. Solche Stellen belegen jedenfalls, daß nicht etwa die Gewerken oder der Obervogt die Pläne lieferten, nach denen die Bürger bauten. Das widersprach schon von Grund aus dem Verhältnis, in dem der Einzelne zum Rate stand. Bei öffentlichen Bauten dagegen muß auch dieser Fall ins Auge gefaßt werden. Ferner sind nie die Kenntnisse in der Architektur zu vergessen, die damals zur Erziehung des gebildeten jungen Mannes gehörten und die es manch einem Bauherrn ermöglichten, selbst schöpferisch zu arbeiten. Wie wesentlich auch dies werden konnte, haben besonders die in den letzten Jahren veröffentlichten Schönbornschen Korrespondenzen[65] bewiesen. Daß auch dieser Fall für Leipzig in Betracht zu ziehen ist, beweist schon der Titel Baumeister, in den das lateinische Wort Aediles in der Stadtverwaltung verdeutscht war und — um ein Beispiel zu nennen — der Fall des Neubaues am Thomasturm, wo Vogel ausdrücklich die Baumeister zufügt, unter deren Ägide er entstand. Schließlich ist es stets möglich, daß ein eigentlicher Architekt oder Ingenieur Pläne entwarf,

nach denen dann die Maurermeister und Zimmermeister bauten. Da die
Akten dies auch, wo es sicher ist, öfters völlig verschweigen, so läßt
sich nicht sagen, wie häufig es war. Ein Exempel hatten wir eben in
Sartorio, etwas Entsprechendes wird auch beim Ballhaus vorliegen.
Jedenfalls läßt sich eine einwandfreie Entscheidung nicht erzielen, da
die Stilkritik kein Vergleichsmaterial bietet.

Wie sehr das Ballhaus von der Leipziger Tradition abweicht, zeigt
ein Blick auf die Fassade, die durch Peter Schenks hübschen und lebendigen Reklamestich überliefert ist (Abb. Seite 34). Sie ist drei Stock hoch
und nur drei Achsen breit. Die mittlere der drei Achsen bildet eine Vorlage. Auf dem Sockelgeschoß stehen auch hier Kolossalpilaster – doch diesmal von klassisch-korinthischen Formen. Zwei Pilaster flankieren jede der
durch zwei schmale, übereinander geordnete Rundbogenfenster gebildeten Achsen. Die Fenster des ersten Obergeschosses sind blind. Auf den
Pilastern ruht ein klassisches Gebälk, über der Mittelvorlage darauf
noch ein ebenso profilierter Segmentgiebel. Die Formen verraten einen
ganz anderen Ursprung als die des Opernhauses. Man fühlt sich hier
unmittelbar an Frankreich erinnert oder an französisch beeinflußte
Schlösser Norddeutschlands, besonders in den Einzelformen von Gebälk und Giebel z. B. an Oranienburg[66]. Dahin weisen auch die
schmalen, rundbogigen Fenster. So findet der Bau in Leipzig am ehesten einen Vorgänger in Sturms Bosischem Fruchthause, dem aber
noch die Kolossalpilaster fehlten, die hier die äußere Anknüpfung an
das Opernhaus und das Hauptwerk der Zeit um 1700 geben. Innerlich
bedeutsamer weist aber auf das Wollen dieses geschichtlichen Augen-
blickes die Art der Übertragung der klassischen Formen gerade an
diese Stelle. Sie geschieht in einem neuen, ungemein deutschen Geiste:
die Fassade ist mit ihren drei Achsen zwischen die Seitengebäude ein-
gepreßt und innerhalb dieser Schmalheit noch eine Hauptachse vor-
geschoben. Der Druck von den Seiten scheint die Glieder nach der
Mitte und nach oben zu drängen; ganz wie es dem plastisch-organischen Stilwillen der Zeit um 1700 entspricht. Trotzdem ist auch dieser
Bau nur eine Vorform, da jedes Einzelglied der neuartigen Bewegung
in sich geschlossen und ruhig bleibt, und zudem das Ganze in dem
schweren Gebälk einen Abschluß findet, der ein Ausklingen in der
Wachstumsrichtung unmöglich macht. Ernst wird es mit dem Um-

schwung vielmehr erst durch das Auftreten einer neuen Persönlichkeit in Leipzig, einer der bedeutendsten, denen wir im Verlaufe der Entwicklung begegnen werden.

Es ist der neue Ratsmauermeister J o h a n n   G r e g o r   F u c h s, der diesen Posten in Leipzig seit 1700 bekleidet. Er ist nicht Leipziger, aber Sachse. Er wurde 1650 in Ortrand, 35 km nördlich von Dresden, geboren und starb in Leipzig am 16. August 1715. Seit spätestens 1679 ist er in Dresden ansässig. Am 13. März dieses Jahres wird er dort Bürger[67] und bleibt nun für 21 Jahre in der Residenz. 1692 heißt er Hofmaurermeister und Landwerkmeister. Zwischen 27. März und 25. April 1696 kauft er das sehr baufällige Haus Töpfergasse 9 unter dem Namen „Kurf. Maurer- und Baumeister Johann Gregor Fuchss". Er erbaut es von Grund aus neu und hinterläßt es so bei seinem Tode seiner 1742 gestorbenen Gattin Anna Catharina. Das Haus ging 1760 beim Brande von Dresden zugrunde[68]. Über seine Dresdner Bautätigkeit konnte ich sonst nicht das geringste ermitteln. Sowohl die Durchsicht der Akten des Ratsarchivs als auch die Suche nach den Werken, an denen er in den beiden Jahrzehnten für den Hof gearbeitet hat, blieb erfolglos. Es ist zu hoffen, daß die weitere Bearbeitung der Dresdner Barockarchitektur auch für Fuchs noch Neues an den Tag bringen wird; denn wenn er nicht schon in Dresden eine gewisse Rolle gespielt hätte, würde er gewiß nicht den Leipziger Posten erhalten haben.

Das früheste gesicherte Werk ist die Dorfkirche in H o f bei Stauchitz (A. H. Oschatz[69]; die nach den Akten des Pfarrarchivs als Zinzendorfsche Stiftung 1692 begonnen und 1697 vollendet wurde (Reg. 124). Sie setzt sich aus einem einschiffigen Langhaus, einem Querschiff, das unten für Nebenräume geschlossen, sich im ersten Stock zu Logen öffnet, und einem aus fünf Seiten des Achtecks gebildeten Chor von gleicher Breite wie das Langhaus zusammen. Der Triumphbogen zieht sich stark ein und trennt das Langhaus bewußt vom Chorraume ab. Die Raumwirkung ist einfach, ja nüchtern, was jetzt noch durch die neue Tünche und das völlige Fehlen aller Dekoration verstärkt wird. Was die Kirche nicht ganz im Durchschnittsgut der Zeit verschwinden läßt, ist die Ausbildung des Äußeren mit Westturm, als Schauseite komponierter Langhauswand, niedrigem Chor und sakristei-

artig isoliertem, noch niedrigerem Querschiff. Es ist sichtlich nicht das
Bestreben des Erbauers gewesen, diese vier Teile zu vereinheitlichen,
vielmehr wahrt jeder seine ganze Selbständigkeit. Das Wichtigste und
Beste ist die Langhauswand. Über dem Sockelstreif ist sie ganz nach
dem Prinzip der eingetieften Felder gegliedert, das uns noch später bei
Fuchs begegnen wird. Durch Ecklisenen und ebenso schmale Hori-
zontalstreifen über dem Sockel und unter dem Dach wird zunächst die
ganze Oberwand in einen Rahmen gefaßt und zurückgetieft. In das so
entstandene Bildfeld werden drei flache, rundbogige Blendnischen eingetieft, durch Lisenen voneinander geschieden. Diese Lisenen haben
vertikal geriefelte Sockel und ebensolche kapitellartige Oberglieder unmittelbar unter dem Ansatze der Rundbögen. Durch ihre ganz schlicht
rechtwinkligen Profile wirken sie als eine Art Sims um den ganzen Bau,
der immer durch die Nischen unterbrochen wird. In den Nischen, zwei
Stufen also hinter der Vorderfläche, liegen die Fenster, schmal, hoch-
rechteckig und ohne jede Rahmung. Über ihnen folgen noch querrecht-
eckige Halbgeschoßfenster. Diese rahmungslosen Einschnitte ergeben
eine neue letzte Eintiefung in die Wand. Nach demselben Prinzip erfolgt die Gliederung des Querschiffes und des Chores. Und auch beim
Turme tritt es immer wieder auf. Sein Untergeschoß ist nur eine Fortsetzung der Langhauswand, der zweite und dritte Stock haben dieselben Nischen, nur niedriger und wagerecht abgeschlossen. Ganz glatt
rechtwinklig profilierte Gesimse trennen die Geschosse voneinander.
Die Vermittlung zum Achteck des vierten Geschosses geschieht auf die
einfachste Weise. Kuppel und Laterne sind auffallend schmal und hoch.
Was die Kirche von Hof vom Stil des Johann Gregor Fuchs lehrt,
ist dies: Er ist nicht Schüler des italienischen Stiles, wie er im Palais
im Großen Garten seinen ersten Höhepunkt fand, sondern Anhänger
jenes holländischen Geschmackes, der gleichzeitig auch in Leipzig
herrscht. Eine strenge Zweckgesinnung, die allen Schmuck vermeidet,
reduziert jedes Fenster auf die bloße Durchbrechung der Wand, jeden
Träger auf die Lisenen-, jedes Profil auf die Balkenform. Fuchs erreicht
damit eine seltsam fesselnde Wirkung von Strenge, Reinheit und
Sauberkeit, von Maß und Würde, die an Schönheit sicher über die
nüchtern-nützlichen Gebäude Sturms und seiner Schule in Leipzig
hinausgeht.

Allein noch steht Fuchs in allem und jedem vor dem großen Wendepunkt. Obwohl schon 42 jährig, muß er sich bis zu seiner am 6. Dezember
1700 erfolgenden Wahl zum Leipziger Ratsmauermeister noch im tiefsten
gewandelt haben. Im Ratsprotokoll heißt es: „Man hätte sein Absehen
auf einen zu Dresden gerichtet, welcher Fuchs hieße und von H. George
Bosen sel. bereits wäre recommandiert worden." Man stellt nur eine
Bedingung: „daß er kein ander Praedicat verlange", als das bisher
übliche. Da der Bericht hinzufügt: „es wolle ihn auch der H. Obrist
Lieut. droben, so die Inspection über die churf. Gebäude hätte, gerne
loss sein . . .", und da sich ferner anläßlich eines 1701 spielenden Streites[70] ergibt, daß Fuchs nach seiner Übersiedlung nach Leipzig sich in
die Zunft nicht eintragen läßt, kein Meisterstück liefert[71], kein Meister-
essen gibt und sich auch bei den Festen der Innung nicht blicken läßt,
so ist es sicher, daß diese Wahl zum Gewerken nicht wie für gewöhn-
lich nach freiem Ermessen des Rates getroffen wurde, indem man den
würdigsten der angesessenen Mauermeister aussuchte, sondern daß sie
auf höheren Wunsch erfolgte. Fuchs, von dessen persönlicher Bekanntschaft mit Dresdner Bauhandwerkern wir bei späteren Streitigkeiten
anläßlich der Erbauung von Aeckerleins Hof hören, und der als Gutachter auf seine Kosten Pöppelmann nach Leipzig kommen läßt, wird
offenbar von Dresden aus dem Leipziger Rat aufgedrängt. Dafür
spricht auch die hochfahrende und seiner Stellung wohl bewußte
Sprache, die Fuchs bei jenem Zusammenstoß mit der Zunft führt und
die von den Leipziger Maurermeistern befremdet als „kurz und ner-
vöse" bezeichnet wird.

Daß sich Fuchs sehr rasch durchsetzt – im September 1701 klagen
die übrigen Meister schon, daß ihm außer den amtlichen Aufgaben der
größte Teil der Arbeit in der Stadt, also der privaten Bauten, zufalle –,
das verdankte er in erster Linie dem neuen Bürgermeister Franz Conrad Romanus, der ihm schon 1701 eine Aufgabe zuteilte, wie sie keiner
vor ihm in Leipzig lösen durfte: das Stadtpalais, das er sich sogleich
nach seiner Ernennung zu errichten begann. Romanus stand zu Leipzig
ganz in demselben Verhältnis wie Fuchs, so daß dieser der gegebene
Baumeister für ihn sein mußte, abgesehen davon, daß er der einzige in
Dresden für große Unternehmungen Geschulte war. Auf besonderen
Wunsch Augusts des Starken war auch Romanus in Leipzig zum

Bürgermeister gewählt worden, 30 jährig, ohne vorher auch nur im Rate gesessen zu haben[72], und allgemein herrschte Empörung über diese absolutistische Tat des Kurfürsten. Mit Romanus zieht ein Bauherr in Leipzig ein, der mit Recht von Wackernagel[73] eine der bezeichnendsten Erscheinungen jener bauwütigen Zeit in Deutschland genannt wird. Sogleich wird das Palais begonnen, setzen umfangreiche Schleusenanlagen für die Straßen der Stadt ein – der Anfang wird natürlich vor dem Hause des Bürgermeisters gemacht –, und so geht es drei Jahre weiter, bis zum katastrophalen Ende. Um die 150 000 Taler aufzubringen, welche der Neubau kostet, fälscht er Stadtschuldscheine in der Hoffnung, sie rechtzeitig wieder einlösen zu können. Die Sache wird ruchbar, am 16. Januar 1705 wird Romanus verhaftet, auf dem Sonnenstein ob Pirna inhaftiert und dort bis zum Abschluß der Untersuchung festgehalten. Da diese anscheinend einflußreichen Stellen in Dresden unangenehm war, so wird sie erst verschleppt und dann in aller Stille aufgegeben. Von der Allgemeinheit vergessen, stirbt Romanus nach 31 jähriger Haft im Jahre 1746.

Sein Haus aber steht in Leipzig als Denkmal der Kunstleidenschaft seines Erbauers und überdauert bei weitem die Kenntnis oder Mißbilligung der Mittel, die er zu seiner künstlerischen Tat anwandte. Für uns bleibt Romanus der Mäcen, der in Leipzig die Hochblüte der Baukunst heraufführte und besessen genug vom „Bauwurmb" seiner Zeit war, um sich selbst über dieser Aufgabe zugrunde zu richten.

Über die Geschichte des Baues ergeben die Akten folgendes: Im Mai 1701 wird er durch den Ankauf dreier Häuser an der Ecke Brühl und Katharinenstraße (L. 363a–c) eingeleitet, am 8. Juli wird der Platz von den Gewerken besichtigt und der Bauplan im einzelnen vorgetragen 1702 hören wir, daß der Bau im Gange sei, 1704 wird er vollendet (s. Reg. 62–67). Was den Leipzigern beim Fallen des Gerüstes vor Augen stand, war an Umfang wie Stil gleich neu und außerordentlich (Abb. 24–28). Das Gebäude ist etwa 37 zu 18 m groß, mit 22 Fenstern Straßenfront. Über dem sockelartigen Erdgeschoß mit Ladeneinbauten erheben sich zwei gleichhohe Hauptgeschosse und ein halbhohes Mezzaningeschoß. Auf dem Mansarddach saß ursprünglich ein Belvedere, das auf alten Stichen noch zu sehen ist. Der Grundriß (Abb. Seite 44) gliedert sich um den langrechteckigen Hof, um den an der Nord- und

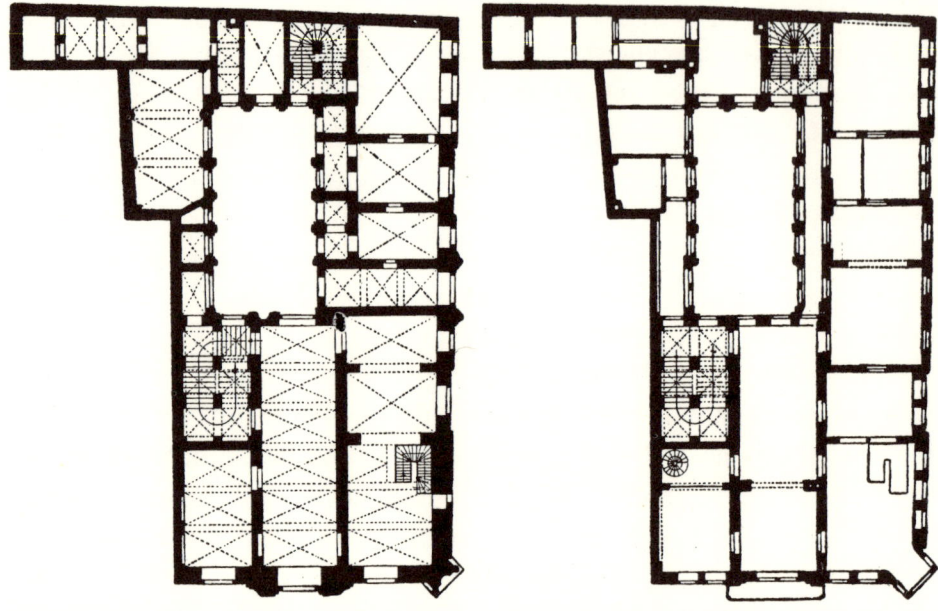

Ostseite die Hauptflügel, an den beiden anderen Seiten Nebenräume, Gelasse und Stallungen gruppiert sind. Er ist durch zwei Portale, eins vom Brühl, das andere von der Katharinenstraße aus zugänglich. Neben diesem liegt die dreiläufige Haupttreppe. In den Obergeschossen führt sie auf einen die ganze Tiefe des Hauses durchziehenden Vorraum. Die Hauptflucht der Zimmer nimmt die Front am Brühl ein, die Tiefe zwischen Fassade und Hof ganz ausfüllend. Diese Front ist durch drei Vorlagen gegliedert: ein breiteres Mittelrisalit mit durchgehender Pilasterordnung und jederseits ein dreifenstriges Eckrisalit, so daß für die Rücklagen nur je zwei Fenster bleiben. Die Ecke ist abgeschrägt und trägt einen zweistöckigen Erker auf rustizierten Säulen. Sein flaches Dach dient dem Eckzimmer des Halbgeschosses als Balkon. Die Seite gegen die Katharinenstraße ist ihrer geringeren Ausdehnung entsprechend nur durch ein zweiachsiges Mittelrisalit belebt.

Die Bedeutung des Gebäudes erhellt erst, wenn man mehr ins einzelne geht und sich dem stilistisch Bezeichnenden und Neuen zuwendet. Gurlitt hat im Inventar den Vergleich der Raumverteilung mit der des gegenüberliegenden Hauses Brühl 21 (von 1695–97) durchgeführt. Da-

bei ergeben sich die fundamentalen Neuerungen der Grundrißgestaltung: die einheitliche Zimmerfront nach dem Brühl mit ihren in einer
Achse liegenden Türen, die monumentalere Treppe, der Vorsaal, der
die Mitte des schmaleren Flügels in ganzer Tiefe einnimmt, und vor
allem der Hof, der nicht mehr ein offener Innenraum mit Galerien,
sondern ein bedeutsames Glied der Außenarchitektur ist, nach ihren
Prinzipien aufgebaut und sogar mit flachen Vorlagen an den Langseiten versehen. Im Gegensatz zu den bisherigen Bauten also eine bewußte Raumkomposition und darin vorbildlich für alle kommenden
Häuser größeren Umfanges.

Der Aufbau der Fassaden beweist die Herkunft Fuchsens von jenem
holländischen Stil, den in Leipzig Sturm vertrat. Wir stellten ihn schon
an der Kirche von Hof fest und finden nun dieselbe Gliederung, wie sie
dort die Langhauswand zeigte, an den Hoffronten wieder: Von der vorderen Ebene bleibt nur ein Gerüst von glatt und balkenartig profilierten Vertikal- und Horizontalbändern stehen, zwischen denen in eingetieften Feldern die Fenster sitzen, unter und über jedem eine meist
festongeschmückte eingelassene Platte. Dem holländisch-niederdeut-
schen Stil entspricht weiter die Nutung der Eckstreifen an der Fassade
des Erdgeschosses und der Rücklagen und vor allem eine der wichtigsten Neuerungen: die Kolossalordnung des Mittelrisalites. In den beiden
Fällen, wo wir bisher dieses Motiv trafen, stammte es das eine Mal aus
Österreich-Italien, das andere Mal aus Norddeutschland-Westeuropa.
Während es aber in Italien in der Profanarchitektur nie recht heimisch
wird, und auch in Wien sich sogleich sehr modifiziert, ist es, wie wir
schon sagten, eins der beliebtesten Requisiten der holländischen Klassik. In ihrem Umkreise finden sich auch die unserem ähnlichsten Beispiele, etwa, um eins der besten Gebäude in Holland selbst zu nennen,
an Vingboons' Trippenhuis in Amsterdam (1662)[74]. Hier tritt nicht
nur die Kolossalordnung, sondern auch der Akanthusfries am Gebälk
und das Festonmotiv an den Fenstern auf. Doch sind stets in Holland
die Proportionen schmaler und eleganter. So ist ein deutsches Beispiel
aus dem holländischen Einflußgebiete noch ähnlicher: das Haus Lange-
markt 20 in Danzig (1689)[75]. Was aber auch diesen Bau prinzipiell vom
Romanushause scheidet und ihm seine Stellung diesseits des Wende-
punktes anweist, ist das völlige Fehlen aller drängenden Bewegung.

Erst durch sie gewinnt das Romanushaus seine unvergleichliche Bedeutung für Leipzig. Die große Ordnung des Ballhauses war noch eine
durchaus seiende Form, hier handelt es sich um eine Kraftleistung des
Emporstemmens, die erst in dem vielfach verkröpften Dacherker mit
seinem ausschwingenden Abschluß und dem sich einst noch machtvoll
darüber erhebenden Dachbelvedere ihr Ende findet. Nur als Ausklang
einer plastischen Bewegung des Baukörpers nach oben läßt sich gerade
die Form des Dacherkers verstehen: Daher ist er mit seinen konkaven
Anschwüngen der Breite des Mittelrisalits angeschlossen, daher braucht
er aber auch Verstöße gegen die tektonische Reinheit nicht zu fürchten.
So ruhen die voreinander getreppten kurzen Pilaster, welche die Verdachung tragen, nicht achsengerecht auf den Pilastern der Kolossalordnung auf, und noch sonderbarer ist es, wie sie über ihre obere Ab-
schlußplatte ungestört weiter aufwachsen, bis sie sich an der Kurve
der Verdachung totlaufen, die sich freilich jeder Abtreppung entsprechend noch einmal vorkröpft. Gerade solche Unregelmäßigkeiten tragen
zum Ausdruck unmittelbaren Lebens bei, der besonders packend in der
Dekoration des Dacherkers mit seinem auf dem Kopf stehenden Drei-
paßfenster wird. Formen quellen an dessen Rändern hervor, wie aus
der organischen Form des Fensters herausgetrieben, die nur im Knorpelwerk des 17. Jahrh. ihresgleichen haben. In diesem Empordrängen
und Herausdrängen liegt das entscheidende Gestaltungsprinzip des
Aufbaues. Mühelos wird man es auch in der Ausbildung des Haupt-
portales wiedererkennen. Während der Eingang von der Katharinenstraße abgetreppte Pilaster wie die Feuerkugel (Abb. 19) hatte, treffen
wir hier zum ersten Male die diagonale Stellung der Torpfeiler, die stets
den Eindruck vermittelt, als habe die Einwirkung einer übermächtigen
Kraft die Masse der Wand nach außen gedrängt. Selbst den Figuren,
die auf dem Gesims des Portales lagern, wohnt eine ganz andere Be-
wegungsintensität inne, als denen der Feuerkugel. Wie schon dort
sitzen sie nicht – wie gebräuchlich – auf Voluten, sondern unmittelbar
auf dem geraden Abschluß des Portals, eine territorial sehr bezeichnende Eigenart, die erst hier in ihrer ganzen Bedeutung klar wird.
Denn die beiden Gestalten schmiegen sich nicht dekorativ einer tektonischen Form an, sondern ersetzen sie. Dieser Wunsch, tektonische
durch organische Formen auszudrücken, ist für Sachsen und seine

Nachbarländer zu allen Zeiten charakteristisch gewesen und muß uns später in seiner kunstgeographischen Bedeutung noch beschäftigen.

Einfacher ist der Aufbau der schmäleren Front. Doch folgt auch er den bisher erörterten Grundsätzen: Man betrachte daraufhin etwa den Giebel des Mittelrisalits, der ganz unvermutet die beiden Obergeschosse vom Halbgeschoß trennt, nur um diese tektonische Scheidung durch Kartusche, Girlanden und Putten sogleich wieder zu ersticken und unwirksam zu machen. Als wäre nichts geschehen, folgt dann auch dem Halbgeschoß das Gebälk mit dem Akanthusfries und der breite und schwere Dacherker darüber, der, seiner Lage entsprechend, zwar einfacher mit Segmentgiebel und ohne Gebälkkröpfe aufgebaut ist, doch aber durch zwei bohnenförmige, zueinander geneigte Fenster, die wieder von knorpelartigem Ornament umwachsen sind, mit organischem Leben erfüllt und nach Möglichkeit verunklärt wird.

Die Frage nach der Herkunft dieses ganz neuen Stils setzt in Verlegenheit. Es sind nicht viele Motive, die sich rückwärts verfolgen lassen, und zumeist gerade diejenigen, die Fuchs als Überbleibsel aus einer älteren Zeit noch mitführte. So kennen wir aus der Leipziger Tradition die bezeichnenden Blumen- und Blätterketten, die auf tektonisch wichtigen Gliedern hängen. Andere Formen weisen nach Dresden, Fuchsens vorheriger Wirkungsstätte: Die dicken Blattketten z. B., die auf den Anschwüngen der Dacherker aufliegen, treffen wir in Dresden an zwei Stellen, an denen Fuchs als Maurermeister beteiligt gewesen sein konnte, den beiden Schloßtoren des ausgehenden 17. Jahrh.: dem Tor von 1682 und dem Grünen Tor[76]. Sehr ähnliche Festons wie an den Sohlbänken der Fenster des Romanushauses finden sich ferner an Dresdner Bürgerhäusern der Zeit um 1700, etwa an dem Hause Wilsdruffer Str. 19. Doch sind z. B. die überkreuzten blattreichen Zweige, die Fuchs vielleicht von den thüringischen Stuccatoren hat – in Eisenberg z. B. treten sie auf –, zu charakteristisch, als daß man eines der entsprechenden Dresdner Häuser für sein Werk halten könnte. Eher wäre dies möglich bei dem großen Hause S p o r e r g a s s e 2, erbaut wohl kurz nach 1696[77]. Dem Grundriß zwar fehlen noch durchaus die Neuerungen des Romanushauses, im Aufriß aber ist sowohl die Ecklösung mit dem Erker auf den rustizierten Säulen wie die Gliederung in genutetes Erdgeschoß, zwei gleichhohe Obergeschosse und ein halbhohes Mezzaninstockwerk, wie auch die Art, durch die Fenster und die sie umgebende Wand eine rückliegende Ebene gegenüber einem glatten Rahmenwerk von Horizontal- und Vertikalleisten zu bilden, dem Romanushause so entsprechend, daß Fuchs hier sein unmittelbares Vorbild gehabt haben muß.

Daß es sich nur um ein Vorbild und nicht um ein eigenhändiges Werk handeln wird, macht die ganz kontinuierliche Weiterentwicklung dieses Stiles zu einer Zeit, als Fuchs schon an Leipzig gebunden war, wahrscheinlich. Erst nach 1707 errichtete, wie Marperger[78] sagt, Johann Fehre d. Ä., der mir als Ratsmauermeister seit 1690 begegnet ist[79], die Löwenapotheke Wilsdruffer Str. 1[80] (jetzt durch Erlweins Neubau ersetzt), die wieder eine entsprechende Eckkomposition wie die beiden eben besprochenen Bauten, außerdem aber am Mittelrisalit dem Romanushause ganz ähnliche Verdachungen aufweist. Als Schüler Fehres wird man nun aber Fuchs schon deshalb kaum auffassen können, weil sie gleichaltrig gewesen sein müssen, ganz abgesehen davon, daß Fuchs als kurfürstlicher Mauermeister und Fehre als Ratsmauermeister in grundsätzlich getrennten Ressorts beschäftigt waren. Ein ganz unmittelbares Weiterwirken eines sonst nirgends auftretenden Motivs sind ferner die bohnenförmigen, zueinander geneigten Luken, die sich wenigstens zehn Jahre nach dem Romanushaus im Giebel des ehemaligen Charonschen Hauses in Dresden[81] wiederfinden. Auch am Hause Schloßstr. 5 und an Bährs British Hotel kommen sie vor. Doch dürfte das Charonhaus das früheste Dresdner Beispiel sein. Und hier spricht Gurlitt mit vollem Recht von Pöppelmanns Stil.

Damit erst kommen wir zum eigentlichen Quellgebiet der Kunst des Johann Gregor Fuchs. Es ist freilich außerordentlich schwer, das zu beweisen, da die Frühzeit des Matthäus Daniel Pöppelmann trotz Sponsels grundlegendem Werke über die Dresdner Schloßbaupläne und den Zwinger[82] noch völlig im Dunkel liegt. Erst von Dörings, wie ich höre, vollendetem und hoffentlich bald erscheinendem Buche ist hier die dringend notwendige Klärung zu erwarten. Denn obwohl bekannt ist, daß Pöppelmann schon 1686 in sächsische Dienste trat, 1691 bereits Kondukteur beim Landbauamt war und 1705 zum Landbaumeister avancierte, wissen wir doch bis zu dem Augenblicke, da er nach Dietzes Tode begann, Entwürfe für das von August dem Starken geplante neue Dresdner Schloß zu liefern, nicht das mindeste über seinen Stil und seine Entwicklung. Das geschah nun aber erst 1704, als Pöppelmann mehr als 40 Jahre zählte und ein völlig reifer Künstler war, der an raumschöpferischer Genialität und Reichtum der dekorativen Phantasie einzig mit Neumann, Fischer von Erlach und Hildebrandt verglichen werden kann. Welcher Weg Pöppelmann auf diese Höhe geführt hat, läßt sich nur mit aller Vorsicht aus den frühesten der Schloßentwürfe erraten: Sie stehen in deutlicher Verbindung mit Schlüters neu entstehendem Berliner Schloß, und tatsächlich erwähnt Sponsel, daß Schlüter 1703 Risse seines Meisterwerks nach Dresden sandte. Darüber hinaus scheint mir für die ganze Stilbildung Pöppelmanns die Werkstatt Schlüters, aus der ein Paul Decker hervorgehen konnte, eine noch nicht genügend beachtete Quelle zu sein, wie ja auch seine Herkunft aus Westfalen auf niederdeutsche Anregungen hinweist. Nun sind aber Pöppelmanns Schloßentwürfe nicht die ersten Repräsentanten jenes neuen Stiles der großzügigen Zusammenfassung und Rhythmisierung gewesen, vielmehr spricht er z. B. auch bereits (wenn auch ohne die Genialität des Zwinger-Baumeisters) aus den Plänen seines 1703 verstorbenen Vorgängers Marcus Conrad Dietze und darf also auch für Pöppelmanns eigene noch unbekannte Werke vor 1704 angenommen werden. Daß all das Große und Neue des Pöppelmannschen Stiles um 1700 bereits in der Luft lag, dafür ist der früheste Beweis — und darin liegt seine große historische Bedeutung — Fuchsens Leipziger Romanushaus. Die einheitliche Zusammenfassung seiner Fassade, das plastisch nach oben und außen drängende Leben, die Freiheit in den tektonischen Elementen, endlich besonders die Kolossalordnung — all dies zeigt sich bei Fuchs schon eher, als in den frühesten erhaltenen Dresdener Beispielen, nicht etwa, weil er früher als der größere Pöppelmann dahin gelangt wäre, sondern weil er es aus dessen Dresdner Kreise mitbrachte, wo man erfolgreich um die Befreiung der deutschen Barockarchitektur bemüht war. Keinesfalls also darf man Fuchs — auch in seinen noch folgenden Werken — als Pöppelmanns Nachfolger und Schüler ansehen, vielmehr muß er als älterer Freund und Mitstrebender gewürdigt werden, der zu einer Zeit, als Pöppelmann zur Ausbildung seines Stiles die neuen Schlüter-Einflüsse aufnahm und verarbeitete, künstlerische Kraft genug hatte, aus den Beiden gemein-

samen Elementen ein ganz selbständiges Denkmal der neuen Kunst zu
erfinden und aufzurichten, das erste Monument des Umschwunges in
Sachsen. Darin liegt die Bedeutung des Johann Gregor Fuchs für die
sächsische Barockarchitektur und die Bedeutung des Romanushauses
im Rahmen unserer Betrachtungen.

Einige Jahre nachher sollte Leipzig auch ein Bauwerk rein Dresdner
Artung erhalten, das dem Stile der Schloßplanungen eng verwandt ist,
das Rosenthalpalais (Abb. 29). Das große, Rosental genannte Ge-
hölz im Nordwesten von Leipzig war 1663 für billiges Geld aus kur-
fürstlichem in städtischen Besitz übergegangen[83]. 1707 wollte August
der Starke die Stadt veranlassen, es ihm „zu künftigen eigenen Lust
und Nutzung" wieder zu überlassen. Der Rat sträubt sich, und der
Kauf unterbleibt. Immerhin aber muß die Stadt auf ihre Kosten
13 radiale Schneisen durch den Wald schlagen lassen, die nach verschiedenen points de vue gerichtet werden. Im August 1707 kommt
der Ingenieur Nienburg zum Aufmessen des Rosentals nach Leipzig,
im November hören wir, daß der Ingenieuroffizier Major Johann Christoph Naumann (1664–1742) in Leipzig Entwürfe zeichnet. Am Ende
des Sommers 1708 sind die Alleen fertig durchgeschlagen. Die Prinzipien der Anlage sind für Leipzig absolut neue. Von einem Zentrum
aus werden die Straßen nach allen Seiten geführt und verlieren sich in
der Weite, ohne, wie im Großbosischen Garten, in eine feste geometri-
sche Form eingebaut zu sein. Die points de vue: Pleißenburg, Kuh-
turm, Pfaffendorf, Gohlis usw. tragen das Ihre dazu bei, die fernsten
Fernen in die Komposition einzubeziehen. Diese Tendenzen sind die
der französischen Gartenkunst unter Ludwig XIV., die wie in Leipzig
damals auch in denjenigen Gebieten Deutschlands Fuß faßte, welche
dem französischen Architekturstil ablehnend gegenüberstanden. Das
Zentrum der ganzen Anlage sollte ein Lustschloß bilden, für das zwei
von Naumann signierte Pläne erhalten sind. Der wichtigere, von 1707
stammende, befindet sich im Ratsarchiv. Das Corps de logis sollte sich
würfelartig in viel geringerer Breite als das vorgelagerte Zierparterre
erheben. Die Front ist elfachsig gedacht und treppt sich nach der Mitte
vor. Die Eckachsen liegen um eine Stufe hinter den beiden beiderseits
folgenden, die wieder gegenüber der fünfachsigen Mittelvorlage zurücktreten, und auch sie wird noch einmal gegliedert: das Gebälk der drei

mittelsten Achsen kragt am weitesten vor. Über dem gequaderten
Sockelgeschoß folgt ein Haupt- und ein Mezzaningeschoß. Eine Balustrade krönt das Gebäude, über die sich nur in der Mitte noch ein
Sommersaal mit rundbogigen Fenstern und geschwungenem Kuppel-
dach erhebt. Auch die Hauptgeschoßfenster sind rundbogig geschlossen.
Ganz wie bei Pöppelmanns Entwürfen hat das Mittelrisalit Kolossalsäulen und jede der Ecken, sowohl des ganzen Gebäudes wie der Mittelvorlagen Kolossalpilaster. Dazu wird auf ornamentierte Verdachungen
der Hauptgeschoß- und Mezzaninfenster nicht verzichtet und so das
Maximum von Lebendigkeit und Bewegung in der Fassade erreicht.
Um ihretwillen erhält auch der obere Pavillon die Kurven seiner Kuppel und seiner Seitenvoluten. Als sehr bewegter, aber von der Umgebung isolierter Körper erhebt sich das Corps de logis, getrennt von
den einstöckigen Wirtschaftsbauten, die den Vorhof beiderseits umgeben. Es sind vierflügelige Stall- und Verwaltungsgebäude, denen
nach dem Cour d'honneur zu kreisbogenförmige Galerien vorgelagert
sind. Der Hof erhält auf diese Weise eine mehr italienisch-österreichische als französische Abgeschlossenheit. Von diesem großzügigen Plane,
der Pöppelmanns Stil nahesteht, wurde nichts Wirklichkeit. Der zweite
Entwurf, der sich in der Sammlung der Deutschen Gesellschaft befindet, bedeutet in wichtigen Punkten eine entschiedene Reduktion des
ersten. Statt elf Achsen hat das Palais nur sieben, die Kuppel, die
Kolossalsäulen und -pilaster, die geschwungenen Arkaden der Verwaltungsgebäude, die abwechslungsreichen Zierparterres sind weggefallen
– die Anlage hat etwas peinlich Nutzbaumäßiges bekommen. Nun hat
es aber geschichtlich mit diesem zweiten Plane eine besondere Be-
wandtnis: Er trägt in einer Kartusche die Beschriftung: „Projet du
Roy du Plan de Rosenthal à Leipzig ... Anno 1706" und darunter die
ausführliche Signatur Naumanns vom Jahre 1721. Felix Becker, der
die Zeichnung veröffentlicht hat[84], hält sie daraufhin für eine Vor-
stufe der besprochenen zweiten. Mir erscheint sie ihrer ganzen stilistischen Beschaffenheit nach eher als eine Reduktion dieser. Naumann
hätte dann durch die erste Jahreszahl nur aus der Erinnerung den
Termin des Baubeginnes bezeichnen wollen, und tatsächlich ist dieser
ja auch nicht richtig angegeben, da erst im Februar 1707 das Rosental von Ingenieur Nienburg aufgemessen wurde. Andererseits darf nicht

übergangen werden, daß bereits 1715 nur noch von einem Hause mit
vier Zimmern für den König die Rede ist, so daß für diesen späteren
Stand der Dinge das Gebäude des Planes vielleicht doch wieder zu
umfänglich erscheint.

Die weit höhere künstlerische Bedeutung kommt jedenfalls dem
anderen Entwurfe zu, und es ist für Leipzig höchlich zu bedauern, daß
er nicht ausgeführt wurde. Es blieb also, wie so oft bei Augusts des
Starken Bauprojekten, von der ganzen Planung so gut wie nichts übrig.
Einzig das Netz der Schneisen und im Mittelpunkt ein Holzgestell mit
einem Aussichtsplateau für die Bürger wurde angelegt. Die heutige
englische Gartengestaltung erhielt das Rosental erst seit 1837.

So steht als bleibendes Monument jener fruchtbarsten Jahre sächsischer Barockkunst in Leipzig nur das Romanushaus. Daß sich nichts
Stilgleiches ihm anschloß, lag nicht zum wenigsten an der Fortentwicklung Fuchsens, der sich schon kurz nach der Vollendung des
Romanushauses von jenen Idealen abwandte und einen nächsten,
neuen Stil für Leipzig erschloß.

IV

Die Bauten bis zum Tode des Johann Gregor Fuchs

Auch die Baukunst der nächsten zehn Jahre gruppiert sich um die Werke des Johann Gregor Fuchs. Nachdem er mit dem Romanushause den besten Beweis seines hohen Könnens geliefert hatte, wurden ihm bis zu seinem Tode alle wichtigen Aufträge in der Stadt übertragen. Trotzdem empfiehlt sich die rein künstlergeschichtliche Anordnung des weiteren Materials nicht: Denn ein vollständiges „Oeuvre" Fuchsens zusammenzustellen, wie es Kurzwelly im Thieme-Beckerschen Künstlerlexikon versuchte, erweist sich nach Erschließung des gesamten Aktenmaterials als ebenso unmöglich wie unnötig. Fuchs beschränkt sich in seiner Tätigkeit keineswegs auf künstlerische Aufgaben, sondern ganz wie seine Vorgänger tut er jede bauhandwerkliche Arbeit, zu der man ihn auffordert, so daß die quantitative Mehrheit des „Oeuvre" aus Brandmauer-Reparaturen, Wandversetzungen, Privetreinigungen, Setzungen von Branntweinblasen, Brückenausbesserungen bestehen würde. Ebenso liegt der Fall übrigens bei allen Nachfolgern und Genossen von Fuchs. Eine chronologische Gruppierung der gesamten Leipziger Bauproduktion ist daher vorzuziehen und kann um so weniger Schaden bringen, als Fuchsens Persönlichkeit derart dominierend ist, daß die neben ihm Bauenden sich der Entwicklung seines Stiles durchaus unterordnen.

Wie nicht anders zu erwarten, halten sich nicht alle folgenden Häuser, die Fuchs errichtet, auf der Höhe des Romanushauses. Hatte hier die außerordentliche Aufgabe auch zu einer außerordentlichen Lösung geführt, so schließen sich die Häuser von üblicher Größe entschiedener den ortseingesessenen Gewohnheiten an und sind mit dem Romanushause mehr durch Dekorationsformen als durch die große Gesinnung verbunden. Der Musterbau dieser Gruppe ist das Fregesche Haus Katharinenstraße 11 (L. 372, Reg. 41–42a, Abb. 30), das von Fuchs und Schmidt in den Jahren 1706–07 renoviert wurde. Dabei erhielt die Fassade das Aussehen, das sie heute zeigt. Fast jede Einzelform findet sich auch am Romanushause: der durch ionische und korinthische

Pilaster ohne besondere Sockel gegliederte Erker, die spiralähnlichen
Voluten der Kapitelle, die Festons mit den kleinen Putten, die Kragsteine über den Fenstern, von denen aus nach rechts und links dünne
Tüchlein hängen, der Giebelabschluß des Dacherkers. Und auch der
einfachere Schmuck der Mittelachsen der Rücklagen: Festons als Sohlbankdekoration und wagerechte Verdachungen, deren Konsolen volu-
tenartig sich ausbauchen und von der Achse der Spirale aus wie von
einem Ringe von einem Tüchlein umschlossen sind, entspricht ganz der
Hauptfassade des vorigen Baues. Nur ist die Komposition, die diese
Formen bilden, lockerer und weniger zusammengedrängt als dort, was
nicht nur in der andersartigen Aufgabe, sondern – wie sich zeigen
wird – auch in der Wandlung des Geschmackes begründet ist.

Bezeichnenderweise beeinflußt gerade ein Bau wie dieser die Leipziger Maurermeister mehr als die fortschrittlicheren Häuser Fuchsens,
auf die wir noch kommen. Von hier geht die Form des Erkers aus, die
für lange Zeit nun die gebräuchliche wird. Ein typischer Bau ist
Katharinenstraße 18 (L. 413, Reg. 50–51, Abb. 31), den der Maurer
Rempe und der Zimmermann Weißmantel, die wir beide schon kennen,
1710–11 errichtete. Die siebenachsige Fassade wird durch eine Art
Risalit gegliedert, das der Erker und die Fenster ihm zur Seite, die
durch besondere Rahmungen mit eckigen Ohren hervorgehoben sind,
bildet. Die übrigen Fenster sind glatt. Der einzige Schmuck dieser Teile
ist die vom Romanushause her bekannte Felderteilung durch glatte
Bänder und eingetiefte Platten, die am Risalit eigenartige und charakteristisch geschwungene und gebrochene Formen haben. Der Erker ist
über wie unter den Fenstern mit Girlanden, Festons und knorpelartigen
Kartuschen recht guter Qualität dekoriert. Ein weit vorkragender
Dreieckgiebel schließt ihn ab, den Dacherker ein Segmentgiebel mit
dicker Kartusche.

Da Katharinenstraße 7 (L. 374, Reg. 39–40) gerade in der Dekoration des Erkers Ähnlichkeit der Kartuschen aufweist und 1710
durch Rempe und den Zimmermeister Joh. Müller[85] erbaut wurde, so
ist anzunehmen, daß auch beim vorigen Hause der Entwurf des Erkers
auf den Maurer- und nicht auf den Zimmermeister zurückgeht, wie es
ja gerade bei den aus Holz konstruierten Erkern stets ebenso möglich
ist. Das schmale Haus hat sonst wenig Erwähnenswertes. Der Dach-

erker mit dem Giebel in gleicher Abschlußschwingung wie am Romanushause wird durch eine besonders schöne Kartusche gefüllt. Sie ist
gänzlich unsymmetrisch geformt und leckt sogar über die untere Sims-
platte hinüber, so daß sie leicht für eine Rocaille der 50er Jahre gehalten werden könnte.

Einer anderen Stilströmung neigt das Haus Universitätsstraße 8
(L. 614, Reg. 118[86]), das Hintergebäude der Feuerkugel, zu, das 1711
erbaut wurde. Nur sein Erker steht in Verbindung mit den bisher besprochenen, geht aber in der wichtigen Eigenart über sie hinaus, daß
er die einzelnen Stockwerke des Erkers durch Dreiecks- und Segmentgiebel über den Fenstern scheidet – eine Neuerung, die jedoch der
Erbauer dieses Hauses nicht erfand, sondern von Fuchsens bedeu-
tendstem Bau aus jenen Jahren, von Aeckerleins Hof, übernahm.
Dort wird die Änderung in der Auffassung des Erkers näher zu besprechen sein. In allem übrigen aber schließt die Fassade sich den
Formen des zugehörigen Vorderhauses an. Von ihm leiten sich das
Risalit, die Nutung der Ecken, die Rustizierung des Sockels und Portales an der Mittelvorlage, ja auch Einzelformen, wie die Dekoration
des Gebälkes am Tor und die des Giebels mit dem ausgebreiteten Tuche,
her. Insofern haben wir es also im ganzen nur mit einem Spätling des
holländischen Stiles der 90er Jahre zu tun. Von einem Eindringen der
Kunst des Romanushauses kann nirgends die Rede sein, und das verbindet diesen Bau mit einer Reihe großer, kunstloser und aller Schmuck-
formen entratender Häuser der gleichen Jahre, die ebenso den Stil der
Jahrhundertwende überspringen und unmittelbar von der Kunst
Sturms zum zweiten Stile Fuchsens leiten, so Nikolaistraße 34
(L. 739, Reg. 103b–d) von 1708 und Petersstraße 26 (L. 112,
Reg. 110,) von 1713, das ehemalige Schletterhaus. Bei diesem handelte
es sich nur um einen Umbau, durch den das Portal mit dem geschwungenen Balkon und der Eckerker angefügt wurden. Viel später
wurde die Fassade noch einmal verändert und nun erst mit den dia-
gonal nach außen tretenden Rahmungen und geschwungenen Verdachungen für die Mittelfenster versehen. Die Trophäen unter den
Verdachungen bewiesen das zur Genüge.

Das reinste Beispiel des Nachwirkens von Sturm bietet aber das
später umgebaute Haus zum Helleborn, Brühl 35 (L. 453, Reg. 13–15).

Die Baugeschichte lehrt allerdings auch, daß der Neubau durch Rempe und Weißmantel schon für 1698 geplant war und nur bis 1705 verzögert wurde, so daß das Vorderhaus erst 1708 ganz fertiggestellt war. Gehört es so chronologisch in unseren Zusammenhang, so weisen doch alle Formen unmittelbar auf den Sturm-Stil, wie ihn Rempe etwa am Hause Brühl 21 vertrat. Daher stammt die furchtlos sachliche Gesinnung, die auf Erker und Sohlbankdekoration ganz verzichtet. Nur die zart vor-springende Vorlage und die glatten Fensterrahmungen aus Rochlitzer Stein sind der Schmuck des Hauses. Was freilich vor 1705 kaum mög-lich wäre, ist die Überleitung vom Portal zu der breiteren dreiachsigen Vorlage durch konkave Kurven in der Fläche. Eine solche untektoni-sche Vermittlung hätte Sturms Geschmack verletzt. Der Giebel des Helleborn stammt natürlich aus späterer Zeit, den 30er oder 40er Jahren.

Weniger radikal und viel heiterer und zugänglicher mutet das Haus Grimmaische Gasse 24 (L. 610, Reg. 24–25) an, dessen Erker von 1705–06 stammt. Und doch beweist auch hier sowohl die Nutung der Ecklisenen und des Erkers wie die üblichen Festons an den Sohlbänken der Fenster und der Segmentgiebel des Dacherkers über dem Dreieck-giebel des Erkers die holländische Abkunft des Bauwerkes.

Bis auf eine sehr bedeutungsvolle Neuerung gilt dasselbe für die beiden Häuser Burgstraße 20 (L. 142, Reg. 16–17), 1709–12 von Do-britzsch[87] und Weißmantel erbaut, und –wertvoller – Reichsstraße 17 (L. 400, Reg. 110a–111), 1709 von Rempe und Weißmantel. Dieses zeigt dieselben kompliziert gebrochenen und geschweiften Schilder an den Sohlbänken des Erkers, wie wir sie an Fenstern des Rempe-Weiß-mantelschen Hauses Katharinenstraße 18 antrafen. Das wesentlich Neue ist jedoch die Raumform des Erkers. Seine Seitenwände sind konkav eingeschwungen.

Diese für Leipzig von nun an bezeichnende Form findet sich vorher in den Entwürfen des wenig schöpferischen Johann Chr. Senck-eisen[88] in seinem „Leipziger Architektur-, Kunst- und Seulen-Buch" von 1707[89]. Senckeisen, der einer alten Leipziger Handwerkerfamilie entstammte[90], war seit 1693 Bürger und erlebte so als reifer Mann das Auftreten des neuen Dresdner Meisters Fuchs mit. Von ihm übernahm Senckeisen denn auch diese Neuerung. So jedenfalls erscheint es plau-

sibler, als wenn Fuchs in seinem ersten großen Bau nach dem Romanushause bei dem Kunsttischler und Musterschreiber entlehnt hätte. Sicher
ist, daß die Ähnlichkeit der Tafel 24 bei Senckeisen mit dem zwischen
Anfang 1706 und August 1707 umgebauten Königshause, der Wohnstatt des „Mercatoris longe celeberrimi" Dietrich Apel, am Markt 17
(L. 2, Reg. 94–96a, Abb. 32) nicht zufällig sein kann. Im Innern änder-
ten Fuchs und Schmidt nichts Wesentliches an der Einteilung des
17. Jahrh. Hingegen stammt ganz aus ihrer Zeit die Durchbildung der
Fassade, die auf Stichen, wie besonders dem des J. J. Püschel, zu
sehen, am Original jedoch in barbarischster Weise verdorben ist. Gegenüber dem Romanushaus ist eine wesentliche Lockerung des Aufbaues
festzustellen. Die Akzente verteilen sich auf nur drei von den elf
Achsen: den Erker und die Mittelfenster der zürückliegenden Trakte.
Die ädikulaähnlichen Rahmungen der Mittelfenster entsprechen in
ihrer kompositionellen Bedeutung denen am Romanus- und Fregehaus.
Doch tragen die Konsolen nun nicht mehr gerade, sondern nach oben
abwechselnd Segment- und Dreieckgiebelverdachungen. Dieses alter-
nierende Übereinander wird die Quelle der entsprechenden Erkergliede-
rung sein, wie sie uns an dem Rückgebäude der Feuerkugel vorkam.

Das Zierstück der Fassade ist die Erkerachse. Der Erker ruht auf
einer schüsselartig aus der Wand vorschwingenden Muschel von sehr
gebauchter und gerollter Form, welche sich in ihrem organischen und
untektonischen Wuchs zum Konkav-Grundriß des Erkers aufs beste
schickt und, wie schon am Romanushaus das Dekorationsmotiv der
gekreuzten Zweige, am ehesten auf den freien Stil der italienischen
Stuccatoren in Thüringen zurückgeht. Hier wenigstens, etwa an
Decken wie in Meiningen oder im Treppenhaus von Hildburghausen
und besonders in der Börse in Leipzig kommen auffallend ähnliche
Muscheln vor. Der Aufbau des Erkers mit ionischen, korinthischen und
Kompositpilastern ohne Sockel ist vom Romanushause her bekannt.
Im fünften Stock endet der Erker in einem Balkon. Er ist durch eine
Tür mit Stichbogenöffnung zugänglich, die von zwei kreisrunden
Nischen mit Büsten flankiert wird. Auch dieses Schmuckmotiv hat
Fuchs aus Dresden mitgebracht, wo es am Palais im Großen Garten
vorkommt. Noch früher als dort ist es an Wiener Palästen der 60er
Jahre nachweisbar[91] und bleibt auch im 18. Jahrh. ein charakteristisch

östliches Motiv, dessen Verbreitungsgebiet im wesentlichen Österreich, Böhmen und Sachsen bildete (z. B. Hildebrandt Ráckeve, K. J. Dientzenhofer Villa Amerika, Bähr Hotel de Saxe). In diese Länder ist es offenbar durch die italienischen Muratori eingeführt worden; denn schon im früheren 17. Jahrh. läßt es sich in Italien feststellen [92]. In und um Leipzig wird es uns später noch öfters begegnen. Das Hauptgesims wird durch eine Balustrade betont, die den einfachen, graziösen Dacherker vom Erker abschneidet. Ebenso mußten, von unten gesehen, die Vasen auf den Docken die aufstrebende Wirkung des hohen Daches erheblich schwächen. Nach welcher Richtung sich die Absichten des Schöpfers gewandelt haben, wird hier offenbar: Die kraftvolle Zusammenpressung nach der Mitte und oben, wie sie im Mittelrisalit des Romanushauses sich ausdrückte, hat nachgelassen. Die Fassade breitet sich um einiges bequemer in der Fläche aus. Ein starkes Dominieren einer Koordinate wird vermieden. Die Breite der Balustrade hält der Höhe des Erkers das Gleichgewicht, die Beziehung zum Dacherker ist unterbrochen, das Dachbelvedere weggefallen. Vor allem aber ist die neue Schwingung der Seitenwänke des Erkers als eine erste, sehr bedeutsame Wendung zum Malerischen aufzufassen. Denn der Erker von rechteckigem Grundriß ist eine abnehmbare, in sich geschlossene und ruhende Form, die konkaven Wände aber verbinden ihn untrennbar mit der Rückwand, aus der er nun hervorwächst. Entschieden liegt zwar darin – wie auch in dem Ausgehen von der Muschel – ebenso auch eine plastisch-organische Tendenz, doch lassen die Proportionen der Geschosse, die starken Gesimse zwischen ihnen und der gerade abschneidende Schluß im fünften Stockwerk diese nicht eigentlich wirksam werden. Die Hauptsache ist vielmehr die Verbindung der Vorder- und Hinterebene durch eine Kurve. Indem der Beschauer sich keine Klarheit mehr über die wirkliche Tiefenerstreckung des Erkers verschaffen kann, hat eine erste Verschmelzung und Verwischung von Fassadenteilen im malerischen Sinne stattgefunden.

Diese Neugestaltung des ortsüblichen Erkers fand sogleich überall Beifall. Außer bei Senckeisen und den genannten Bauten der holländischen Richtung treffen wir sie – sogar mit der Muschelkonsole und dem wagerechten Abschluß im obersten Geschoß – bei dem Hause **Grimmaische Gasse 22** (L. 609, Reg. 23), dessen Daten unbekannt

sind. Es ließ sich nur feststellen, daß 1706 das Haus – vielleicht der
Vorgänger des jetzigen? – um ein Geschoß erhöht wurde. Ich wüßte
es keinem der gleichzeitigen Leipziger Gebäude nahe zu verbinden. Bis
auf die Kragsteine der Fenster und ihre Rahmungen mit den eckigen
Ohren ist es aller Dekorationsformen bar.

In einer Beziehung schon als Weiterbildung nach dem bald zu erörternden Aeckerleins Hofe hin muß man zwei Häuser betrachten, die
den Jahren 1708–10 angehören dürften. Es ist zunächst das Oertelsche
Haus Katharinenstraße 3 (L. 376, Reg. 34–36, Abb. 33), das der
Zimmermeister J. Chr. Schmidt, der stets zusammen mit Fuchs tätig
war, für sich errichtete. Auf einem Stiche des Hauses signiert Schmidt
„invent. et edificavit“. Wir müssen hier also den Zimmermann als entwerfenden Architekten annehmen, was wieder einmal als Warnung
dienen kann, doch nicht in allen Fällen den ausführenden Maurer von
vornherein allein für den Entwerfer zu halten. Es wird auf dieses ganze
Problem später noch ausführlich eingegangen werden. Ob hier der Plan
in Zusammenarbeit der beiden Handwerker entstand, oder ob Schmidt
bei seiner häufigen Ausführung Fuchsscher Pläne sich dermaßen in
dessen Stil eingelebt hatte, daß ein so ausgesprochen „Fuchsisches“
Bauwerk entstehen konnte, ist naturgemäß nicht mehr feststellbar.
Das fünfachsige Haus steht noch heute, freilich all seines, meist in
Stuck angetragenen Schmuckes beraubt. Nach dem Stiche war es besonders reichlich dekoriert: Festons und Kartuschen über und unter
den Fenstern, zierliche Verdachungen, eine Balustrade mit Putten auf
dem Dacherker, Vasen auf den dreistöckigen Dachfenstern, und als
Schmuck des Erkers anstatt Pilastern nur noch schmale Bänder, über
die lange Blattgirlanden hängen, auch dies wieder ein spezifisch Leipziger Motiv, mit dessen Herkunft wir uns schon befaßten. Nur hat nun
die Girlande weniger Volumen als früher, wie es dem veränderten Stil
entspricht. Während der Dacherker an diesem Haus ein „Salott“, wie
es die Akten zu nennen pflegen, d. h. einen Sommersaal enthält und
also sich kastenartig mit breiter Tür nach dem Balkon aufbaut, entspricht er bei dem Bruder des Oertelschen Hauses, dem Hause Hainstraße 23 (L. 207, Abb. 34) der üblichen, von der Katharinenstraßen-
fassade des Romanushauses hergeleiteten Form. Über das Gebäude
fehlen alle Akten. Ich möchte es Rempe und Weißmantel zuweisen, die

ja bei ihrem Bau in der Reichsstraße 17 den konkaven Erker kennen
und für die jene kompliziert geschwungenen und gebrochenen Platten
an den Sohlbänken der Fenster sprechen, die wir am Hause Katharinenstraße 18 (1710–11) trafen. Auch dieses Gebäude, obgleich durchaus aus zweiter Hand, zeigt das Feine und Zarte, im besten Sinne
Geschmackvolle, das dieser Stilstufe eignet.

Noch reizvoller muß es sich an den Garten- und Lusthäusern aus-
genommen haben, von denen aus diesen Jahren nichts erhalten ist.
Wir können das aus einer sehr feinen Zeichnung Fuchsens erschließen,
die ich in den Baubesichtigungen fand und die den 1708 errichteten,
auf der Stadtmauer stehenden Gartenpavillon des Hauses Ritterstraße 6 (L. 686, Reg. 113a–e, Abb. 35) wiedergibt. Das Häuschen hat
nicht sehr lange gestanden, Photographien davon habe ich nicht finden
können. Durch den heiteren Zweck frei, läßt Fuchs hier die Girlanden
der vorigen Häuser, die Girlanden von Romanushaus und Alter Börse
über die aller Gliederung baren Flächen der Mittelvorlage spielen. –
Wie viel Hübsches muß mit der Unzahl von Gartenhäusern vor den
Toren zugrunde gegangen sein, und von wie wenigem nur kann man
sich ein Bild machen!

Im Geiste dieses neuen Stilwillens zum Leichten, Heiteren und
Liebenswürdigen ein Meisterwerk zu gestalten und auch für diesen
Moment der Entwicklung den Musterbau zu erstellen – das war Fuchsens Tat, sobald ein neuer, großer Auftrag ihn wieder alle Kräfte an-
spannen ließ. Dies geschah, als Peter Hohmann ihn 1709 zum Baumeister des ersten seiner großen Wohn- und Geschäftshäuser machte,
des jetzt Aeckerleins Hof genannten Gebäudes am Markt 11
(L. 174, Reg. 83–86a, Abb. 36–39). Hohmann kaufte das Haus 1708.
Die Baugeschichte erfahren wir durch einen Prozeß, der sich 1710–14
zwischen Fuchs und Schmidt abspielt. Der Streitpunkt sind Risse, die
sich im Februar 1710 beim Bau in allen Stockwerken zeigen und an
denen Schmidt seinem Kollegen Fuchs Schuld gibt. Damals ist also
das Haus schon bis zum Dach fertig, ja, wie wir hören, dieses auch
schon aufgesetzt. Fuchs bestreitet die Anschuldigung und erklärt den
Schaden durch das Dach. Nach Monaten fruchtloser Besichtigungen
und Schreibereien wendet Fuchs sich mit dem Gesuch an den Kurfürsten und König, zur endgültigen Besichtigung dreier seiner Bau-

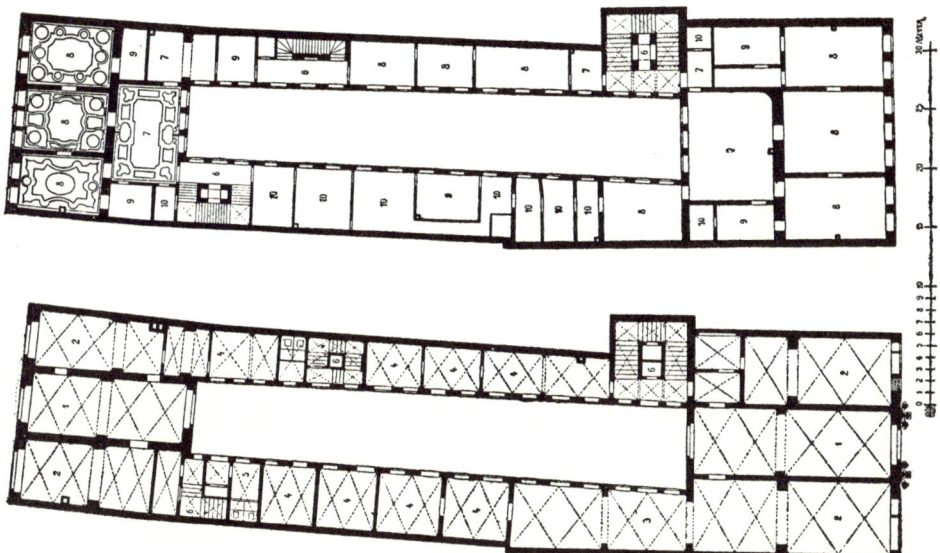

beamten Urlaub zu gewähren: Pöppelmann, dem Hofmauermeister
Möser und dem Hofzimmermeister Dünnebier. Schmidt protestiert
mit dem Argument, daß Möser und Dünnebier Fuchsens „gute Freunde
und Gefattern" seien. Am 23. Januar 1711 findet die Besichtigung
statt. Bis dahin hatte der Bau geruht. Pöppelmann nimmt dann die
Akten zur genaueren Durchprüfung mit nach Dresden. Erst zwei Jahre
später gibt er an Graf Wackerbarth seine Resolution ab, daß Fuchs
„keineswegs einige Negligenz beygemessen werden" könne, und nicht
vor dem Mai 1714 kann Hohmann nach Vollendung seines Neubaues
um den üblichen Steuererlaß bitten. – Der Teil des Gebäudes gegen
die Klostergasse entstand etwas später als das Haupthaus. Am
28. April 1710 ersucht Hohmann um die Erlaubnis für den Erker, die
ihm wie stets gegeben wird.

Das Grundstück besteht aus einem Vordergebäude von sieben Achsen
gegen den Markt, einem langen, schmalen, von Seitengebäuden flankierten Hof und dem Hinterhaus nach der Klostergasse. Die Grundrißgestaltung (Abb. Seite 61) ist die von nun an bindende: Ihre haupt-
sächliche Neuerung ist die Ausbildung des Hofes als künstlerisch voll-
wertigen Durchgangsraumes. Durchgangshäuser, „die nach zwei Straßen
ihr Gesicht wenden", waren in Leipzig schon seit langem üblich. Man

denke nur an Auerbachs Hof oder Deutrichs Hof. Eine dem neuen Gebäude in den Einzelformen als Vorbild dienende körperliche Durchbildung
der Wände hatte Fuchs schon im Hofe des Romanushauses hingestellt —
die wirklich einheitliche und vollwertige räumliche Gestaltung des Hofes
aber konnte erst jetzt, nach dem Wendepunkt um 1700, möglich
werden, zu der Zeit, als die deutschen Schlösser sich mit übermäßig
monumentalen Treppen zu schmücken begannen, die dem Sinne nach
den Leipziger Höfen durchaus entsprechen: künstlerisches Dominieren
des Gebäudeteiles, der schon durch seinen äußerlichen Zweck zu räum-
licher Wertung zwingt. Das Durchmessen einer Treppe konnte in
Deutschland vor 1700 so wenig als selbständiger Raumgenuß empfunden werden wie das Durchmessen einer Passage.

Auch die Aufreihung der Räume bleibt vorbildlich und wird in der
Folge stets fast wörtlich wiederholt: In der Mitte der Fassade das Portal, ein gewölbter Durchgang führt zum Hofe. Rechts und links vom
Torweg gewölbte Läden. Gleich rechts vorn am Hofe die hufeisen-
förmige, gewölbte Treppe um einen quadratischen oder rechteckigen
offenen Kern. Den Hof umgeben gewölbte Lagerräume, die besonders
für den Meßgebrauch nötig waren. Hinten links im Hofe das Gegen-
stück zur ersten, die ebenso ausgebildete zweite Treppe. Das Hintergebäude entspricht mit Durchgang und Läden in allem dem vorderen.
Jede der beiden Treppen führt in jedem Geschoß zu einer Wohnung,
so daß die einen durch das ganze Vorder-, die anderen durch das ganze
Hinterhaus gehen. Von der Treppe gelangt man zunächst auf den großen
Vorplatz, der mit mehreren Fenstern nach dem Hofe sieht, aber nicht
mehr wie beim Romanushause die ganze Tiefe des Hauses einnimmt.
Man benutzte ihn auch als Speisezimmer. Von hier aus ist die Reihe
der Vorderzimmer zugänglich. Das am weitesten links und rechts ge-
legene hat hinter sich Alkoven und Garderobe. Die Räume der einen
Hofseite gehören zur einen, die der anderen zur anderen Wohnung.

Die Wirkung dieses Grundrisses auch über Leipzig hinaus ist der
publizistischen Tätigkeit Sturms zu danken. Denn darüber, daß Sturm
nicht der Gebende, sondern der Nehmende war, kann kein Zweifel bestehen. Es wird gleichermaßen von den historischen wie den stilistischen Tatsachen bezeugt. Seit 1694 lebte Sturm nicht mehr in Leipzig,
und wenn man auch annehmen darf, daß er die Stadt, in der er so viele

Förderung erfahren hatte, von Zeit zu Zeit wiedersah, so ist doch kein
längerer Aufenthalt nachweisbar. Dazu kommt, daß die betreffende
Stelle in seiner Bürgerlichen Baukunst von 1715[93], wo er die großen
Kaufmannshäuser bespricht, ausdrücklich mit dem Zusatz versehen
ist: „Nach der Art, wie sie sonderlich in Leipzig gebauet werden." Zum
selben Resultat führt ein stilistischer Vergleich. Sturm ist nach seiner
Entfernung aus Leipzig unter Nichtachtung der entscheidenden Wandlung um 1700 dem holländisch-preußischen Rationalismus bis zu seinem Tode treu geblieben. Er stand einer Persönlichkeit wie Schlüter
ganz verständnislos gegenüber, ja er trat sogar vom lutherischen zum reformierten Glauben über. Im klassizistisch-rationalistischen Sinne sind
nun auch die Änderungen zu verstehen, die Sturm an Fuchsens Grundriß vornimmt: die Höfe werden streng in eine Achse gebracht, der unnötig stattliche Vorsaal und die Alköven werden vermieden, und endlich die Fassade ganz umgestaltet. Das Haus hat nur drei Stock, keine
vegetabilische Dekoration an den Fenstern, keinen Dacherker, hingegen Rundbogen-Blendnischen zwischen den Fenstern. Was so entsteht, ist mit Leipzig gar nicht zu vergleichen, ein Aufbau, nüchterner
sogar als vieles, was Sturm sonst entworfen hat. Diese einmalige Umgestaltung eines ganz ortsüblichen Typus ist ein Beweis mehr dafür,
daß Sturm hier der Beeinflußte und — von seinem Standpunkt aus —
der Bessernde war. Der Ruhm der Neuschöpfung des Grundrisses bleibt
also Fuchs erhalten und ist eine seiner bedeutsamsten Taten.

Kaum weniger wichtig und wertvoll ist das Äußere des Hauses.
Dehio[94] sah in ihm den „Höhepunkt des Leipziger Barock". Die Wirkung der Schauseite ist eine um so stärkere, als durch einen neuen
Besitzer das Haus — ein sehr nachahmenswertes, aber wie selten nach-
geahmtes Beispiel! — von allen Firmenschildern und Schaukästen be-
freit wurde, die sonst zumeist die Leipziger Baudenkmäler in unverant-
wortlicher Weise verunstalten. Was sich an neuem Geist im Königshaus andeutete, ist an der Fassade von Aeckerleins Hof zur vollen und
harmonischen Reife gelangt. Kein Erker mehr, auch keine Kolossalordnung, sondern ein ruhiges Gliedern durch eine nur zart vortretende
Vorlage. Still und gleichmäßig sind die Stockwerke übereinandergelegt,
ohne daß sich das erste vom zweiten oder dritten Obergeschoß in Bedeutung oder Einzelformen wesentlich unterschiede. Auch hier findet

sich eine Balustrade als horizontaler Abschluß der Stirnwand. Der Hochdrang ist nur noch schwach in den Bekrönungen der Mittelfenster, die das Simsband durchwachsen oder hochbiegen, angedeutet, wird aber wiederum durch die Balustrade niedergehalten und vom Dacherker isoliert.

Mit Entschiedenheit geht der Meister bei dieser Fassade nicht von der Höhenachse und ihrer plastischen Wirksammachung, sondern von der geschlossenen, nur wenig überquadratischen Wand mit ihrem Koordinatensystem aus. Ungemein harmonisch teilen die Fenster sie auf. Und jeder auch nur geringe Grad von Plastik gewinnt in dieser Einordnung Bedeutung, wie denn die sehr schmale Ausladung der Vorlage ganz seltsam stark wirkt. Die offenbare Beruhigung und Sublimierung, das Flacher- und Breiterwerden und die Zukehr zur Auffassung der Wand als Schmuckfläche im malerischen Sinne liegt im Stilcharakter jener Jahre, die auf den Wendepunkt um 1700 folgen: Es ist, um nur ein paar Beispiele zu nennen, die Entwicklung von den ersten Dresdner Schloßbauplänen (1703f.) zum Taschenberg-Palais (um 1709/10), von Schlüters Berliner Schloß (1698f.) zu seinem Landhaus Kameke (1712), von Fischer von Erlachs Frühstil (90er Jahre) zum Palais Trautson (ca. 1710–16) oder von Hildebrandts Palais Schwarzenberg (1697f.) zum Palais Daun-Kinsky (1714/15).

Das Portal wird zum ersten und einzigen Male in Leipzig von Vollsäulen flankiert, und zwar von je drei, von denen nur die mittlere parallel zur Fassadenebene, die innere und äußere aber um 45⁰ schräg zu ihr stehen. Suchen wir, woher Fuchs diesen Portaltyp haben kann, so werden wir gleichzeitig Aufklärung finden, welche neuen Einflüsse etwa am Stil der ganzen Fassade mitgewirkt haben. Am ähnlichsten ist der Haupteingang zu Pöppelmanns genau gleichzeitig entstandenem Taschenberg-Palais in Dresden[95] (1707 noch nicht vorhanden, 1714 völlig fertig), obwohl dort beiderseits nur zwei statt drei Säulen verwendet sind. Das Taschenberg-Palais seinerseits übernimmt diese Torform offenbar vom Südosten, wo sie schon Mitte der 90er Jahre an Matheys Schloß Troja bei Prag[96], am ehemaligen Palais Strattmann-Windischgrätz in Wien und dann, sicher von Fischer von Erlach, gegen 1700 am Palais Lobkowitz[97] vorkommt, stets mit nur zwei Stützen an jeder Seite. Die Verdreifachung, das Übersteigern des Motivs also,

ist Fuchsens Eigenes, ebenso wie der prachtvolle Saturnkopf am Kragstein des Tores mit seinen weitausgebreiteten Flügeln. Hier zeigt Fuchs
sich als der Meister des Romanushauses und krönt die Portalkomposition mit einer überplastischen und anthromorphisierten Form. Mit
welcher Freude am Wölbungsreichtum menschlicher Züge ist der Männerkopf gearbeitet! Diese Kragsteinköpfe sind an sich alt genug und
bilden, meist stilisiert und ornamental umgebildet, ein Hauptschmuckstück deutscher Portale des 16. und 17. Jahrh. In so naturalistischer
und wildplastischer Durchformung sind sie insbesondere für den
Dresdner Spätbarock bezeichnend und treten schon am Palais im Großen
Garten auf. Trotz der starken Rundung des Kopfes gliedert sich das
ganze Portal doch der geordneten und harmonischen Gesamtheit der
Fassade ein, sowohl durch die glatte Rundheit der Säulen als auch
besonders durch den horizontalen Abschluß, den der Balkon bildet, da auf den Docken seiner Balustrade weder Vasen noch Figuren
stehen.

Ein anderes Moment, das zu dem edlen und geschmeidigen Eindruck
der Fassade beiträgt, ist die Ausbildung der Eckstreifen der Vorlage.
Sie setzen sich aus lisenenartigen Bändern zusammen, die am oberen
Gesims jedes Geschosses in Voluten sich vorwärtsrollen. Von diesen
Voluten aus hängen lockere Girlanden herab, wie sie uns von den gleichzeitigen Erkern bekannt sind. Auch dieses Motiv wiederholt sich am
Taschenberg-Palais, wo es ganz ebenso neben dem Mittelfenster der
Fassade und sehr ähnlich an ihren Eckstreifen auftritt. An derselben
Stelle liegt wohl auch die Quelle für eine Form der Fensterverdachung,
die im Hofe einmal vorkommt: für den „Schneppengiebel", d. h. die
aus zwei in einer Spitze zusammenlaufenden konkaven Schwüngen zusammengesetzte Verdachung. Wenn auch mit dem Taschenberg-Palais
der nächste Ursprung dieses Motivs für Leipzig gegeben ist, so lohnt es
doch einen umfassenderen Ausblick, da er den weiteren Kunstkreis
lehren wird, dem sich Leipzig damit einordnet:

Der Erfinder des Schneppengiebels wie so unzählig vieler anderer
besonders malerischer und raumhaltiger Dekorationsformen ist wohl
der geniale Francesco Borromini gewesen, den wir als den Ahnherrn der
ganzen ostdeutschen Baukunst des 18. Jahrh. immer tiefer zu verehren
gelernt haben. Im Innern des Filippiner-Oratoriums ist mir die Ver

dachungsform zum ersten Male begegnet. Sie muß da als eine Proji-
zierung des räumlich konkav gebogenen Dreieckgiebels etwa der Fassade von S. Carlo alle quattro fontane in eine optisch-malerische Bild-
ebene aufgefaßt werden. Nach Borromini findet sich die neue Zierform
in Rom nicht mehr selten, etwa bei Rainaldi im Innern von S. Maria
in Campitelli, bei Antonio del Grande im Palazzo Pamfili[98] oder bei
G. B. De Rossi am Palazzo Aste[99]. Nach dem Norden gelangt sie offenbar mit der Invasion der oberitalienischen Muratori und Stuccatori,
und es wird daher der Südosten zunächst ihr Verbreitungsgebiet:
Zwischen 1690 und 95 verwendet sie ein italienischer Handwerker in
der Francisci-Kapelle in Salzburg[100]. 1700 tritt sie in der von „Komarek
aus Böhmen" gedruckten Perspektive (Bd. II) des in Österreich gestorbenen Paters Pozzo auf. Um 1700 ist sie bereits unter den deutschen Architekten des österreichisch-böhmischen Kunstkreises einge-
bürgert und bleibt von nun an eine so ausgesprochene Lieblingsform
des Südostens, daß man geradezu, wo immer der Schneppengiebel sich
findet, seine Herkunft aus Österreich oder noch öfter aus Böhmen nachweisen oder wahrscheinlich machen kann. Unter den Wienern bildet er
an Fischers Frühwerk, der Schloßkirche von Frain[101] (kurz vor 1700)
eine Ausnahme, erweist sich dagegen von Anfang an als eine Lieblingsform Hildebrandts, der ihn nacheinander am Palais Schwarzenberg
(1697f.)[102], in Ráckeve (1702)[103], am Schreyvogel-Haus in Breslau
(1705)[104], in Göllersdorf (1710–12)[105], und am Palais Daun-Kinsky
(1714/15)[106] verwendet. In Böhmen ist das erste mir bekannte Beispiel das Schloß Liblitz (Kreis Melnik) von 1699[107]. Es folgt die Ur-
sulinerinnenkirche in Prag (1702), die Pfarrkirche in Osek (Kr. Roky-
zan, 1707)[108] und danach eine Fülle von Prager Bürgerhäusern und
Palais, bis tief in den Klassizismus hinein[109]. Mit den eminent wichtigen böhmischen Einflüssen auf das übrige Deutschland dringt nun
auch das Motiv des Schneppengiebels ein. Am frühesten findet es sich
in Sachsen: Leipzig, Katharinenstraße alte Nr. 23, 1707 oder früher
(s. S. 68), Dresden Taschenberg-Palais nach 1707, Leipzig Aeckerleins
Hof 1709–10, später in Dresden, Leipzig und Magdeburg oftmals. Merkwürdig rasch kommt es dann nach Mainz und tritt dort an einer Reihe
von Bauten auf, die in allem ihre böhmische Abstammung verraten:
Kernsches Haus 1708[110], Regierung Erfurt 1713f., Dalberger Hof

1715[111]. Nach Baden bringt es von Prag einerseits Frisoni (Flügeltrakte, Ludwigsburg, Klostertrakt Weingarten), andererseits Joh. Mich. Ludw. Rohrer (Favorite bei Rastatt 1725). Ungeklärt ist noch die Herkunft der ebenfalls frühen Verwendung des Schneppengiebels bei Keller, z. B. am Deutschordenshaus in Nördlingen 1713–14[112]. In den 20er Jahren wird er in Schlesien (Breslau: Hochbergsche Kapelle am Dom, 1723[113]) üblich und findet in München an dem deutlich von Wien beeinflußten Palais Preysing (1728) Eingang. Nach 1730 kommt es schließlich so ziemlich in ganz Deutschland vor, wenn auch immer noch selten im Vergleich zu Böhmen. Möglich, daß die italienischen Stuckatoren des 17. Jahrh. es auch anderswohin trugen, wo es mir entgangen ist. Doch würde das nichts an jenem Stammbaum ändern, der sich von Borromini über Oberitalien nach Österreich und Böhmen fortpflanzt und von Böhmen aus sich überallhin ausbreitet. Daß Leipzig dabei an der Spitze steht und den Schneppengiebel zuerst übernimmt, berechtigt einerseits zu diesem ausgedehnteren Exkurs und beweist andererseits, wie sehr er dem neuen Willen Fuchsens entsprochen haben muß. Er ist unplastisch und untektonisch, man glaubt ihm die Giebelfunktion nicht, sondern muß ihn als bloßes Dekorationselement der Fläche ansehen, in die er ein wellenartiges Tanzen bringt. Eigentlich schwebt er über dem Fenster und bildet in seinem Kurvenschwung durchaus eine Parallele zu der neuen konkaven Erkerform. Auch die Verdachungen von anderer Form werden nun durch eine immer wachsende Ornamentzone von ihren Fenstern geschieden, verlieren das eigentlich Dachmäßige und ordnen sich der Flächendekoration ein.

Die Fassade von Aeckerleins Hof gegen die Klostergasse ist ihrem Umfang entsprechend eher mit den üblichen Bürgerhäusern der Zeit zu vergleichen. Ihr Erker hat keine konkaven Seiten, hingegen zum ersten Male die Abtrennung jedes Geschosses durch einen besonderen Giebel, der zugleich Erkerfensterverdachung ist. Dies belebt seine dekorative Erscheinung und nimmt ihm das Kastenartige, das er sonst leicht an sich hat. Die Abwechslung von Segment- und Dreieckgiebel übereinander ließ sich zwar auf die Fassaden des Königshauses zurückführen, wird aber erst hier in der Übertragung auf den Erker fruchtbar und verbreitet sich nun rasch in der Leipziger Architektur. Ein Beispiel trafen wir schon am Rückgebäude der Feuerkugel (1711). Nur das

Portal hat im Ornamentalen etwas von der Monumentalität der Markt-
seite: Wieder schmückt es ein Kopf von saftiger Schwellung der
Formen. Dicke Eichblattgirlanden hängen auf die flankierenden
Lisenen.

Der Wirkung dieser bedeutenden Schöpfung Fuchsens konnte sich
keiner seiner Nachfolger entziehen. In manchen Formen läßt sie sich
auch an den schon besprochenen Häusern nachweisen. So entschieden,
daß Gurlitt geradezu von einer Nachahmung des Hauses am Markt
spricht[114], ist die Beeinflussung bei dem abgerissenen Hause Ritterstraße 10 (L. zwischen 686 und 687, Abb. 40), das über den auffallend
schmucklosen Holzerker hinaus die Hauptbetonung auf die Dekoration
der Mittelachse jedes Seitenteiles legt. Hier sind die Verdachungen
denen auf der Hofseite von Aeckerleins Hof unmittelbar nachgebildet
und sogar die merkwürdigen Ohren – im eigentlichen Sinne des Wortes
Ohren – der Fenster übernommen.

An den Schluß der Erörterung dieses Zeitraumes gehört ein Bauwerk, das sich keiner der Gruppen, die wir kennenlernten, einordnet
und in vielem problematisch bleibt. Es ist das ehemalige Haus Katharinenstraße alte Nr. 23 (L. 367, Reg. 60–61), das für den Oberpost-
meister Joh. Jac. Kees von Clauss[115] und Rühl[116] errichtet wurde.
Die Akten vom Oktober 1707 sprechen nur vom Neubau des Dacherkers, doch wird das übrige Haus wahrscheinlich unmittelbar vorher erbaut worden sein. Der Dacherker ist übrigens später in ein
viertes Geschoß verbaut worden, das trotz seiner barocken Einzelformen die nachträgliche Errichtung nicht verleugnen kann. Die drei
unteren Stockwerke des fünfachsigen Hauses werden durch eine ein-
fenstrige Vorlage gegliedert. Das Fenster dieser Vorlage im ersten Obergeschoß ist in einer Weise hervorgehoben, die sonst in Leipzig fehlt:
durch steil ansteigende, mit Akanthus besetzte Voluten zu seinen beiden Seiten, wie es ähnlich in Dresden schon das Schloßtor von 1682[76]
zeigt. Diese Beziehung zu Dresden kann auf der Einstellung des Bauherrn beruhen, doch ließe sie sich auch aus der Person des Architekten
erklären, falls richtig ist, was ich annehmen möchte: daß nämlich der
Entwurf des Hauses vom nachmaligen Landbaumeister Schatz stammt
der 1712 und 1746 für die Familie Kees beschäftigt war und als dessen
Maurer- und Zimmermeister in den beiden Fällen, wo er in Leipzig zu

bauen hatte, Clauss und Rühl fungierten. Einem sonst so gar nicht hervortretenden Meister wie Clauss würde man die eigenartige Fassade nur ungern zutrauen. Wir hätten damit ein Werk aus einer Phase Schatzens ermittelt, für die uns im übrigen die Dokumente noch fehlen. Daß es stilistisch der Zuweisung nicht widerspricht, wird sich später noch zeigen.

V

Die Bauten und der Stil Christian Dörings

Christian Dörings Namen und Werke würde man in der kunsthistorischen Literatur vergeblich suchen. Auch die lokalgeschichtliche Forschung hat ihn unberücksichtigt gelassen, obwohl er gewiß eine mehr als lokale Bekanntheit verdient, ja selbst das Inventar kennt nicht mehr als einen Bau von seiner Hand. Und dennoch sind ihm an kunsthistorischer Bedeutung in Leipzig nur Fuchs und Schatz zu vergleichen. Der Stil seiner besten Zeit vertritt in hervorragender Weise eine bestimmte, sehr wichtige und überall in Deutschland nachweisbare Stufe des Überganges vom Plastischen der Jahrhundertwende zum Malerischen der Jahrhundertmitte. Sein Wesen ist von so ausgesprochener, naturgewachsener Eigenart, daß sein Oeuvre sich stilkritisch leicht auch da zusammenstellen läßt, wo die Archivalien versagen. Das ist der Fall für die Jahre 1715, 16, 20 und 1722–25, aus denen die Baubesichtigungen abhanden gekommen sind; Jahre, in denen – wie wir sehen werden – Döring der angesehenste und beliebteste Baumeister in Leipzig war.

Von Hauptdaten aus seinem Leben habe ich feststellen können: seinen Todestag 24. Dezember 1750 und das wahrscheinliche Datum seiner Taufe in der Thomaskirche 18. September 1677[117]. 1699 wird er Geselle bei Rotzsch und 1705 Mauermeister[19], seit 1708 kommen selbständige Arbeiten von seiner Hand vor, 1715 tritt er in die Schützengesellschaft ein, von 1732 ist sein dort befindliches Bildnis datiert. Seit etwa 1736 kommt er als Gewerke vor und wird 1740 Ratsmauermeister. In den Jahren 1700–27 werden ihm 16 Kinder geboren, von denen zwei dem Bauhandwerk treu bleiben: Christoph, der nachmalige Ratszimmermeister (geb. 1699 oder 1700, begraben 9. Februar 1763)[118] und Joh. Gottfried, der Maurer (geb. 28. Januar 1708, gest. 28. Mai 1778)[119]. Unter seinen Enkeln ist Joh. Gottlob, Christophs Sohn, Zimmermeister, Gottlob Friedr., Joh. Gottfrieds Sohn, Mauermeister seit 1774 und Ratsmaurer bis zu seinem am 11. Juli 1796 erfolgten Tode.

Der erste völlige Neubau, den Döring errichtete, war das Haus

Kleine Fleischergasse 29 (L. Barfußgasse Haus 251, Reg. 18a) von 1709, das abgerissen, aber auf Photographien des Stadtgeschichtlichen Museums feststellbar ist. Es war ein einfacher, schmaler Bau mit zweiachsigem hölzernem Erker und giebelgeschmücktem Dacherker. Sein Stil war ebenso wie der von Dörings im Stadtgeschichtlichen Museum erhaltenem Meisterstück, dem Plan eines großen zwölfachsigen Stadthauses, in keiner Weise von dem der durchschnittlichen Bauten der Zeit um 1700 unterschieden. Auch die genuteten Eckstreifen fehlten nicht. In den nächsten Jahren kommt Döring häufig bei Änderungen, Anbauten, Aufbauten vor, ohne daß künstlerisch Wichtiges darunter nachweisbar wäre, so daß sich auch bei ihm eine vollzählige Aufführung des „Oeuvre" nicht empfiehlt. Trotzdem muß in diesen Jahren Döring schon als vielversprechende Kraft erkannt worden sein. Denn als etwa 1715, vermutlich kurz nach Fuchsens Tode, Peter Hohmann, der Bauherr von Aeckerleins Hof, wieder an einen umfangreichen Neubau, diesmal in der Katharinenstraße, geht, wählt er ihn zum Architekten. Es handelte sich dort um eine Aufgabe, größer als sie sich seit dem Romanushause je geboten hatte (Abb. 41). Drei Leipziger Patrizier ließen sich gleichzeitig nebeneinander sehr stattliche Wohnhäuser errichten, und alle drei offenbar durch Döring. Am frühesten begann wohl Dr. Polycarp Gottlieb Schacher, dessen Haus schon am 15. Oktober 1714 von den Gewerken inspiziert wird, da es abgerissen und neu aufgeführt werden soll. Herr Joh. Schellhaffer, für den Döring schon kurz vorher im Hof an den Seiten- und Hintergebäuden beschäftigt war, schließt sich an, und etwa gleichzeitig wird sich Peter Hohmann an Döring gewandt haben. Archivalisch gesichert ist seine Urheberschaft am Schacherschen, so gut wie gesichert diejenige am Schellhafferschen Hause. Die Stilkritik wird zeigen, daß er damit auch als Meister des zweiten Hohmann-Hauses feststeht. 1715 und 16 steigen alle drei Häuser auf, und am 17. Februar 1717 ist der Bau Schellhaffers schon beendet. Am 7. Juni wird von den Gewerken berichtet, daß alle drei Häuser fertig erbaut sind (s. Reg. 43–49).

Die früheste Stilstufe vertritt das Schachersche Haus Katharinenstraße 12 (L. 394, Abb. 42), ein achtachsiges Eckgebäude mit einem jener überkant stehenden Erker, wie sie seit der Renaissance vorkommen und vor allem am Romanushause vorgebildet waren. Schau-

derhaft umgebaut ist das Haus im Kern doch noch erhalten. An gewissen Motiven, wie den breiten Fensterrahmungen und -verdachungen
oder den in kreisförmige Nischen eingestellten Büsten zeigt sich die
Abhängigkeit von Fuchs und seinem Apelschen Hause. Wesentlich
weiter hingegen als bisher wird die Auswertung der Fassade als
Schmuckfläche getrieben. Anstatt nur die Hauptachsen durch Dekoration zu betonen, was Döring als leer und kalt empfunden hätte,
schmückt er gleichmäßig reich alle Felder über und unter den Fenstern
mit eingelassenen Schilden und alle Flächen zwischen den Fenstern
eines Stockwerkes mit Bandverschlingungen – ein sehr früher Fall von
Verwendung dieses Régence-Ornaments in Deutschland. Das Bestreben
nach völliger Durchdekorierung der Fläche ist hierin deutlich genug,
jedoch manifestiert es sich in der Ausführung noch nicht ganz befriedi-
gend. Noch wirken die Giebel der Fenster isoliert als tektonische Elemente, noch ist der Dacherker eine tektonische Zusammenfassung im
alten Sinne.

Erst in den beiden folgenden Häusern erreicht Dörings Kunst ihren
Höhepunkt. Das Hohmannsche Haus K a t h a r i n e n s t r a ß e 16 (L. 411,
Abb. 43) ist schon an Ausdehnung mit seinen elf Achsen, dann aber
auch an Kunstwert das bedeutsamere von beiden. Sehr anders als
Fuchs hat Döring seine Aufgabe gelöst, wenn er sich auch in der Durchbildung des Grundrisses (Abb. Seite 73) an die im Aeckerlein-Hause
gegebene Anordnung hält. Er gliedert in zwei Eckvorlagen und ein
Mittelrisalit, das wieder zur heimischen Gewohnheit des Erkers zurück-
kehrt. Erdgeschoß, zwei gleichwertige Hauptgeschosse, ein niedrigeres
Obergeschoß und drei Reihen von Dachfenstern folgen aufeinander.
Dieser sehr lebendigen Gliederung entspricht die meisterhafte Dekoration der Fassade, die eine Kampfansage gegen jedes vernünftige Verhältnis von Tragen und Lasten bedeutet. Hermenpilaster gliedern den
Erker und ersetzen den Eindruck des Stützens durch den eines pendel-
artigen Niederhängens. Dementsprechend sind die Verdachungen, die
schon in dem bezeichnenderweise ganz gleichzeitig mit dem Hermenpilaster sich einbürgernden Schneppengiebel die Funktion des Lastens
sehr erleichterten, in einen Bewegungsrausch geraten, der sich tektonisch auf gar keine Weise mehr begründen läßt. Sie setzen sich aus
Kurven und Ecken, wagerechten Stücken und Spitzen zusammen, und

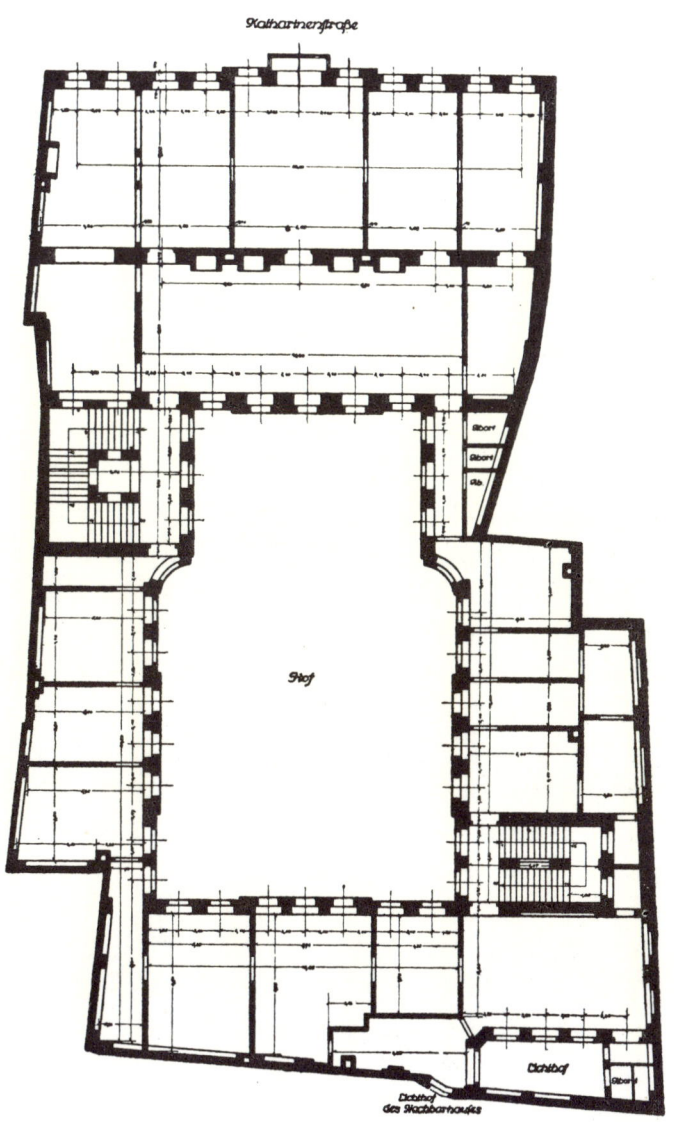

die Ohren der Fensterrahmen schließen sich in weiten Ausladungen an. Am Erker gar macht sich die Rahmung der Fenster ganz frei von allem Zweck und läuft in lebenzuckendem Schwung mit blitzartigen Zacken und bandwerkähnlichen Knickungen durch die Fläche zwischen Fenster und Sohle des folgenden Geschosses. Den so entstehenden Bildungen, die mit Laubsägeformen Ähnlichkeit haben, läßt sich derart Extremes nirgends in ganz Deutschland an die Seite stellen. Nicht genug mit den Brechungen aller Rahmen sind auch die Füllungen mit reichstem vege- tabilischem Schmuck: Girlanden, dicken, üppigen Festons und viel mals gezackten Lambrequins, versehen, wie sie weit mehr der Zeit um 1700 als der um 1710 entsprechen. Ganz ebenso steht es mit dem Portal: Statt der Säulen an Aeckerleins Hof verwendet Döring wieder übereckgestellte Pilaster, wie sie am Brühleingang des Romanushauses zum ersten Male vorkamen. Das Tor wird im Korbbogen geschlossen, ein starker Kragstein trägt den Erker, zu dessen beiden Seiten wieder auf dem Hauptgesims zwei Figuren lagern. Doch hat sich trotz aller Gemeinsamkeit der Elemente der Reliefgrad erheblich verringert, und auch die Verdoppelung der Pilaster an jeder Seite des Portals bedeutet ein neues Ausbreiten in die Fläche. Ebenso ist der obere Abschluß der Fassade von neuer Bewegtheit erfüllt. Während die Balustrade an Aeckerleins Hof das hochsteigende Dach für den Eindruck unwirksam machte, wird hier das Aufstreben besonders betont durch die drei Stockwerke treppenartig angeordneter Dachfenster[120], deren Formen- reichtum sich nach oben steigert, bis die höchste Reihe mit den Oval- fenstern, den weit sich auswölbenden Ohren und den aus zwei gegen- einander schwingenden Kurven zusammengesetzten Verdachungen wie Wellenkämme gegen den Himmel steht. Diese Dachfenster haben da- mit dieselbe Funktion, das Lasten eines oberen Abschlusses unwirksam zu machen, wie alle Verdachungen an den Fenstern.

Ganz im Gegensatz zur Fassade steht der geräumige, ruhig-würdige Hof. Fünf Fenster aus jedem Geschoß des Vorderbaues sehen auf ihn, während er sich nach hinten zu sieben Achsen erweitert, den Übergang bilden zwei viertelkreisförmig nach außen umbiegende Achsen.

Das Prinzip also, welches – schon von Anfang an in Leipzig vor- klingend – hier in ungeahnter Intensität herrscht, ist dies: Die Betrach- tung der Fassade in ihren Hauptstücken, den Vorlagen, als einheitliche

Dekorationsfläche, in der alle tektonische Gliederung zum ornamentalen Spiel wird. Döring verschmäht nun die Verwendung des Bandwerkes und ersetzt es durch die Umbildung von Rahmungs- und Gebälkteilen, die genug Plastik behalten, um die ganze Wand in ein unvergleichliches Spiel von Licht und Schatten aufzulösen.

Neben seiner künstlerischen hat das Haus eine nicht weniger erhebliche historische Bedeutung. So exzeptionell die Formen zunächst erscheinen, sie sind doch in genau denselben Jahren, in denen das Hohmannsche Haus entstand, auch in anderen Teilen Deutschlands nachweisbar: Greisings Häuser der Neubaustraße in Würzburg (1716) haben die gleichen sonderbar blitzähnlichen Fensterrahmungen, die man – nicht mit Recht, wie sich so herausstellt – aus Greisings Zimmermannsberuf hergeleitet hat. Auch an seinen kirchlichen Bauten, wie der Peterskirche in Würzburg oder dem Mittelpavillon des Ebracher Klostergebäudes ist es das gleiche. Dieselbe Erscheinung findet sich in Köln am Jesuitenkloster (1715) und in Mainz am Dalberger Hof (1715 bis 18) und der Gruppe von ihm ähnlichen Bauten, hier freilich durchdrungen von der ganzen plastischen Wucht von Kolossalordnungen, schweren vorgekröpften Gebälken und wildem und üppigem Ornament böhmischer Herkunft.

Genau entsprechend verhält sich dann vor allem in den betreffenden Jahren der größte österreichische Architekt Johann Lukas von Hildebrandt, wenn er 1710–12 in Göllersdorf zum ersten Male den Risalitgiebel aus Kurven und Ecken, die den Leipziger Verdachungen nicht unähnlich sind, zusammensetzt[121], oder etwa am Unteren Belvedere und später immer wieder die tragenden Glieder verdoppelt und damit unwirksam macht. Grimschitz in seinem ausgezeichneten Buche über Hildebrandt interpretiert diese Erscheinungen im selben Sinne, wie wir sie hier ansehen, wenn er sagt: „. . . Charakteristisch ist, daß an den Fensterrahmungen und Gesimsen die Linien verdoppelt und vervielfacht werden und daß der doppelt konvex aufsteigende Giebel einen in ein ganzes Bündel paralleler Linien aufgelösten Umrahmungskontur zeigt" und daraus zu dem Schlusse gelangt: „Die architektonischen Elemente sind wie ein Ornament in der Fläche"[122]. In denselben Zusammenhang gehören endlich auch die Entwürfe im „Fürstlichen Baumeister" (1711f.) von Paul Decker, der sich in der Ausschmückung seiner Innenräume den Bandverschlingungen mit einer Leidenschaft hingibt, wie sie im Westen nirgends ihresgleichen hat.

Denn selbstverständlich zeugt der Ornamentstil einer Epoche stets vom gleichen Geiste, wie alle übrigen Architekturformen, und das Bandwerk steht als ebenso notwendige Übergangsstufe zwischen den organischen Formen der Zeit um 1700 und der Rocaille wie der Stil der Döring, Hildebrandt oder Greising zwischen Schlüter oder Fischer von Erlach und dem neuen Höhepunkt des deutschen Rokoko vermittelt. Im Gegensatz zu diesem, dessen Raum- und Ornamentformen gleich malerisch-unklar bewegt sind, legt die Zeit des Bandwerkes alle Bewegung noch einmal in lineare Gebilde, die aber so sehr gehäuft und so verwirrend geführt werden, daß es nicht schwer ist, von ihnen zur unteilbaren und unübersehbaren Rocaille zu finden. Da diese Stufe ihre Vollkommenheit einzig in der Fläche findet, muß es die Aufgabe der nun folgenden 20er Jahre werden, noch einmal – ehe man an die Lösung der gewaltigsten Raumprobleme gehen kann – einen höheren Grad von Tektonik und Plastik zu erobern, ohne das Motorische des Ornamentstils von 1715 fahren zu lassen. Diese Weiterentwicklung läßt sich wiederum bei Döring und seinen Leipziger Genossen, ebenso wie im ganzen übrigen Deutschland verfolgen.

Das dritte der Häuser, das Schellhaffersche, Katharinenstraße 14 (L. 410, Abb. 44) ist kleiner und hält sich neben dem Hohmannschen bewußt zurück. Trotzdem behauptet es seine eigene Individualität und ist nicht mit den Nachbarhäusern zusammenkomponiert. Das Relief ist, obwohl auch hier der Erker nicht fehlt, flacher, und die charakteristischen Brechungen der Fensterrahmen wirken noch reiner als bloße Linienzüge. Die Verdachungen sind seltener und schwächer, in den Einzelformen übrigens unmittelbar denen des Aeckerlein-Hauses nachgebildet. Die Zeit der Planung liegt wohl früher als beim Nebenhause, der Wert hält sich nicht ganz auf dessen Höhe.

Seinem Stil nach muß diesen drei Gebäuden das Haus Neumarkt 8 (L. 13, Abb. 45) angeschlossen werden, über das alle archivalischen Nachrichten fehlen. Die Rahmungen der Erkerfenster besonders im obersten Stockwerk, sprechen aufs vernehmlichste die Sprache Dörings. Andererseits lassen Einzelheiten die Möglichkeit offen, daß nur ein Nachahmer der Meister des Gebäudes war: Die Verdachungen sind ein-

facher, auch der Schmuck ist sparsamer verteilt, als wir es bisher
fanden. Die Fenster, außer denen des Erkers, sind undekoriert und
glatt gerahmt. Doch mag das auf die geringere Aufgabe zurückgeführt
werden, um so mehr, als es auch beim folgenden, Döring wieder mit
Sicherheit zuzuschreibenden Bau auftritt. Ich meine das Haus Grimmaische Gasse 20 (L. 608, Reg. 22a, Abb. 46), für das ebenfalls
keinerlei Daten aufzufinden waren. Das Monogramm J. S. unten am
Erker gibt den terminus post quem: 1717 kam das Haus an Johann
Schwabe[123]. Wenn er, wie es der häufigste Fall ist, kurz danach mit
dem Neubau begonnen hat, kämen wir auf 1717/18 als Erbauungszeit,
womit der Stil aufs beste übereinstimmt. Im Gegensatz zu den Rücklagen ist hier das dreiachsige Mittelrisalit – wie beim Hohmann-Hause
mit einem Erker versehen – aufs reichlichste geschmückt. Wieder finden
sich die blitzähnlichen gezackten Rahmungen und die in weiten Kurven
ausladenden Ohren an den Fenstern. Eine Weiterentwicklung auf
Dörings zweiten Stil zu zeigt sich in der wachsenden Konzentration
des Ornamentalen, das nicht allein auf die drei Mittelachsen beschränkt
sondern auch zu wenigeren, runderen, volleren Motiven zusammen-
geschlossen wird. Besonders die gekreuzten Füllhörner über den Fenstern des zweiten Obergeschosses sind dafür bezeichnend.

Mit Dörings nächstem wichtigem Werk, dem Heydenreichischen
Hause Petersstraße 21 (L. 29, Reg. 108–108 a, Abb. 47) von 1719 steht
der zweite Stil abgeschlossen vor uns[124]. Das Haus mit seinen sieben
Achsen bleibt völlig ungeschmückt bis auf die eine Mittelachse, auf die
alles Ornament zusammengezogen ist. Hier wuchert es am Portal und
den Mittelfenstern aller Stockwerke – nur nach oben leichter werdend –
mit neuer, strotzender Üppigkeit. Nicht zufällig nähert sich die Maske
am Portalschlußstein frühbarocken Formen des Knorpelstiles. Dementsprechend bevorzugt Döring nun die weit vorquellende Kartusche
als Füllungsform, wie es sich schon an dem Schwabischen Hause an-
kündigte, mit dem sich die Form der Füllungen über den Fenstern und
besonders das Ausklingen in einer Muschel über dem obersten Fenster
gut vergleichen läßt.

Mit voller Berechtigung darf man bei dieser offenbaren Wandlung, die Döring zwischen 1715 und 1719 durchgemacht hat, nach
einem Einfluß von außen suchen. Ich glaube mit Sicherheit seine

Quelle in Prag gefunden zu haben, sei es, daß Döring in diesen Jahren Böhmen selbst besucht hat, oder daß ihm jene Kunst nur indirekt vermittelt wurde, was gewiß weniger wahrscheinlich ist. Zu offensichtlich gibt der südöstliche Einfluß sich zu erkennen. Am deutlichsten beweist ihn die in Sachsen durchaus nicht bodenständige Form des Portals, dessen Pilaster nicht – wie noch am Hohmannschen Hause – ein gerades Gebälk, sondern eine komplizierte Verdachung tragen, die aus einem durch konkave Kurven emporgehobenen Korbbogen besteht. Auf dem flachen Anschwung der Kurven steht an jeder Seite übereck eine vierkantige Vase. Dieser Portaltypus findet sich zuerst in Österreich: in Wien am Palais Lobkowitz[125] und noch früher am Stiftsportal von Lambach in Oberösterreich (1693)[126]. Er bleibt dann in Prag zwischen 1700 und dem Zeitalter des Klassizismus an Palästen und Bürgerhäusern außerordentlich gebräuchlich. Der Döringschen Form besonders ähnlich sind z. B. die Portale an den Häusern Nr. 63 am Hradschiner Platz 9[127], Graben Hs. 858, Karlsgasse Hs. 168, am Grandprioratsgebäude von 1726–28 und am Palais Colloredo-Mansfeld[128]. Wo das Motiv sonst auftritt, kann man, ähnlich wie beim Schneppengiebel, meist südöstlichen Einfluß annehmen, so am Fichtelschen Hofe in Würzburg (1724 von Neumann) und besonders am Portal des Saalbaues in Ludwigsburg, das wohl auch eher Frisoni als Nette angehört. Charakteristisch böhmisch sind sodann die komplizierten Fensterverdachungen, besonders die aus jederseits zwei konkaven Schwüngen zusammengesetzte, wie sie im übrigen Deutschland erst im entwickelten Rokoko üblich werden. Gegenüber Dörings erstem Stil haben diese Verdachungen an Reliefhöhe merklich zugenommen und nähern sich damit noch mehr denen an Prager Bürgerhäusern. Die nun folgenden Bauten Dörings werden übrigens diese wichtige Beziehung noch von anderen Seiten beleuchten.

Wir wenden uns zunächst dem Hause Neumarkt 12 (L. 15[129], Reg. 98 c–d, Abb. 48) zu, einem der entzückendsten Gebäude in Leipzig. In den Akten konnte ich nichts darüber finden, so daß die Datierung unsicher bleibt. Man erfährt einzig die Erneuerung des Daches und des Dacherkers 1744 durch den Sohn Johann Gottfried Döring und Friedrich Knoff[130]. Daß der Schöpfer des Hauses nur Christian Döring sein kann, zeigt das ganze reiche und blühende Leben der

Fassade, die kraftvollen Licht- und Schattenkontraste und alle Einzelformen. Nur Döring kennt so mannigfach geschwungene und gebrochene
Fensterverdachungen; an dem für ihn gesicherten Portal in der Petersstraße sind die Girlanden ähnlich weit und locker geschwungen wie im
ersten Stock hier; ebendort stellten wir die Vorliebe für kräftig aus-
gebauchte Kartuschen und das Ausklingen der obersten Verdachungen
fest. Andere Stilmerkmale weisen jedoch mehr in Dörings erste Zeit.
Die Seitenteile grenzen sich gegen die Nachbarhäuser wie gegen den
Mittelerker durch lisenenartige Streifen ab, die – jedem Obergeschoß
entsprechend – dreimal mit Blütenketten geschmückt sind. Das Motiv
kommt von Aeckerleins Hof her, von dem sich auch Brücken zu dem
frühen Hause Katharinenstr. 14 schlagen ließen. Von diesem Hause
sind auch am ehesten die vegetabilischen Kartuschen in den Sohlbankzonen der Fenster abzuleiten, wenn sich auch die Pflanzengattung gewandelt hat. Das Ornament hier besteht hauptsächlich aus Akanthus-
stengeln mit dicken, lappigen Blättern, wie es eigentlich erst dem Stil
vom Ende der 20er Jahre eigen ist. Was aber unseren Bau vor allem mit
Dörings erstem Stile verbindet, ist das Grundsätzliche der Gestaltung:
Die Konzentration auf die Mittelachse fehlt noch, das Ornament breitet
sich ungebunden über die ganze Fläche der Fassade aus. Dazu widerspricht der plastischen Konzentration des zweiten Stiles in besonders
deutlicher Weise die Art der Gliederung der Rücklagen mit ihrer Zusammenfassung je zweier Fenster. Diese Anordnung stammt noch aus
der Renaissance und war seit längerem nicht mehr üblich. Merk-
würdigerweise tritt sie aber gerade in den Jahren von Dörings erstem
Stil an denselben Stellen Deutschlands wieder auf, die wir auch aus
anderen Gründen zum Vergleich heranzuziehen hatten: an Greisings
Häusern in der Würzburger Neubaustraße von 1716, dem ehemaligen
Haus Neupauer am Hof in Wien von 1714[131], am ehemaligen Brühl-
schen Palais in der Schießgasse in Dresden[132], dem Hause Prokops-
gasse 6 in Prag[133] und einer großen Zahl späterer Prager Häuser. In
Ansehung dieses so entschieden in die Frühzeit weisenden Gliederungs-
prinzips möchte man vielleicht sogar das Schwabesche Haus später
datieren, doch macht das der hohe Reliefgrad und das völlige Fehlen
der blitzähnlich gebrochenen Rahmungen bei unserem Bau unwahrscheinlich. Wir werden die Annahme nicht umgehen können, daß

Eigentümlichkeiten beider Stile in diesen Jahren nebeneinander bestanden, und entscheiden uns so für die Ansetzung kurz vor 1720.

Das letzte Haus, das wir aus Dörings Blütezeit besprechen müssen, ist das Kaffeehaus „Zum Africanischen Coffe-Baum" in der K l e i n e n F l e i s c h e r g a s s e 4 (L. 230, Abb. 49). Das Haus gehört dem 17. Jahrh. an und wurde von Döring nur an der Außenseite erneuert[134], was übrigens wieder nur stilkritisch begründet und nicht archivalisch bewiesen werden kann. Dennoch wird die Zuschreibung wohl kaum einem Zweifel begegnen; denn wem sonst entspräche es, sich so auf den Schmuck der Mittelachse zu beschränken, diesen dann aber bis zu einem solchen Grad von Plastik hervorzutreiben? Döring allein vermag ich die Idee dieses Firmenzeichens in lebensgroßen Vollfiguren zuzutrauen. Denn in der Tat ist der sitzende Türke mit der knorpligen Kanne und der Tasse, die er einem Putto kredenzt, nichts anderes als ein Ladenschild! Übrigens weist auch die an solcher Stelle über der Tür ungewöhnliche szenische Darstellung wieder unmittelbar nach Prag, wo z. B. an dem Hause Nr. 26 in der Thomasgasse[135] der Patron an entsprechendem Platze in einem Vorgang von lebensgroßen Agierenden dargestellt ist. Zudem entsprechen die halb überdeckten ionischen Pilaster an der Tür ganz denen Dörings am Heydenreichischen Hause. Für die Entstehungszeit der Gruppe müssen folgende Daten berücksichtigt werden: Nach 1718 muß der Umbau stattgefunden haben, da erst in diesem Jahre das Gebäude in den Besitz des Hof-Chocoladiers Joh. Lehmann kam. Aus dessen Erbschaft übernahm es 1719 seine Witwe und bewirtschaftete diese beliebteste Konditorei von Leipzig bis zu ihrem Tode. Ein genaueres Datum liefert vielleicht eine Erwägung, die davon ausgeht, mit wie auffallender Sorgfalt in dem Relief der blühende Kaffeebaum wiedergegeben ist. 1723 nämlich blühte, wie Ant. Weiz ausdrücklich berichtet, in Apels Garten „der sehr beliebte Caffee-Baum zum ersten mahle". Vielleicht im Anschluß an dieses Ereignis, das die Leipziger sehr beschäftigte, entstand bei den Planungen zu der neuen Fassade die plastische Gruppe mit dem Baum, deren Bildhauer übrigens unbekannt ist.

Seit der Mitte der 20er Jahre und dem Auftreten George Werners, der uns später zu beschäftigen hat, kommt Döring allmählich aus der Mode. Und nicht mit Unrecht; denn bei denjenigen seiner Bauten, die dem zweiten Viertel des Jahrhunderts angehören, ist die Qualität sehr ungleichmäßig, und neben Gutem findet sich reichlich Unbedeutendes. Trotzdem ist es erst damals, daß er mit der 1740 erfolgenden Ernennung zum Ratsmauermeister[136] zu öffentlichen Ehren gelangt. Künstlerisch hatte er davon wenig Gewinn, denn was ihm an Architekturaufgaben kommunaler Art zufiel, war nur zu unwesentlich. Am ehesten müßte man noch die neue Haube des Rathausturmes von 1744 nennen, die aber vielleicht nicht einmal nach seinen Plänen entstand (s. S. 145). Im übrigen handelt es sich nur um Kleinigkeiten: 1743 z. B. eine Reparatur in der Wohnung des Nikolaipfarrers[137], 1748 ein neues Seitengebäude an dessen Pfarrhaus, von dem Grund- und Aufriß den Akten beiliegen[137], dann eine Baracke im Hallischen Zwinger[138] u. ä. Und was Dörings Tätigkeit für die Bürgerschaft betrifft, so sind nach 1726 überhaupt nur noch vier Werke zu nennen, unter denen nur eines auf der Höhe seiner früheren Bauten steht.

Von 1728 stammt nach der Inschrift auf dem Schlußstein im Hofe das Haus Reichsstraße 37 (L. 430, Abb. 50), das ich mit einigem Vorbehalt Döring zuschreiben möchte. Hauptsächlich macht mir die ganz aus der Art geschlagene Form des Portals seine Urheberschaft wahrscheinlich. Es muß – das läßt auch der moderne Umbau erkennen – dreitorig gewesen sein. Die Seitentüren waren niedriger und trugen auf ihrem Gesims querovale Oberlichtöffnungen. Das Ornament dieser Fenster schließt sich mit seinen knorpligen Akanthusvoluten dem am Heydenreichschen Neubau oder an den Fensterkartuschen des Hauses Neumarkt 12 an. Der Erker und die ihn umgebenden Fenster sind im Unterschiede zu den Rücklagen mit Rahmungen und Verdachungen versehen, wie es z. B. das Schwabesche Haus zeigte. Das Ornament ist freilich gerade hier recht dürftig, und nur die Abtreppungen an den Rahmen der Erkerfenster weisen auf Döring.

Ließ dieses Haus sich immerhin noch an Dörings Hauptwerke anschließen, so trennt sie ein Abgrund von dem folgendem, dem großen Wincklerischen Hause Brühl 27 (L. 450, Reg. 11–12) von 1733–35. Wenn hier die Akten nicht ausdrücklich Dörings Namen nennten, die Zuschreibung könnte niemandem in den Sinn kommen, und es scheint mir nicht ganz ausgeschlossen, daß Dörings Sohn, der zwar schon 1733 Meister wurde[19], aber mit selbständigen Bauten erst seit 1737 in den

Baubesichtigungen vorkommt[139], hier unter dem Werkstattnamen des
Vaters beteiligt war. Der große Bau von neun Achsen und vier Geschossen ist denkbar einfach aufgebaut. Eine nur dreiachsige Vorlage
trägt ein wenig dürftigen und nüchternen Schmuck, aufgesetzte Platten unter den Fenstern, einfache und flache Verdachungen und ganz
unwahrscheinlich dünne Pilaster mit freien Kapitellen an den Kanten.
Die Rücklagen sind ganz glatt. Einzig auffallend ist der Dacherker mit
seiner für Leipzig neuen Giebelform, die sich, wie es Lucas von Hildebrandt aufgebracht hatte, aus Kreisteilen gebrochen und geschwungen
zusammensetzt. Die Schlichtheit des Hauses geht auf eine Wandlung des
Zeitgeschmackes zurück, der wir uns später noch eingehend widmen müssen. Für Döring bezeichnend ist nur das innerliche Sträuben dagegen,
das die Fassade so sehr unbefriedigend macht. Aus diesem Widerwillen
kommt er zu den tektonisch gemeinten, aber rein dekorativ gewordenen
Pilastern und zu der sonderbaren Nutung der ganzen Rücklagen. In dem
besonders stattlichen Hof bildet die neue Gliederung durch zweiachsige
Risalite schon eine Übernahme Dörings von Werner. Die vielfach gespal-
tenen Platten unter den Fenstern sind dieselben wie an der Stirnseite.

Das gleichzeitige Haus B r ü h l 24 (L. 420, Reg. 8–9), auch ein gesicherter Bau Dörings, ist mit seinem rechteckigen Erker, den glatten
Brüstungen und dem ausgedörrten Ornament nichts als ein nach-
geborener Spätling der durchschnittlichen Erkerhäuser von 1710–20.

Mit einer Unlogik, wie sie sich auch im Oeuvre anderer Barock-
meister häufig findet, ist das nächste Werk Dörings, das Portal des
Jöcherschen Hauses M a r k t 2 (L. 386, Reg. 75, Abb. 51) – drei Jahre
nach den zuletzt besprochenen Gebäuden entstanden – wieder zwanglos der eigentlichen schöpferischen Entwicklung des Meisters einzu-
ordnen und seinen besten Werken ebenbürtig. Das Haus Brühl 27
bleibt eine Ausnahme, ein Kompromiß, den Döring mit dem neuen
Stil der 30er Jahre zu schließen versuchte – freilich nur, um bald genug
einzusehen, daß er bei einer solchen Wendung sein Eigenes und Bestes
aufgeben mußte. So ist es ein ausgesprochenes Zierstück, das er 1738
vor den würdigen Bau des ausgehenden 17. Jahrh. setzt. Die Türöffnung ist flankiert von je einem nach außen schrägstehenden Pilaster,
der an Stelle des Kapitells eine sehr weit ausladende Konsole trägt.
Auf diesen Konsolen und dem mit einem Gesicht geschmückten Schluß-

stein ruht ein vorgewölbter Balkon. Die Ecken des Balkons bilden die Postamente zweier stehender weiblicher Figuren[140]. Der Typus dieses Portals geht nicht mehr auf Böhmen zurück, sondern auf den Meister, der in Leipzig die letzte Blüte des plastisch-dynamischen Ideals herauf- führt, auf David Schatz und seinen rein sächsischen Portaltyp, den er an seinen Schlössern mit Vorliebe verwendet. Ohne das Gartenportal des Brandiser Schlosses (Abb. 67) ist das unsere kaum zu denken. Wir kommen auf diese Dinge später noch zu sprechen. Bezeichnend für Döring, wie wir ihn von Anfang an kennen, ist vor allem, daß ein solches Werk noch 1738 entstehen konnte. Schatz selbst und die Leip- ziger – von Dresden, Thüringen, Preußen gar nicht zu reden – haben sich damals schon längst von dem barocken Geschmack der 20er Jahre abgekehrt. Nur Döring, der ihn in Leipzig am lebhaftesten und schwungvollsten vertrat, ist ihm schließlich doch treu geblieben.

So nehmen wir mit diesem Werke gern Abschied von Christian Döring und freuen uns daran, wie kraftvoll und beständig er in seinem Gefühl gewesen sein muß, um so konsequent er selbst zu bleiben. Denkt man an die Reihe seiner Bauten, immer von dem mißlungenen Kompromiß des Hauses Brühl 27 abgesehen, zurück, dann wird man gewahr, daß man sie alle nicht vergessen wird, weil sie – jedes ein künstlerisches Wesen für sich – doch alle Geschöpfe einer reichen und blühenden Persönlichkeit sind, eines Künstlers, dem niemand eine bodenständige und im besten Sinne bürgerliche Genialität absprechen kann. Zweifel- los, alle diese Häuser sind nicht Kunst eines Mittelpunktes, der sich stets für das Neueste einsetzt, sondern charakteristische Kunst der Peripherie, wo man eine Richtung, die einem entspricht, nicht mehr losläßt und bis zum Extrem treibt, selbst wenn man nicht übersehen kann, wohin sie führt, und wenn einem dabei das Glück einer allseitigen Entwicklung des eigenen Charakters entgeht. In diesem Sinne ist aber Fall für Fall gerade das beste von dem, was wir bisher besprachen und noch besprechen werden, Kunst der Peripherie – und ist es schließlich in einem größeren Zusammenhange gesehen die deutsche Kunst in ihren bezeichnendsten und deutschesten Vertretern immer gewesen[141].

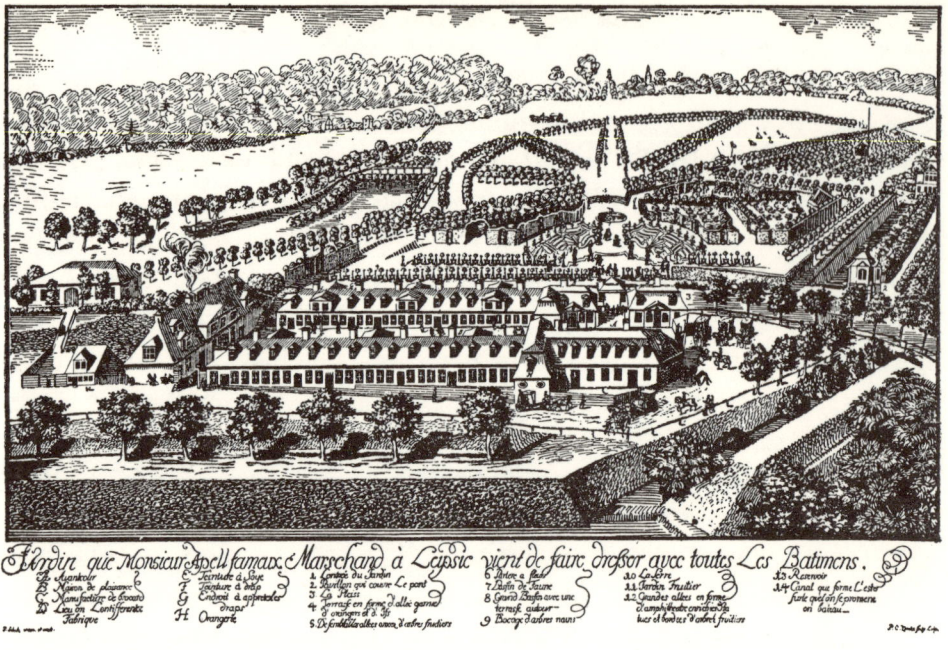

Verdin que Monsieur Apell fameux Marschand à Leipsic vient de faire dresser avec toutes Les Batimens.

A Canal avec deux jets d'eau &c.

VI

Der reife Stil des David Schatz

Zwar entsteht der Stil Dörings organisch aus dem Fuchsens, doch ist er in seiner reifen Ausbildung so sehr vom Charakter einer besonderen Persönlichkeit getragen, daß er nicht eigentlich Schule macht, der Verlauf der Leipziger Architektur vielmehr im wesentlichen unabhängig von ihm und ihn überspringend seine eigene Weiterbildung dessen findet, was Fuchs vorbildlich geschaffen hatte. Das bedeutet eine neue Annäherung an Dresden, das Döring nirgends etwas wirklich Entsprechendes an die Seite zu setzen hatte, das aber die nächsten Parallelen zu Fuchs bot. So ist die führende Persönlichkeit dieser neuen Wandlung wieder ein Dresdener, dem Hof und dem Adel nahestehender Architekt: David Schatz. Wir sind ihm schon mehrfach begegnet, erst als er 1700 ganz in der Leipziger Tradition Sturms den Schloßbau von Knauthain errichtete, dann vielleicht um 1706/07 bei dem rätselhaften Hause Katharinenstraße alte Nr. 23. Sein nächstes Werk ist der

Neubau seines eigenen jetzt abgebrochenen Hauses am Neumarkt 13
(L. 629, Reg. 99—100, Abb. 52). Er erwarb es im Jahre 1711. Am
20. Januar 1713 wird der Bau nach seiner Vollendung besichtigt. Der
Erker, das Schmuckstück der nur dreiachsigen Fassade, ist eine charakteristische Weiterbildung dessen am Aeckerlein-Hause. Die konkave Führung der Seiten wird als ein Element verschmelzender Raumanschau-
ung von Schatz geflissentlich vermieden. Er zieht wieder den eckigen
Grundriß und damit den isolierbaren plastischen Körper vor. Auch
in der Durchgestaltung des Erkers dominiert das Plastische. Die
Einheit des hohen Prisma wird besonders sinnfällig gemacht, indem
die Verdachungen so hoch gezogen sind, daß für das jeweils folgende Fenster keine besondere Sohlbankzone übrigbleibt, vielmehr
jedesmal die Spitze der Verdachung die untere Kante des folgenden
Fensters berührt. Doch wird diese Vereinheitlichung in ihrer Ausdrucks-
kraft sogleich wieder absichtlich gehemmt, indem durch die gleich
plastisch-bewegte Bildung der Verdachungen in allen Stockwerken der
obersten Bekrönung ihre Herrschaft beeinträchtigt wird und der Erker
in seiner Gesamtheit doch aus drei gleichwertigen Aufschwüngen entstanden scheint. Die Einzelformen der Verdachungen sind denen Fuchsens am Rückerker oder den Hofseiten von Aeckerleins Hof am verwandtesten.

Gleichzeitig hatte Schatz für Johann Jacob Kees ein Vorwerk im
Leipziger Westen neu zu bauen, die an der Frankfurter Straße (heutige Nr. 8) gelegene Funkenburg (Reg. 252). Die ziemlich ausge-
dehnten, einfachen Baulichkeiten wurden 1865 abgerissen. Den zweistöckigen Mittelbau mit Vorlage und Dacherker umgaben niedrigere
zweistöckige Wohnhäuser und Stallungen. Die Fenster des Haupt-
gebäudes waren im Stichbogen geschlossen. Die einzige mit dem Wohnhaus Schatzens vergleichbare Kunstform ist der Giebel des Dacherkers
mit seiner das Hochoval umspielenden Fensterform. Die ausführenden
Meister des Baues waren wiederum Clauss und Rühl.

Dieselben Handwerker werden als Erbauer des Hauses zum Großen
Blumenberg Große Fleischergasse 6 (L. 308, Reg. 18) genannt,
das nach den Aktenangaben auf 1715 zu datieren ist. Es ist ein recht
mäßiger Durchschnittsbau, der Schatz höchstens Einzelformen an den
Verdachungen der Erkerfenster, die akanthusumwachsenen Fenster-

ohren z. B., verdankt. Diese schwache Verwandtschaft ebenso wie der geringe Wert machen es wahrscheinlich, daß Clauss hier selbst den Entwerfer gemacht hat. Über das Haus Katharinenstraße 22 (L. 415) schweigen die Akten ganz[142]. Ich möchte es hier anreihen, da es in seiner Stellung dem vorigen entspricht. An künstlerischem Wert ist es ihm überlegen. An dem sieben Fenster breiten Hause sind die drei Mittelachsen als Vorlage, die mittelste als Erker hervorgehoben. Diese Betonung hört im vierten Geschoß abrupt auf, wo die Vorlage plötzlich vierachsig wird. Höchst unorganisch sitzt auf diesem obersten Halbgeschoß der eckige und ungelenke Dacherker auf. Der Erker hat die Giebelung über jedem Fenster, wie sie seit der Rückfassade von Aeckerleins Hof vorkommt. Nach Fuchsens Vorbild ruht er auch auf einer ausgebreiteten Muschel auf. Dagegen weist der obere Abschluß mit seiner kurvierten und gebrochenen Verdachung mit Entschiedenheit in die Jahre um 1715.

Bevor Schatzens folgende Entwicklung weitergeführt wird, ist mit einigen Worten eines Nachzüglers dieses Stiles zu gedenken, des erst 1721 von Clauss errichteten Hauses Petersstraße 5 (L. 37, Reg. 103)[143], bemerkenswert wieder nur durch seinen Erker, der noch nicht einmal die Giebelung jedes Fensters durchführt. Am ehesten ist es wohl die knollige Ornamentik des Giebels mit ihren C-förmigen Voluten, die auf die späte Entstehungszeit raten ließe.

Schatz selbst, der ursprünglich nicht Architekt, sondern Gärtner gewesen war[144]), hat sein Bestes in diesen Jahren aber nicht in Aufgaben wie der Funkenburg gegeben, sondern im Entwurf des bedeutendsten der Leipziger Privatparks des 18. Jahrh.: Apels Garten (Abb. Seite 84), der das Gelände der heutigen Otto Schill-, Kolonnaden-, Reichel- und Elsterstraße bis zur Elster einnahm. Das Terrain kam 1700–1702 durch Erbschaft und Kauf an Dietrich Apel, den Erbauer des Königshauses[145]. Der Stich von P. C. Zincke trägt die Signatur: D. Schatz inven. et excut. Für die Zeit der Ausgestaltung haben wir Spielraum zwischen 1700 bzw. 1702 und dem Todesjahr Apels 1718. Die Bemerkung des Inventars von einer Beteiligung Schatzens erst nach 1717 hat nicht viel zu sagen, da sie offenbar auf einer Mißdeutung der in Wustmanns Geschichte des Rosenthales[146] zitierten Aktenangabe beruht, nach der der König im Mai 1717 vor der Assemblée im Apel-

schen Garten im Rosenthal gewesen sei und dort die Alleen verwachsen
und die Spaliere verwildert gefunden habe. Er habe deshalb Anweisungen
an Schatz gegeben. Die Stelle bezieht sich also auf das Rosenthal und
nicht auf Apels Garten und bietet für diesen im Gegenteil einen Terminus ante. Weiter führt ein Brief Augusts, auf den mich Adolf
Döring aufmerksam machte. Der König schreibt am 1. Juli 1710 von
Marienburg, daß die Orangerie aus Leipzig, wo sie bisher im Apelschen
Garten verwahrt worden sei, durch den Baumeister Schatz nach Dresden übersiedelt werden solle. Damals muß der Garten also in benutz-
barem Zustande gewesen sein, was sich mit seinem Stil durchaus ver-
trägt. Die Lage des Geländes ist der des Kleinbosischen ähnlich. Der
Vorhof liegt diesseits, der Garten jenseits der Pleiße. Die Brücke ist diesseits mit einem Torhäuschen versehen, neben dem links die Maison de
plaisance liegt. Jenseits folgt ein halbrunder Platz, auf dem vier hervorragende Götterstatuen Permosers: Jupiter, Juno, Venus und Mars,
standen. Erhalten sind nur Jupiter und Juno (Abb. 53 und 54), die nach
traurigen Schicksalen nun endlich eine würdige Aufstellung im Palmengarten gefunden haben[147]. Das Halbrund war von Hecken und Bosketts
gerahmt. Eine kurze, breite Allee führte von hier zum Rondell, das
wiederum mit Gartenfiguren geziert war. Von da strahlten die Alleen
nach allen Richtungen aus. Dieses Prinzip ist das gleiche wie beim Rosenthal, wie denn der Apelsche Garten überhaupt dem König persönlich am
Herzen lag[148]. Doch ist hier völlig ausgebaut gewesen, was in jenem
Waldpark nur zum Geripe eines Parkes gediehen war. Auch war die
ganze Anlage erheblich wohlhabender und eleganter; Boskets und
Blumenparterres fehlten nicht, und die Rasenflächen waren nicht so
simpel wie im Rosenthal, sondern in abwechslungsreichen und geschwungenen Formen gezeichnet.

Im Zusammenhange mit diesem Werk Schatzens muß einer Gartenanlage gedacht werden, die ihm von Koch mit Unrecht zugeschrieben
wird, des ehemaligen Schloßparks von Zöbigker (Abb. Seite 88).
Die Angaben Kochs beruhen auf ungenauer Aktendurchsicht und können hier dank der Freiheit, die mir Herr Prof. Kees in der Benutzung
des Familienarchivs ließ, verbessert werden (s. Reg. 246–50). Der Park
entstand 1716 und in den folgenden Jahren unter dem Leipziger Ober-
postmeister Johann Jacob Kees d. J. 1724 war er im wesentlichen

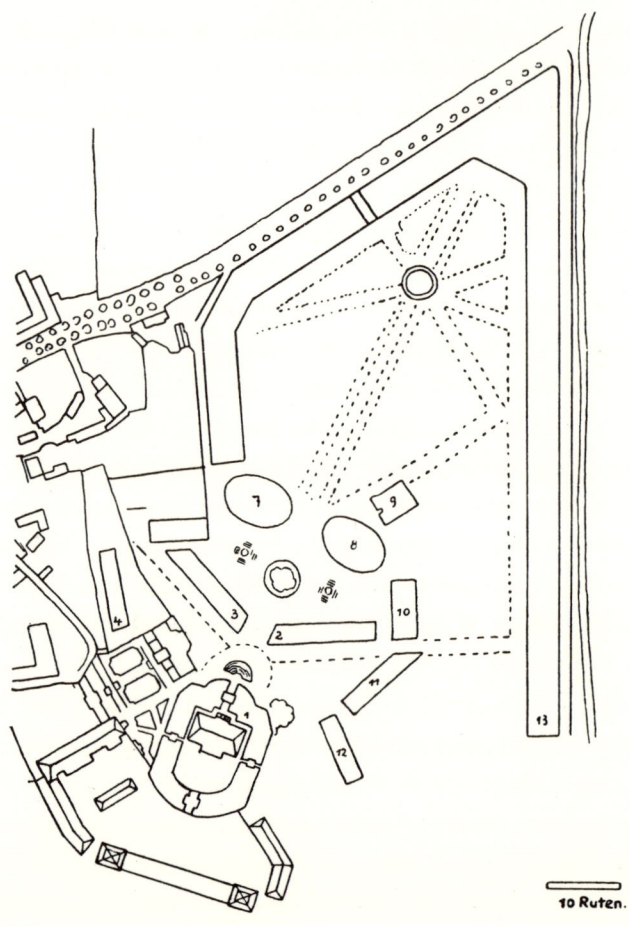

10 Ruten.

vollendet. Er bedeckte ein unregelmäßiges, einem gleichschenkligen
Dreieck ähnliches Gelände. In der Mitte der Dreiecksbasis stand das
alte Herrenhaus. Die Hauptallee bildete die Höhe des Dreiecks, ein
langer, den größten Teil des Gartens umrahmender Kanal die beiden
Schenkel des spitzen Winkels. Die Teile der Anlage waren ursprünglich so an der Hauptachse aufgereiht, daß man vom Schlosse aus zunächst ein mit einer Unzahl zum Teil nicht einmal symmetrisch an-
gelegter kleiner Teiche bedecktes Gebiet durchschritt und dann auf
eine Allee kam, die gegen ihr Ende nach der Dreieckspitze hin durch
ein Rondell unterbrochen wurde. Von hier strahlten wie bei Apels

Garten kürzere und längere Wege nach allen Seiten aus. Doch ist die Anlage insofern prinzipiell konservativer, als der große Kanal sie klar und eckig abschließt und ein Ausstrahlen in die Ferne unmöglich macht. Damit nimmt der Park eine Mittelstellung zwischen dem Großbose- schen und dem Apelschen Garten ein. Die Form der Teiche unter- scheidet aber diese Pläne sehr von den endgültig ausgeführten. 1719 be- richten die Akten von neuen Anschlägen für Kanalbauten, bei denen es sich nun um zwei große Teiche neben der Hauptallee handelt[149]. Die Pläne dazu stammen, wie ausdrücklich wiederholt wird, von „Herrn Graffen", Augustus Gabriel Graf, den ich sonst nirgends feststellen konnte. Die Anrede Herr in den Akten zeigt, daß wir es nicht etwa mit einem einfachen Handwerker zu tun haben. Die neue Gestaltung ver- einfachte den Garten sehr. Die Kreuzung der Alleen, die auf nur drei reduziert sind, lag nun unmittelbar an der Spitze des großen Kanals. Die Hauptallee wird von zwei langen symmetrischen Teichen flankiert, in denen je ein Lusthäuschen stand. Der übrige Teil des Gartens war durch unregelmäßige Wege und Plätze geteilt. So wurde der Park gegen 1720 vollendet, und nur eine befriedigende Lösung des Treff- punktes der drei Alleen fehlte noch. Um sie handelt es sich 1724 und dann wieder 1745, als nun wirklich Schatz eingreift. Seine Mitwirkung aber an den entscheidenden Planungen des zweiten Jahrzehnts geht aus den Akten nicht hervor und wird durch die Nennung Grafs sehr unwahrscheinlich gemacht. Diesem muß also der Plan des Gartens zu- gewiesen werden, soweit nicht der Bauherr selbst an den Entwürfen beteiligt ist. Denn Schwartze rühmt von ihm ausdrücklich „die Force, so er in der Architectur auf Reisen und durch continuirliches Lesen und Studiren erlanget". Sicherlich steht die Anlage der Alleen außer- dem unter dem Eindruck von Schatzens Apelschen Garten, wie das nur zu begreiflich ist. Denn diese dem Hofe nahestehende Anlage machte von sich reden und verbreitete den Ruhm des Erbauers, dem der König 1713 seine Achtung durch die Erteilung des Landbaumeister- titels bezeugt hatte, über die Umgebung Leipzigs hinaus.

Es hängt gewiß mit dieser Ehrung zusammen, wenn sich nun seine Tätigkeit auch nach Thüringen auszudehnen begann, wo er ja später- hin schwarzburgischer Hofbaumeister wurde. Der erste thüringische Bau Schatzens, von dem wir wissen, ist die schlichte und würdige

St. Salvatorkirche in Gera, die uns in einem anderen Zusammenhange beschäftigen wird. Ihr folgt Schatzens Meisterwerk: der Schloßbau von Burgscheidungen an der Unstrut (Abb. 55–60 und Seite 91)[150]. Dieses prachtvolle Bauwerk, das an Schönheit neben allem bestehen kann, was gleichzeitig in Deutschland entstand, ist sonderbarerweise der kunsthistorischen Forschung bisher so gut wie völlig entgangen. Denn die einzige existierende Besprechung, die Bergners im Inventar des Kreises Querfurt, verzichtet auf jede künstlerische Würdigung und leidet unter der Nichtbeachtung dessen, was das Schloßarchiv an Aktenmaterial enthält. Offenbar fehlte der Inventarisation Zeit oder Möglichkeit zur Benutzung dieser Quellen, so daß sie gänzlich unbearbeitet waren, als ich mich durch die Liebenswürdigkeit des derzeitigen Besitzers eingehend mit ihnen befassen konnte. Es fand sich außer einer Fülle von schriftlichem Material auch eine ganze Mappe von Originalplänen, die – wie sich aus den Akten mit Sicherheit ergibt – von Schatz herrühren. Alle sind unsigniert, aber offenbar von einer Hand. Bergner wußte von ihnen, ohne sie zu kennen. Auf Grund dieser Archivalien läßt sich die Geschichte der Planung und des Baues bis ins einzelne rekonstruieren.

Der Bauherr Levin Friedrich v. d. Schulenburg[151] war ein Kriegsmann von europäischem Rufe, seit 1698 in savoyischen Diensten und auf Grund seiner Verdienste in den Kriegen mit Ludwig XIV. zur Stellung eines Sardinischen Generalfeldzeugmeisters gelangt. Trotzdem lehnte er eine dauernde Ansiedlung in Piemont ab und erstand 1722 als Wohnstatt die Rittergüter Burg- und Kirchscheidungen, auf deren Gebiet sich das alte Schloß Burgscheidungen erhob, ein Bau der deutschen Renaissance. Sehr bald dachte der weit herumgekommene Besitzer an eine Modernisierung seines Schlosses. Die Idee eines völligen Neubaues scheint er nur kurze Zeit gehabt zu haben. Mit dem Augenblick, da die eingehenden Planungen beginnen, handelt es sich nur noch um den Ost- und Südflügel des Schlosses.

Um sie in ihren Wandlungen zu verstehen, ist es nötig, in kurzem Lage und Aussehen des Schlosses zu beschreiben, wie es sich jetzt darstellt. Eingeschmiegt in eine Windung der Unstrut, erhebt sich der allerseits steil abfallende Hügel, auf dem das Schloß steht. Es wurde in der Renaissance als nicht ganz regelmäßiges, nur ungefähr quadra-

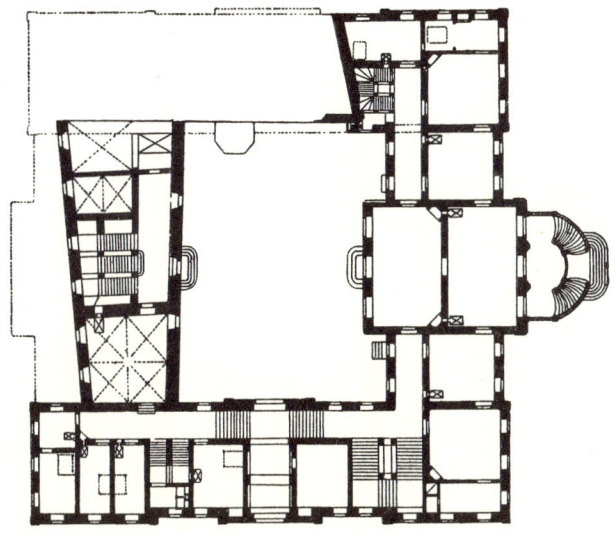

tisches Viereck erbaut, und der Neubau des 18. Jahrh. paßt sich dem
an. Die Hauptfassade ist die östliche, gegen den Garten gerichtete.
Hier ist der Berghang und die unten anschließende Ebene als Park
gestaltet. Auf Zickzackwegen gelangt man an einer in den Fels ein-
gebauten Grotte vorbei, die jetzt als Familiengruft dient, hinab und
wurde einst von dort auf Wegen und Alleen geradeaus auf eine weit
entfernte Insel in der Unstrut geführt. Der Südflügel, zweigeschossig,
14 Achsen breit und mit zwei Eck- und einem Mittelrisalit versehen,
enthält den Torbau. Das rechte der beiden Tore ist blind. Beide sind
von gekuppelten toskanischen Säulen flankiert, auf denen ein Balkon
ruht. Über ihm wird in Fensterdekoration und Dacherker die eine
Mittelachse betont. Auf der Hofseite des Flügels ist diese Achse das
Zentrum auch im Erdgeschoß. Eine Nische zwischen den Toren mit der
später eingestellten Büste des Bauherrn und einem Baldachin und die
hochgehobene Verdachung des Fensters darüber sichern ihr die Vorherrschaft. Links schließt sich die Innenseite des Gartenflügels an,
rechts liegt die Steinverklammerung mit dem beabsichtigten Westflügel frei. Im Ostflügel werden die drei Mittelachsen durch ein Risalit
kräftig hervorgehoben, das mit seinem Giebel hoch über die Dachlinie
aufsteigt. Dieselbe Durchbrechung ist an der Gartenseite durch eine

Terrasse und Treppen noch gesteigert. Die Fassade ist 13 Achsen breit und hat ein Souterrain und zwei gleichwertige Geschosse. Dem Hauptrisalit entsprechen innen im Erdgeschoß Vestibül und Gartensaal, oben ein durchgehender großer Saal. Nur hier wird das Renaissanceprinzip des innen durchlaufenden Korridors durchbrochen. Die Haupttreppe ist einarmig und dreiläufig angelegt und im Südflügel untergebracht. Sie entspricht der letzten Achse des rechten Seitenrisalits und der ersten der Rücklage, befindet sich also an wenig hervorgehobener Stelle. Eine zweiläufige Nebentreppe liegt am Westende des Korridors im Südflügel.

Nach dieser summarischen Baubeschreibung wenden wir uns der Geschichte der Pläne und der Bauausführung zu (s. Reg. 182–236). Am 3. Dezember 1724 begann nach dem Rechnungsbuche der Bau. Doch sind das Jahr 1725 hindurch nur erst Steinhauer und Sandauswerfer tätig. Erst im Mai 1726 setzen die Maurer ein, deren Polier die ganze Bauzeit über Johann George Müller war. Im Juli schon tritt uns Schatz zum ersten Male entgegen, und in der Folge berichten das ganze Jahr über die Rechnungen immer wieder von seiner Anwesenheit. Man kann annehmen, daß der Plan 1726 fertig war, und so werden die wechselnden Vorschläge Schatzens vermutlich in die Jahre 1724 und 1725 fallen.

Bis in alle Einzelheiten läßt sich das Wachsen der Idee verfolgen: Eine erste Gruppe von Plänen (I: Abb. 61) zeigt die zwei Flügel mit dem durchlaufenden Korridor deutscher Renaissanceschlösser. Der Haupteingang, der wie jetzt in der Mitte des Ostflügels nach dem Hofe zu liegt, führte also auf diesen Gang anstatt in ein Vestibül. Die Gartenfront hat noch keine Seitenrisalite, sondern nur eine flache Mittelvorlage. Keine Terrasse vermittelt zwischen Erdgeschoß und Garten. Nur um drei Stufen ist jenes über diesen erhöht, so daß auch das Souterrain wegfällt. Der Südflügel hat, wie es auch ausgeführt wurde, eine Durchfahrt, jedoch ohne den Balkon auf toskanischen Säulen. Vielmehr sind nur drei schmucklose Tore, deren mittleres überhöht ist, in die Wand eingelassen. Auch der Aufriß ist erheblich einfacher als in den folgenden Entwürfen: zwei gleich hohe Geschosse sind durch ein durchlaufendes Gesims geschieden. Das Mittelrisalit der Gartenseite zeigt eine Ornamentik, wie sie später sehr ähnlich auf der Hofseite ausgeführt wurde. Ihre Formen beweisen, daß auch diese ersten Entwürfe auf denselben Autor zurückgehen wie die ausgeführten. Von diesen ersten Plänen ausgehend, entwickelt sich Gruppe für Gruppe der Bau zu seiner heutigen Gestalt. Die zweite Reihe (II: Abb. 62) unterscheidet sich von der ersten einzig durch Einführung des Souterraingeschosses an der Ostfront. Dadurch wird das Erdgeschoß erhöht, so daß sich nun vor seine Mitte eine gerundete Freitreppe und zwei Auffahrtsrampen legen. Die Dekoration der Fassade ist noch genau wie in Gruppe I. Als dritte Stufe tritt uns ein Einzelblatt der Gartenfront entgegen (III). Die Fassade hat sich, vom Wegfall des Gesimsbandes zwischen erstem und zweitem Geschoß abgesehen, zunächst nur in der Dekoration des Giebels geändert, in den die zwei Figuren gekommen sind, die auch in der Ausführung zu Seiten des Wappens lagern. Die Rampe ist geblieben. Doch hat man diesen Teil der Fassade nachträglich durch eine Tektur korrigiert und die Auffahrten durch eine zweiarmige, zweiläufige Treppe ersetzt. Dieses Motiv führt zur Gruppe IV der Pläne (Abb. 63), die nun im ganzen der Ausführung schon entspricht. Da Abbildungen des Süd- flügels fehlen, so ist außer Details nur noch die Form der Treppe anders als heute. Sie bleibt dem vorigen Blatt ähnlich, fügt aber vor Beginn des zweiarmigen Anstieges einige gerundete Stufen als Vermittlung vom Park her hinzu. Diesen Plänen sehr nahe stehen die der nächsten Stufe (V), die an der Gartenseite nur in ornamentalen Einzelheiten abgeändert sind. Hier finden sich nun auch wieder Vorschläge für die Durchfahrt im Südflügel. Man beabsichtigt nun zwei Portale, die beide benutzbar gedacht sind. Sie werden von gekuppelten toskanischen Säulen, die einen Balkon tragen, gerahmt, wie es auch der schließlichen Ausführung entspricht. Hingegen unterscheidet sich von ihr noch die Ausbildung der Mittelfenster. An der Hofseite findet sich zwischen den Portalen bereits eine Nische. Eine ganze Gruppe von Plänen, die nun folgt (VI, Abb. 64), variiert gegenüber dem bestehenden Bau nur noch Einzelheiten des Südflügels, wie die Anordnung der Nebentreppe und die Form des Portals. Man versucht es noch einmal mit nur einer Toröffnung, läßt aber den Balkon, nun freilich nur von vier Säulen getragen, bestehen. Im übrigen gibt es nun keine Unterschiede mehr zu der letzten Gruppe, den eigentlichen Ausführungszeichnungen (VII), großen Aufrißblättern, zu denen die entsprechenden Grundrisse leider fehlen. Gegen Ende des 18. Jahrh. hat dann der Leipziger Universitätsbaumeister Lange das Schloß wieder aufgenommen (Gruppe VIII), jedoch sich dabei auf Kopien alter Zeichnungen beschränkt, so daß er auf einem Grundriß sogar die Gestaltung der Einfahrt im Südflügel entgegen dem Zustande, wie er ihn antraf, zeichnete.

Daß 1726 die Stufe VII oder mindestens VI erreicht war, scheint mir sicher. Briefliche Notizen über die Planungen konnte ich nicht finden, die Baugeschichte selbst ergibt sich aber klar aus den Rechnungen: Die Jahre 1726 und 1727 hindurch ist Schatz fast jeden Monat, hier und da über zehn Tage lang, in Burgscheidungen anwesend. Die Maurer, Zimmerleute, Tagelöhner arbeiten in Haus und Garten. Am 1. Juli wird der Kontrakt mit dem Steinmetz Jex abgeschlossen, der von nun an dauernd tätig ist. Auch im Garten werden alle Arten von Handwerkern beschäftigt, wahrscheinlich an der Grotte, die in den Akten nicht besonders genannt wird. Sowohl für diese wie für alle Einzelheiten, wie Dachfenster, Türen, Ofenaufsätze, Fußböden, wurden ausdrücklich Schatzens genaue Angaben verlangt[152]. Mit Anfang 1726 verpflichtet man auch schon den Bildhauer. Es ist Joseph Blühme, wohnhaft in Altenburg, keineswegs Barthel B. M., wie das Inventar meint. Er arbeitet die Plastik der Fenster und der Giebel wie auch die Gartenfiguren, auf die wir noch zu sprechen kommen. 1726 und 1727 hindurch entsteht so der Rohbau, und der Ostflügel muß am 1. September unter Dach gewesen sein, als man den Kontrakt mit dem Stuccator abschloß. Auch sein Name findet sich in den Akten: Christian Haase. Schon vorher, im Juli, ist er wie der Bildhauer im Garten beschäftigt. Man war also damals schon bei der Ausstattung der Grotte. Im November 1728 muß die Stuckierung des Ostflügels beendet gewesen sein, denn Haases Name kommt seitdem nicht mehr vor. Daß der Ostflügel damals fertiggestellt war, beweisen auch die Arbeiten anderer Handwerker. Mit dem Maler wird am 5. Januar 1728 abgeschlossen, eiserne Öfen des von Schatz empfohlenen Leipziger Kunstschlossers Schwartze werden schon im September 1728 bezahlt. Im Frühjahr 1729 wird auch der Südflügel abgerüstet. Nun arbeiten Steinmetz und Bildhauer an der Dekoration der Portale, der Nische und des Baldachins. Blühme hat die Statuen der Terrasse bereits vollendet. Doch bezeichnet sie der Bauherr als fehlerhaft und ordnet ihre Korrektur an. Auch hier soll Schatz das

Einzelne angeben, da Levin Friedrich v. d. Schulenburg sich kaum je in Burgscheidungen aufhält. Für den Sommer 1729 verlangt er die Beendigung der Gartenstatuen, welche die zwölf Monate mit den Tierkreisbildern[153] darstellen. Die innere und äußere Vollendung des Schlosses war erst 1732 erreicht. Bis dahin dauern die Arbeiten noch an, herausgezögert und sicher in manchem reduziert durch den Tod des Bauherrn, der im Mai 1729 erfolgte. 1730 wird der Bildhauer noch bezahlt. Im April werden die Dachrinnen gestrichen. 1731 kommen die Maurer, Steinmetzen, Bildhauer in den Rechnungen nur noch mit ganz geringen Summen vor. Doch werden erst 1732 die Fenster eingesetzt. Nicht vorm Oktober werden die tönernen Öfen aus Altenburg herbeigeschafft. Mit diesem Jahre endet die Rechnungsführung des Neubaues.

Der stilkritischen Einordnung des Schlosses in die Entwicklung der Leipziger Baukunst steht nur das eine im Wege, daß es sich, eben weil es ein Schloß ist, zu sehr von all dem unterscheidet, was wir bisher zu betrachten hatten, um viele Vergleichspunkte zu bieten. Fragen wir zunächst nach den prinzipiellen Stilunterschieden zu Fuchsens, Dörings oder Schatzens Frühwerken, so ist als erstes anzumerken, daß nie seit dem Wendepunkt um 1700 antikische Formelemente in Leipzig angewandt wurden, wie es hier an der Einfahrt mit ihren toskanischen Säulen und dem Gebälk darüber der Fall ist. Wo hätte es nun gar seitdem Metopenfriese gegeben? Vielleicht ist auch die Eckgliederung der Risalite durch Pilaster oder die große Ordnung der Mittelvorlagen in diesem Sinne zu verstehen. Dieser Klassizismus ist die eine Komponente. Er unterscheidet sich formal strikt von den Frühwerken Schatzens, wie Knauthain, wenn er mit ihnen innerlich auch durch den Willen zur Zweckhaftigkeit und Klarheit verbunden ist.

Viel mehr aber als diese neue Regelhaftigkeit drängt sich die andere Komponente überall auf: wir wollen sie mit Ausdrücken, auf die wir in Leipzig immer wieder geführt wurden, als den Trieb zum Plastisch-Organischen und zum Atektonischen bezeichnen. Was gemeint ist, wird am selben Portal, das durch seine toskanischen Säulen und sein Gebälk so klassizistisch anmutet, deutlich. Die Komposition des Erdgeschosses wird im oberen Stockwerk und im Dach nicht weitergeführt, sondern aufs unlogischste durchbrochen, indem nun die Mittelachse auf alle Weise herausgehoben wird, jene also, die nicht den unteren Toröffnun-

gen, sondern den Säulen zwischen ihnen entspricht. So gipfelt diese
Südfassade im Sinne organisch-plastischer Konzentration auf die Körperachse im Widerspruch zur harmonischen Ausbreitung im Erdgeschoß. Was hier als Dissonanz zur klassizistischen Komponente wirkt,
das erfüllt den Hauptflügel so ausschließlich, daß die antikischen Elemente ganz dagegen zurücktreten. Dem Mittelrisalit wird durch ein
auffallend weites Vortreten vor die Rücklagen und durch die Gliederung mit Kolossalpilastern eine uneingeschränkte Vorherrschaft gesichert. An der Rück-, also der Hofseite ergibt das ein prachtvoll kräf-
tiges, beherrschtes Stehen, an der Gartenfassade aber gipfelt es zu einer
von Leben bis zum Bersten erfüllten Bewegung. Die gekrümmten, zur
Terrasse emporsteigenden Stufen der Gartentreppe bauchen sich
weit vor. Ebenso baucht sich darüber der Balkon. Übereck gestellte
Pilaster, die in Konsolen enden, tragen ihn. Die rundbogigen Fenster
sind mit kraftstrotzenden Frauenköpfen geschmückt. Der mittlere ist
größer und stärker als die äußeren, so heftig das ganze beherrschend,
so unbotmäßig über alles dekorativ Erlaubte hinauswachsend, daß er
sogar das Gesims, welches den Balkon trägt, sprengt und die beiden
Enden in zwei Voluten emportreibt. Hier ohne Zweifel liegt der Mittelpunkt der ganzen Komposition.

Fragt man nun nach den Quellen, den Anregungen, die Schatz so
weit über die Leipziger Tradition erhoben, so ist der Hinweis auf Pöppelmanns Zwingerstil ohne weiteres überzeugend. Nur hier fand sich
so das festlich-derbe Prangen, der diesseitig-grobe Humor und die glück-
liche Negation aller Regel. Pöppelmann hatte den Wallpavillon 1716/17
und den Torpavillon 1718 geschaffen, Schatzens Meisterwerk entstand
erst in den 20er Jahren – das muß hervorgehoben werden. Denn Pöppelmann war damals selbst schon über den Zwingerstil hinaus und machte
innerlich die gleiche Wandlung durch, die den Dresdner Hof von ihm
zu Longuelune, Eosander und Knöffel trieb. Ja, es wird viel später
sogar bewiesen werden können, daß Schatz gerade seine klassizistischen
Elemente besonders getreu von Pöppelmann übernahm, von einem
seiner Hauptwerke aus diesem Jahrzehnt, das in Leipzig selbst stand.
Weil nun aber auch in Pöppelmann, dem genialsten Vertreter des
plastisch-dynamischen Spätbarock im frühen 18. Jahrh., die Disposition zur Beruhigung nicht fehlte, hat er diese extreme Steigerung

nie an Schloßbauten, sondern nur an einem Fest- und Schmuckgehäuse wie dem Zwinger angewandt. Dessen Geist und Formensprache auf eine Schloßfassade zu übertragen, blieb Leipzig vorbehalten. Hier hatten sich schon an den Aeckerleinschen Portalen die Gesichter der Kragsteine ungebührlich vorgedrängt, hier konnte Schatz so kompliziert geschwungene Fensterverdachungen wie die mittlere des Obergeschosses vorfinden. Trotzdem ist das Wesentliche unbedingt der neue, sehr starke und fruchtbare Einfluß von Dresden, für den eine ganze Reihe von Einzelformen, wie die Kapitelle der Eckpilaster an den Seitenrisaliten, der Baldachin über der Nische, der aufgebrochene Schneppengiebel (Südflügel, Südseite) bezeichnend sind. Gerade diese beweisbare genaue Kenntnis des Dresdner Stiles scheint mir auch eine Bestätigung meiner Zuschreibung des Keesschen Hauses Katharinenstraße alte Nr. 23 an Schatz. Wer von den Leipziger Maurermeistern hätte damals ein so unleipzigisches, rein dresdnisches Haus bauen können?

Die architektonische Gestaltung des Schloßparks geht ebenfalls auf Schatz zurück, wie man das nach seiner Herkunft vom Gärtnerberuf gar nicht anders erwarten würde. Es ist bezeichnend genug, wie willig Schatz den steilen Anstieg des Hügels in die Komposition einfügt. Terrassierung im französischen Sinne liegt ihm fern. Eher mag er an italienische Gärten gedacht haben, die auch dem Bauherrn vertrauter sein mußten. Nirgends sonst aber hat man in dieser Zeit den Abhang so uneingeschränkt als Sockel bejaht, das Schloß so bewußt als Körper und nicht als Bildfläche auf, nicht hinter ihn gestellt. Es ist etwas ungemein Deutsches in diesem Bekrönen des gewachsenen Berges durch das Schloß.

Auf die Gartenstatuen von Blühme, der auch den Kragsteinköpfen ihr prachtvolles Leben einflößte, braucht hier nur kurz eingegangen zu werden, insofern sie alle elf, an Qualität durchaus nicht hochwertig, vom gleichen Geiste fröhlicher Derbheit wie die Fassade erfüllt sind. Dieses naturhafte Leben und Quellen gewinnt wohl den gelungensten Ausdruck in der ungemein humorvollen Figur des Bacchus.

Denkt man von hier aus etwa an Schatzens Wohnhaus auf den Neumarkt zurück, so glaubt man sich wohl auf eine ganz andere künstlerische Ebene zurückversetzt. Das liegt natürlich in erster Linie an

der neuen und großen Aufgabe, es liegt aber gewiß auch daran, daß
mehr als ein Jahrzehnt zwischen den beiden Bauwerken liegt. Waren
wir, um die Wandlung an den bekanntesten Beispielen deutlich zu
machen, beim Romanushaus auf der Stufe Schlüters, bei Aeckerleins
Hof und den hübschen Erkerhäusern seiner Zeit auf der von Hildebrandts Frühwerken, bei Dörings erstem Stil auf der Greisings, so sind
wir nun bei der Zeitlage des Nordtraktes der Würzburger Residenz angelangt, also bei jenem Stil, den für Mainfranken der Name Welschs
bezeichnet. Auch hier wandelt sich, mit Greising oder dem Dalberger
Hof verglichen, der Stil zu einer ruhigeren, französisch beeinflußten,
gerundet-plastischen Klassik. Ist diese Beruhigung und zunehmende
Plastik also allgemeiner Zeitstil, so ist ihre besondere Ausformung
bei Schatz, die erst eine so hinreißende Leistung wie die Gartentreppe
ermöglicht, lokal, und zwar als eine bezeichnende Erscheinung des
südostdeutschen Kunstkreises bedingt. Denn hier, und speziell in
Böhmen und Schlesien, handelt es sich bei dem Wandel der 20er Jahre
nur um eine neue Steigerung des Plastisch-Dynamischen, um ein
Wieder oder Noch, nicht um ein Schon. Grüßau ist das genialste Werk
dieser Stufe, rein östlich und ohne alles Eindringen westlicher Beruhigung. Das ist an der Westgrenze Sachsens oder in Thüringen nicht zu
erwarten. So kommt es hier zu der Durchdringung beider Strömungen,
die wir aufzeigten und in der ohne Zweifel die höchsten Werte dem östlichen Einstrom zu danken sind. Von wie symptomatischer Bedeutung
das für den Leipziger Stil ist, beweist, daß auch beim besten Leipziger
Künstler dieser Jahre, bei Döring, am selben Zeitpunkt dieselbe Wandlung zu beobachten war: Auch sein zweiter Stil war südöstlich gewandt
und war plastisch-dynamisch und atektonisch. Am selben Zeitpunkt?
Bei Döring ist diese Wandlung schon kurz vor 1720 zu beobachten
gewesen, Burgscheidungen begann erst 1724.

So wird die Frage notwendig, was denn in der Zeit zwischen 1712
und 1724 mit Schatz geschah, was ihm außer Apels Garten noch zuzuweisen ist oder nahesteht. Wieder ist es dafür hinderlich, daß Dresden
selbst noch immer einer genügenden Durchforschung entbehrt, um eine
etwaige Tätigkeit Schatzens dort mit Sicherheit festzulegen. Für eine
solche sprechen die von Füssli genannten beiden Stiche des Verlages
Wolff in Augsburg, „welche den hier zusammengezogenen Titel führen:

Plan et Elevation generale de Bâtiment de S. E. Mons? de K. bâti à Dresden, de l'invention de Mr. Schatz". Am ehesten käme das angeblich 1720–24 erbaute ehemalige R u t o w s k y s c h e P a l a i s in Betracht[154]. Auf der Inschrift eines Stiches von J. G. Schmidt heißt es: „inv. et delin. Pöppelmann", was gewiß bei der nahen Beziehung Schmidts zu Pöppelmann schwer genug wiegt. Immerhin ist die Ähnlichkeit des Gebäudes mit dem Stile Schatzens so außerordentlich groß, daß man kaum einen anderen als ihn für den Schöpfer des Palastes halten kann. Denn es gibt tatsächlich nicht oft so wortgetreue Übereinstimmungen wie die zwischen den Portalen von Burgscheidungen und dem Rutowsky-Palais mit den Pilastern, die in Konsolen enden, und der ganz exzeptionellen mittleren Hochrollung des unteren Balkongesimses. Auch der Giebel mit seiner Ornamentik und dem hochovalen Fenster wäre für Schatz gut zu denken. Eine im 18. Jahrh. recht übliche Möglichkeit, diesen stilkritischen Befund mit der Aussage des Stiches zu vereinen, wäre die Annahme, daß Pöppelmann mitberatend an den Planungen Schatzens beteiligt war. Doch bleibt die Tatsache bestehen, daß es in seinem Oeuvre nichts gibt, was dem Palais so ähnlich wäre wie Burgscheidungen. Nähere Verbindungen ließen sich dagegen vielleicht mit jener anderen Richtung des Dresdner Barock finden, die man als den bürgerlichen Stil bezeichnen kann und deren Hauptvertreter George Baehr gewesen ist. So gewinnt auch der Hinweis Hasches, der diesem das Palais Rutowsky zuweist, an Wert. Dieser Strömung, die noch zu wenig untersucht ist, um sie sicher herauslösen zu können, gehören außer Bürgerhäusern das Hotel de Saxe, das British Hotel und jenes Charonsche Haus an, auf das wir schon bei Döring hinzuweisen hatten. Auch das dem Palais Rutowsky besonders verwandte ehemalige Flemingsche Palais an der Stelle des jetzigen Landhauses[155]) steht ihr nahe. Es rührt von Johann Rudolph Fäsch her. Was sich fürs erste sagen läßt, ist also nur, daß Schatz trotz der Bezeichnung des Stiches als der wahrscheinlichste Schöpfer des Palastes gelten muß, und daß er dabei neben Pöppelmann die Dresdner bürgerliche Baukunst zum Anreger hatte.

Ähnlich liegt der Fall für das Erdmannsdorfsche Herrenhaus K ö s - s e r n (AH. Grimma)[156]. Gurlitt schreibt es, ohne daß Archivalien vorhanden sind, Pöppelmann zu, auf Grund von dessen flüchtiger Bekanntschaft mit dem Bauherrn. Sie waren von 1714 an zusammen in einer Brückenbau-Kommission. Da das Landhaus aber nach der Inschrift auf einem Obelisk im Park vermutlich 1711 erbaut wurde, so bedeutet das sehr wenig. Wir sind frei, von der Stilkritik auszugehen. Dabei ergibt sich nun jedenfalls, daß die gleichmäßige Fensterdekoration aller Fenster der Mittelvorlage, daß die Betonung der Mittelachse durch zwei Ordnungen von Pilastern übereinander, daß die Ornamentik des oberen Mittelfensters und das schwere Dach in der tektonischen Freiheit und Unbekümmertheit mehr noch zu Schatz als zu Pöppelmann passen würde, mit dessen ungefähr gleichzeitigem Entwurf zum Warschauer Schloß[157] man vergleichen kann. Auch der Deckenstuck des Saales ist in seiner Anordnung dem von Burgscheidungen nicht unähnlich. Ein weiteres Argument für die Zuweisung an den Leipziger Kunstkreis bildet die Lage des Ortes, kaum 35 km von Leipzig. Ist der Schöpfer aber nicht Schatz, so haben wir hier einen Vorposten der Dresdner Kunst, der Schatz mächtig angeregt haben muß.

Mit Sicherheit aber darf Schatz ein anderer Schloßbau in der Nähe von Leipzig zugeschrieben werden: Brandis (AH. Grimma; Abb. 65 bis 67). Schon Gurlitt wies im Inventar auf ihn hin. Für die Datierung des Schlosses gibt den einzigen Anhalt, da ich Archivalien nicht vorfand, die Jahreszahl auf der Wetterfahne: 1727. Vorher muß also das Corps de Logis entstanden sein. Das Schloß ist ein langgestreckter, wenig tiefer Bau, der auf 27 Fenster Front angelegt, aber nur zu 19 Achsen ausgeführt wurde[158]. Der Hauptbau mit dreiachsigem Mittelrisalit ist dreistöckig, der fertig gewordene Flügel mit seinem Eckpavillon zweistöckig. Die Inneneinteilung ist einfach. Nebengelasse fehlen ganz. Im Mittelrisalit liegt Vestibül und Gartensaal, rechts neben dem Vestibül die geräumige dreiarmige Treppe und hinter ihr zwei Zimmer, links entsprechen dem zweimal zwei Zimmer. Die Fassaden sind in den Rücklagen einfach gelassen, steigern sich aber in der Dekoration der Risalite zu sehr bewegter Plastik des Ornaments. Bis ins einzelne finden sich da die Formen der Pläne und der Ausführung von Burgscheidungen: die Profilierung der rundbogigen Fenster, ihre Verdachungen, die Dekoration der Giebel mit der Freude an volutenartigen C-Kurven und Schuppenmuster, besonders aber die Ausbildung des Gartenportals, eine dem mehr herrenhaus- als schloßmäßigen Cha-

rakter des Baues angepaßte Reduktion der Formen von Burgscheidungen auf eine eintorige Anlage. Allgemein sächsisch sind dann die
ganz freigeformten Kapitelle der Pilaster und das untektonische Ein-
schneiden der obersten Fensterdekoration in die Gebälkzone. Vom ehemaligen Park ist nicht mehr viel übrig. Nur das Bassin, dem Flügel-
bau gegenüber, dürfte aus der Erbauungszeit stammen. Fragen wir
nach der Datierung des Schlosses im Verhältnis zu Burgscheidungen,
so möchte ich es um ein kleines früher ansetzen, und zwar auf Grund
von Bandwerkformen, die an den Hauptgeschoßfenstern der Hofseite
vorkommen, in Burgscheidungen aber fehlen. Die Qualität ist im Architektonischen die gleiche, im Plastischen eine entschieden geringere, wo-
für man nur die Schlußsteinköpfe der Gartenportale zu vergleichen
braucht.

Schließlich gehört der Gruppe von Bauten, die Schatz selbst zum
Urheber haben könnten, das Seckendorffsche Haus in Altenburg
von 1724 an[159]. Nach all dem, was wir kennenlernten, bedarf es nur
einiger Hinweise: Brandis, auffallend verwandt ist die Bildung des Portals und der Pilaster am Risalit, und mit Burgscheidungen gehört nicht
nur das hohe Emporragen der Mitte über die Flügel, sondern auch bis
ins einzelne die Dekoration des Giebelfeldes zusammen. Neu sind uns
für Schatz die römischen Büsten in kreisförmigen Nischen über den
Seitentüren. Doch auch sie sind nur ein Beweis mehr für die Zugehörig-
keit des Hauses zu Schatzens Sphäre. Denn wir kennen sie einerseits
vom Leipziger Königshause und von Dörings Frühwerk, Katharinenstraße 12, andererseits von der Dresdner bürgerlichen Richtung her
(Hotel de Saxe, British Hotel).

In Leipzig selbst gibt es nichts, was dem Stil jener reifsten Werke
des David Schatz ganz gleichkäme, manches aber was aus dem lokal
Üblichen so herausfällt, daß man Anregungen von seiner Seite annehmen kann. Am ähnlichsten ist das ehemalige Haus Naschmarkt 1
(L. 576, Reg. 97, Abb. 68) an der Ecke der Grimmaischen Straße, wo
heute der Handelshof steht. Aus der Besichtigung des fertigen Neubaues im Mai 1726 erfahren wir das Datum und die Tatsache, daß nur
der Trakt gegen den Naschmarkt erneuert wurde. Schon die Eckpilaster,
die die vierachsige Mittelvorlage begrenzen, entsprechen mehr den
höfischen Dresdner als den Leipziger Gebräuchen. Besonders aber ist

es der Giebel über dieser Vorlage, der mit seinem hochovalen Fenster und der C-Kurven-Ornamentik durchaus Schatzens Stil angehört. Die Fensterverdachungen ließen sich auch allein aus der Tradition von Aeckerleins Hof erklären, wenngleich sie recht ähnlich an Schatzens Hause Neumarkt 13 auftreten. An einen Originalbau des Schöpfers von Burgscheidungen zu denken, verbieten die allzu unlogisch erst im zweiten Geschoß ansetzenden Pilaster und das fehlende Gebälk. Doch wäre eine Beteiligung des Landbaumeisters an der Planung wohl zu denken.

In einem zweiten Falle wurde schon auf eine offenbare Anregung durch Schatz hingewiesen: in Dörings Spätwerk, dem Jöcherschen Portal Markt 2 von 1738. Nachdem wir den Typus der Tore bei Schatz kennen, bedarf es keiner Beweise mehr. Das Portal gehört mit seinen übereck stehenden Konsolenpilastern, den stehenden Figuren auf den Docken des vorgebauchten Balkons und dem unverkennbaren Kragsteinkopf unmittelbar in die Familie der Portale von Brandis und Altenburg oder vom Palais Rutowsky.

Die anderen hier zu nennenden Bauten ermangeln einer faßbaren formalen Verbindung mit Schatz, fallen aber auch durch einen allgemein höfisch-unbürgerlichen Charakter aus den Leipziger Bräuchen heraus. Da ist zunächst die Gruftkapelle Schwibbogen 93 auf dem Alten Johannisfriedhof (Abb. 69) anzuführen, die wohl dem Anfang der 20er Jahre angehört[160]. Sie ist eine der wenigen noch erhaltenen und bei weitem die schönste unter den Grabkapellen dieses Kirchhofes, die nach schlesischer Art peripherisch angeordnet waren. Mit dem höfischen Stil ist sie dadurch verbunden, daß sie ihre übereck stehenden Pilaster mit reichem Bandwerk der Régence dekoriert, in der spielerischen Weise der Zeit mit Totengebein durchsetzt. Dagegen weist die ungemein bewegte Grundriß-, Türbogen- und Verdachungsform auf eine Beziehung zu Döring, und zwar sowohl zu seinem ersten Hause, Katharinenstr. 12, als auch zu dem Ornament der Fassade am Neumarkt 12.

Das Hotel de Saxe, Klostergasse 9 (L. 164, Reg. 70, Abb. 70), dagegen hat, obwohl von demselben Joh. Schellhaffer wie das Haus Katharinenstr. 14 erbaut, nichts mit Döring zu tun. Als Datum des Baues gibt die nicht sehr zuverlässige Barthelsche Häuser-Chronik 1717 an. Weder das Bandwerk in den Verdachungen, noch die freien Kapitelle der Portalpilaster gehören in den Leipziger Zusammenhang. Vielmehr gibt die Kartusche über dem Tor einen Hinwies auf eine mögliche Verbindung mit Dresden und Schatz. Zu Dresden würden auch die Kapitelle, das Régenceornament und die Art, wie das Portal mit seinem Korbbogenabschluß das Gesims hochhebt und in dieselbe Korbbogenform treibt, passen. Ähnliches haben wir an der Hoffront des Südflügels in Burgscheidungen gefunden. Einen Meisternamen für das Haus wüßte ich nicht zu nennen.

Ähnlich liegt der Fall bei dem viel später entstandenen ehemaligen Hawskyschen Hause Neumarkt 18 (L. 16, Reg. 101), über dessen Vollendung wir erst 1737 erfahren[161]. Es entbehrt jedes Zusammenhanges mit Leipzig, eher könnte man vielleicht an Häuser der Neustadt in Dresden denken. Doch wüßte ich auch da nichts schlagend Ähnliches anzuführen. Höchst sonderbar ist schon die Teilung der achtachsigen Fassade in ein sechsachsiges Mittelstück und zwei einachsige Rücklagen, die ein Überwiegen der Breitenerstreckung der Mitte über die Höhenwirkung zur Folge hat. Dazu ist dieser breite Abschnitt wieder zweigeteilt, so daß die Mitte kein Fenster enthält. Statt dessen wird sie hervorgehoben durch eine Freifigur der Pax, die in Höhe der Fenster des ersten Obergeschosses auf einer Konsole steht. Ihre Achse wird durch ein gerahmtes hohes und schmales Feld fortgesetzt, das oben in einem freien dresdnischen Kapitell endet, als wenn es ein Pilaster wäre. Im Dach folgt auf das Kapitell ein Sockel mit einer Vase darauf.

Diese seltsam fremdartige Fassade mußte wegen ihrer möglichen Zusammenhänge mit Dresden an dieser Stelle angefügt werden, um so mehr als sie trotz ihrer späten Entstehung zunächst eher wie ein Nachzügler des Stiles der 20er, als wie ein Angehöriger des üblichen Stiles der 30er Jahre wirkt. Nichtsdestoweniger wird bei näherem Hinsehen klar, daß sie erst 1735 möglich ist. Um das klarzustellen, müssen wir ein erstes Mal zusehen, nach welcher Richtung die Weiterentwicklung in den nächsten zehn Jahren geht. Es wäre sehr falsch, nach der Beschreibung an eine Beherrschung der Fassade durch die mittlere Höhenachse zu glauben. Eine solche wird vielmehr mit den verschiedensten Mitteln absichtlich gehindert: Erstens ist der pilasterartige Streif schmäler als die ihn umgebenden Fenster und flacher als ihre Dekoration und tritt daher für den Eindruck zurück. Dann entsprechen der

Konsole mit der Pax rechts und links jenseits der drei Fenster, also am Ende des Mittelteiles, Konsolen mit Vasen, so daß fürs Auge diese drei Konsolen durch eine Horizontale verbunden werden. Drittens wird über dem Kapitell die Verbindung mit Sockel und Vase durch ein durchgezogenes Dachgesims zerschnitten. Endlich ist geflissentlich jede Diffenrenzierung der Fensterverdachungen innerhalb eines Geschosses vermieden, um damit die Reihung in der Horizontale nochmals besonders zu betonen. Erfahrungsgemäß liegt auch in der Zweiteilung einer Fassade stets eine Disposition zur Reihung, worauf Frankl für die italienische Renaissancearchitektur hinwies[162]. Die Wirkung wird also bestimmt durch die Breitenachse, die linear durch zwei gerade und zwei dazwischenliegende Wellenlinien umschrieben wird. Hierin liegt die eine grundsätzliche Neuerung der 30er Jahre. Zum anderen aber hat das organische Leben aller Glieder ein Ende. Beinahe dürr wirken die Verdachungen und ihr Ornament. Ohne plastisch-dynamische Verbindung mit der Wand wird die Figur frei vor sie aufgestellt. Ganz verschieden im Prinzip ist das Flachwerden hier von jenem bei Aeckerleins Hof oder bei Döring. War dort die Fassade als Dekorationsfläche aufgefaßt, d. h. als nicht von einer Koordinate bestimmtes Gebilde, so ist sie hier von einer Haupterstreckung, der Breite, allein regiert. Das hat zugleich ein anderes Verhalten des Bauwerks zur Gesamtheit der Straße zur Folge. Ein Bau des ersten Jahrhundertdrittels wuchs als ein in sich geschlossener plastisch-organischer Körper empor, umbekümmert um seine Umgebung. Hier vermitteln die nur einachsigen Rücklagen mit den benachbarten Häusern und ordnen das ganze Gebäude dem Streifen des Häuserzuges ein. Erst hier läßt sich mit voller Entschiedenheit von einer optischen Einstellung sprechen.

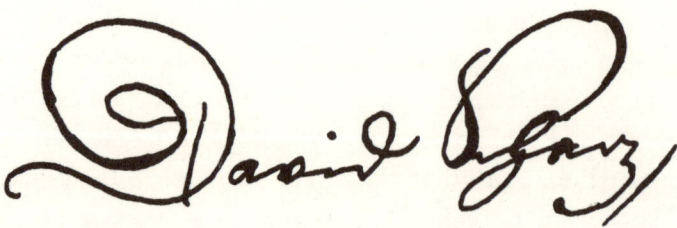

VII

George Werner und seine Zeitgenossen

Ehe wir an dieser Stelle die Entwicklung der Leipziger Bürgerhäuser wieder aufnehmen können, ist es notwendig, uns noch einmal die Ergebnisse der Betrachtung der verschiedenartigen Denkmäler der Leipziger Baukunst zwischen etwa 1715 und 1725 zu vergegenwärtigen. Wir haben von Fuchs aus zwei Richtungen verfolgen können: einmal die Dörings, dessen Häuser in kontinuierlicher Folge bis zum Ende der 20er Jahre gingen, zum anderen die jener Erkerhäuser, welche in näherer oder fernerer Verbindung mit Schatzens Stil standen und bis 1721 oder in dem Haus am Naschmarkt bis 1726 führten. Die Meister, die in diesen Jahren den Ton angeben, sind Döring und — mehr anregend als selbst bauend — Schatz. Neben ihnen sind die übrigen (Bachmann stirbt 1730, Clauss und Valtin 1727) nur Handwerker ohne eigene stilbildende Kraft. Mit der zweiten Hälfte der 20er Jahre beginnt das Wirken einer neuen Persönlichkeit, diesmal wieder eines Leipziger Handwerkers, und eines neuen Stils, der organisch aus der lokalen Leipziger Tradition erwächst und ihr stets eng verbunden bleibt.

George Werner wurde 1682 in Grasdorf bei Leipzig geboren und war bis zu seinem Tode am 19. Mai 1758 in Leipzig tätig. Er lernte bei Matthäus Röthig in Taucha, wurde 1703 Geselle und erst 1723 Meister[19]. In den Baubesichtigungen kommt er 1726 zum ersten Male vor. Er muß sich schnell die Sympathie der Bauherren erworben haben, denn schon 1727 ließ Joh. Schwabe an seinem von Döring erbauten Hause Grimmaische Gasse 20 das Seitengebäude von Werner errichten (Reg. 21d). Und auch der größte Bau dieser Jahre, das neue Hohmannsche Haus, fiel ihm und nicht Döring zu, der, wie wir schon sagten, offenbar aus der Mode gekommen war.

Von diesem Hause, Hohmanns Hof auf der Petersstraße (Nr. 15; L. 32, Reg. 107–107a, Abb. 71, 72 und Seite 106), wollen wir ausgehen. Aus den Akten ergibt sich nur, daß das Gesuch um Steuererlaß nach Vollendung des Neubaues im August 1731 vorlag und daß Werner gleichzeitig auch vor den Toren im Hohmannschen Garten tätig war. Für die

Erbauung gibt die recht verläßliche Anderssche Häuser-Chronik das
Jahr 1729 an. Der Neubau betraf nur das Vorder-, zwei Seiten- und das
Quergebäude, während der hintere Teil des Grundstückes mit dem
Mietshaus nach dem Neumarkt im alten Zustande belassen wurde. Wenn
also auch die Passage nach dem Prinzip von Aeckerleins Hof vorhanden
ist, so ist sie doch nicht annähernd so einheitlich komponiert wie dort,
sondern wirkt nur als nicht einmal ganz regelmäßiger Hof. Die Grundrißgestaltung des Vorderhauses hält sich durchaus im Leipziger Typus

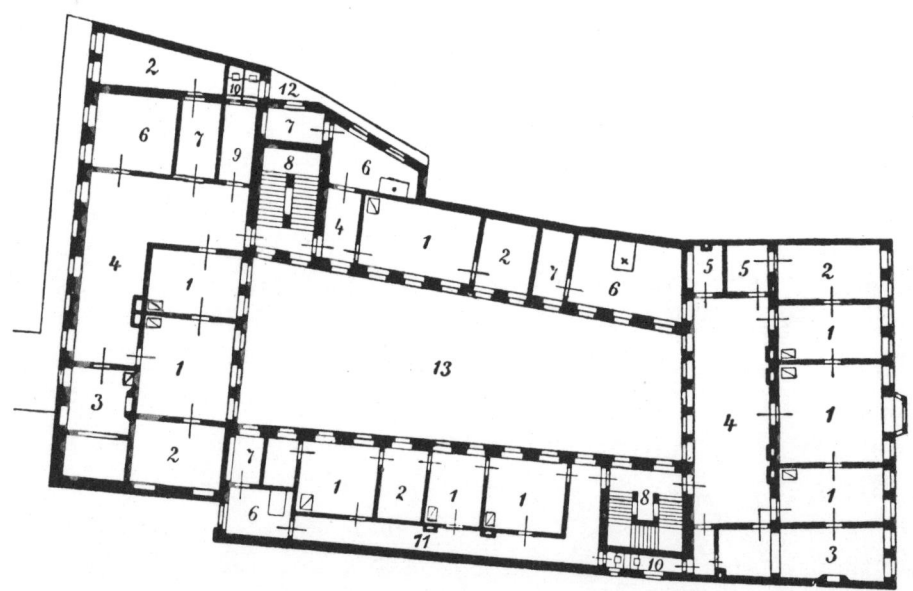

und bietet nichts Neues. Schon das ist bezeichnend für den Stil. Neu
ist er nur im Dekorativen, in der Ausstattung der Fassade. Er nimmt
da prinzipiell eine Zwischenstellung zwischen Döring und der Zeit um
1735 ein, auf deren Stil wir am Ende des vorigen Kapitels schon einmal
einzugehen hatten. Äußerlich war es Werner offenbar um eine Über-
bietung des von Döring Geschaffenen zu tun. Er steigert die Quantität
der Dekoration noch, soweit es irgend zu treiben ist. Döring beschränkte
sie auf die Vorlagen, Werner breitet sie über alle Achsen aus und
schmückt den Raum über und unter jedem Fenster mit Ornament.
Aber gerade dadurch kommt er – womit schon das innerlich Neue be-

rührt wird – viel weniger als Döring zu einer Heraushebung bedeutsamer Achsen. Erst von hier wird es deutlich, wie sehr Döring doch jede der Vorlagen als organisch emporwachsend ansah – trotz seiner extrem flächigen Ornamentik. Zu jeder der Seitenvorlagen und der Rücklagen ordnet er z. B. ein Ladenfenster im Erdgeschoß an, bei Werner ist ihre Einteilung unabhängig von den darüber befindlichen Fenstern, und wirkt also als breitgelagerter Sockelstreif. Um einer entsprechenden Wirkung willen fallen die Seitenvorlagen überhaupt weg, und die in den Verdachungen betonte Mittelachse jedes Seitentraktes findet keine Fortsetzung, keine Gipfelung im Dach. Es wird weiter die Beziehung zwischen Erker und Dacherker, mit dem Döringschen Bau verglichen, gestört, indem die volutenartigen Ansätze des Dacherkers beiseite gelassen werden. Auch die Anordnung der Dachfenster ist vom gleichen Kunstwollen diktiert. Bei Döring ziehen sie sich in Gruppen dreieckartig nach oben zusammen und bilden so einen imaginären Giebel über jedem Flügel, bei Werner können sie nur als drei Reihen streifenartig übereinander abgelesen werden. Endlich paßt sich auch das Portal dem an: Die Pilaster, die jedes Ladenfenster flankieren, unterscheiden sich nicht von den übereck stehenden des Tores, so daß dieses unmittelbar in jene übergeht und auch hier die flache Breitenerstreckung über die plastische Hervorhebung dominiert.

Es bleibt noch der formale Gehalt der Dekoration zu analysieren. Dabei ergibt sich eine Komplizierung der Vergleiche. Das bisher einzig herangezogene Gebäude Dörings war nicht der vorigen, sondern der vorletzten Stufe angehörig. Zwischen beiden aber steht Dörings zweiter Stil und Schatz. Ziehen wir diese mit in den Kreis der Erwägungen, so zeigt sich, daß Werner jedenfalls mit dem frühen Döring immer noch erheblich mehr innere Verwandtschaft hat als mit dem späten oder mit Schatz. Denn obschon sich bei einem Vergleich mit Werner gerade die plastisch-organischen Tendenzen auch bei Dörings Hohmannhause in den Vordergrund schoben, so ist dieses doch seinerzeit mit Recht gerade darin als Fortschritt bezeichnet worden, daß es neuen und in ganz Deutschland gleichzeitig auftretenden flächendekorativen Prinzipien huldigte. Die ganz unorganischen Brechungen der Fensterrahmen entstammen einer ebenso intensiven Freude am Schmuck der reinen, unverbrauchten Fläche wie die Ornamentik Werners. In dieser Beziehung also be-

rühren sich die beiden Stile unter Überspringung des in der Zwischen-
zeit herrschenden[163]. Trotzdem ließe sich hier so wenig wie irgend-
wann die eine Stufe mit der anderen verwechseln. Schon die Einzelformen würden das verhindern, da sie eben doch offenbar auf der Stufe
Schatzens fußen. Aus Burgscheidungen kennen wir die dicken Festons
zu Seiten des Portals mit ihren Sonnenblumen und anderen großen
Blüten, kennen wir die baldachinartigen Lambrequins in den Verdachungen von Fenstern, vor allem aber das allzuoft von Werner
wiederholte Motiv des teppichartig ausgehängten Tüchleins, das in der
Mitte noch einmal nach oben gerafft wird und also wie zwei Festons
hängt. Ganz ebenso trat es beim Seckendorffschen Hause und in Kös-
sern auf. Auch die ganz freien Kapitelle der Pilaster, besonders am
Dacherker, sind in Leipzig ohne jenen Dresdener Einfluß der 20er Jahre
nicht denkbar. Selbstverständlich verhindert das keineswegs, daß auch
Hohmanns Hof gerade in seiner Ornamentik die engsten Beziehungen
zu allem zeigt, was in Leipzig seit dem Romanushause entstand. Das
Portal mit den gelagerten Figuren, der Erker, die Gliederung des
Daches und im einzelnen z. B. die gekreuzten Zweige als Sohlbankdekoration, die Blütenketten, die auf Pilastern hängen, die Blumenfestons – all das ist echtes Leipziger Schulgut. Zu diesen lokal Leipziger Elementen, zu der Ornamentik, die von Schatz herrührt, kommt
nun als drittes die neue Streifenkomposition und Breitenerstreckung
des zweiten Jahrhundertdrittels. Sie muß als die Veranlassung angesehen werden, wenn die Fensterverdachungen nun ihren Reichtum verlieren, den sie noch an wichtigster Stelle bei Schatz hatten, und statt
dessen auf die einfachsten, jedesmal durch das ganze Geschoß wieder-
kehrenden Grundformen zurückgreifen: Dreieck, Segment, gerader
Sturz. Nur die Hauptfenster der Seitenteile im ersten Oberstock haben
noch konkav geschwungene Verdachungen, denen an Dörings Haus
Neumarkt 12 ähnlich. Sehr bezeichnend ergibt sich aus all diesen Elementen die stilistische Zwischenstellung des Gebäudes: Während die
Entwicklung vom in die Höhe Wachsenden zum in der Breite Gelagerten, vom Plastisch-Dynamischen zum Optisch-Flächigen verläuft, verzichtet der Leipziger Meister um 1730 bewußt noch auf keinen der
Reize der spätbarocken Dekoration, sondern häuft gerade sie so sehr
wie möglich und erreicht doch auch auf diese Weise nur ihre Ein-

beziehung in die Gesetze der Flächendekoration. Ist also zum Stil der vorigen Stufe das Flachausgebreitete der Hauptunterschied, so ist es zu dem der vorletzten das Herrschen der Horizontale in der Gliederung der Fassade in Streifen.

Wie eng die beiden folgenden Häuser stilistisch mit Hohmanns Hof verwandt sind, lehrt der Vergleich mit dessen Hoffassaden. Reichsstraße 25 wurde 1729, Katharinenstraße 5 (Abb. 73) um 1730 neu gebaut (L. 396 und L. 375, Reg. 113 und 37–38). Das Bezeichnende beider Häuser, die übrigens keineswegs hervorragende Vertreter ihrer Stilstufe sind, ist die Zweiachsigkeit der Mittelvorlage, die mit den Langseiten des Hofes von Hohmanns Hof übereinstimmt und die wir vorausgreifend auch schon an Dörings Spätwerk Brühl 27 antrafen. Es wurde schon einmal darauf hingewiesen, daß Zweiachsigkeit stets die Wirkung nach der plastisch-organischen Seite hin hemmt. Sie veranlaßt zum Zählen nach der Breite, nicht zum Verfolg der Wachstumsachse. Demgemäß fehlt hier der Erker und ist durch eine flache Vorlage ersetzt. Die Rücklagen bleiben undekoriert. Auch die Einzelform des Ornaments gehorcht denselben Prinzipien. Besonders bezeichnend ist die Verwendung des Brokatmusters als Schmuck der Fensterverdachungen, also eines typischen Flächenmusters, dem jede plastische Funktion fehlt. Das Haus in der Reichsstraße zeigt sich zudem darin besonders zurückhaltend, daß es nur gerade Verdachungen verwendet. Hier liegt der Hauptunterschied zwischen ihm und dem besseren und weit lebendigeren Bau in der Katharinenstraße. Unter den Motiven der Fensterornamentik ist als neu vor allem die reichliche Verwendung platter und breitgezackter Akanthusblätter im Hauptgeschoß hervorzuheben – also ein Motiv, das in den führenden Gebieten Deutschlands damals schon recht antiquiert war. In Leipzig kommt es gerade jetzt erst zur vollen Herrschaft und ersetzt nun für einige Zeit die Festons und Blumenketten. Auch die Formen der Fensterverdachungen sind bewegter und denen an Hohmanns Hof ähnlicher, und sogar der Giebel des Dacherkers ist hier mehrfach gebrochen und geschwungen, wie es im Rokoko üblich wurde und hier für Leipzig zum ersten Male auftritt – übrigens in einer recht absichtlichen und wenig befriedigenden Ausführung[164].

Der klassische Vertreter der bewegten Akanthusdekoration der 30er Jahre, die in Dörings Haus Neumarkt 12 schon einmal vorklang, ist

das große Gebäude K o c h s H o f, Markt 3 (L. 387–388, 401–402, Reg. 76
bis 78, Abb. 74–76), noch einmal ein wirkliches Durchhaus mit zwei
Höfen und Fronten nach zwei Straßen. Es ist das größte der Leipziger
Bürgerhäuser geblieben und hat die höchsten Baukosten erfordert.
Michael Koch, der außerordentlich reiche Bankier, ließ es sich durch
Werner errichten. Daß von ihm auch die Pläne stammen, zweifelt
Gurlitt auf Grund einer Reihe großer Kupferstiche des Gebäudes an,
die die Signatur des nachmaligen Obervogtes „I. G. Schmiedlein del.
Sysang sc." tragen[165]). Es wäre das erstemal, daß wir für ein Bürgerhaus einen anderen Planschöpfer annehmen müßten als den ausführenden Mauermeister. Sind dafür auch zweifellos die Stiche ein gewichtiges
Argument, so können sie doch nicht als unbedingt beweiskräftig angesehen werden. Denn auch Senckeisen, seinerzeit ebenfalls Obervogt,
hat z. B. die Alte Börse gezeichnet, ohne sie entworfen zu haben[166]),
und es könnte sich sehr gut auch hier um Nachzeichnungen nach dem
fertigen Bau handeln. Freilich wissen wir gerade von Schmiedlein, daß
er als selbständiger Architekt tätig gewesen ist, und die Frage wird sich
also mit Sicherheit nicht entscheiden lassen. Genug, daß der Möglichkeit gedacht wird, Werner habe hier mit Schmiedlein zusammen-
gearbeitet. Sie würde jedenfalls manche Unstimmigkeiten der Ornamentformen mit Hohmanns Hof erklären.

Was nun den Bau selbst betrifft, so bietet der Grundriß in der Zim-
meranordnung nichts Neues. Neu ist hingegen die Gestaltung des
großen Hofes (Abb. Seite 111). Die Zusammensetzung der Langseiten
aus zwei in verschiedenen Ebenen liegenden und durch einen Viertel-
kreis verbundenen Wandteilen hatte zwar schon das Döringsche Hoh-
mannhaus. Das Motiv hat sich aber in sehr bezeichnender Weise umgekehrt. Damals war der verbindende Bogen konkav, jetzt ist er konvex
gezogen. Dem Beschauer also, der den Hof vom Haupteingang her
betrat, schien damals der hintere Teil der Wand vom vorderen durch
eine Kante getrennt, erst jetzt scheinen die beiden räumlich getrennten
Ebenen ineinander überzugehen. Das Wesentliche des Baues liegt aber
auch hier nicht im Räumlichen, sondern in der Gestaltung der Schau-
seiten, sowohl nach den beiden Straßen wie nach den Höfen. Der vordere, größere Hof hat wiederum ein zweiachsiges Risalit mit geraden
Fensterverdachungen, die denen am Hause Reichsstraße 25 recht ähnlich

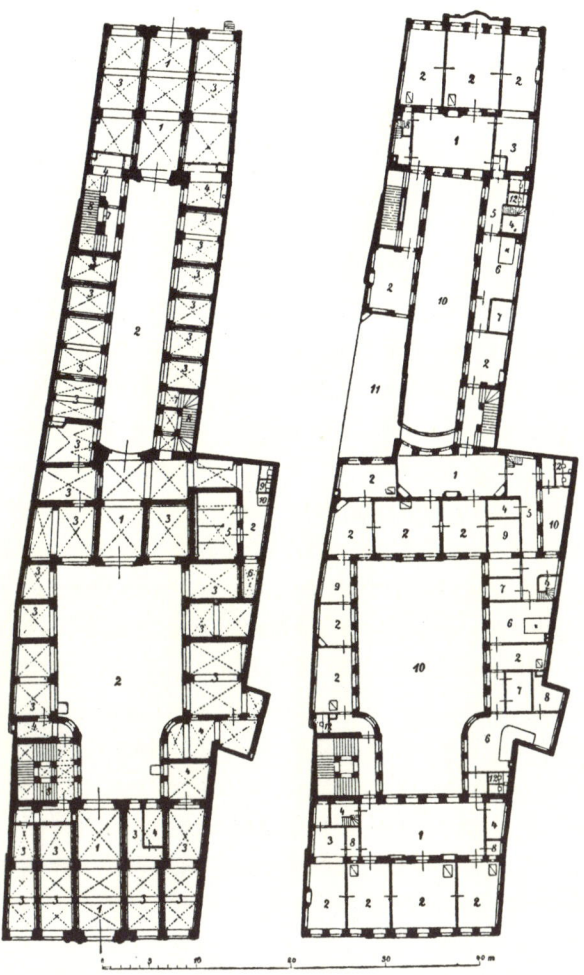

sind. Auch die Front gegen den Markt, die wohl der ältere Bauteil ist,
verzichtet auf den Erker und bedeutet schon darin wieder eine Absage
an plastisch-organische Prinzipien, die über das an Hohmanns Hof
Geleistete erheblich hinausgeht. Deutlich wird das ferner besonders im
Portal, dem die Figuren des Balkons heute fehlen. Seine Pilaster stehen
flach in der Wandebene und in weitem Abstand voneinander. Ebenso
bequem und geräumig ausgebreitet ruhen die Mittelfenster aller Stockwerke. Auffallend an ihnen ist die in diesen Jahren öfters vorkommende
Zerteilung der Rahmungsprofile in eine ganze Reihe von Rundstäben,

die einander so dicht folgen, daß sie auf die Entfernung nur in ihrer
Gesamtheit als breite, geriefelte Rahmenleiste wirken. Das Ornament
setzt sich aus Akanthus-, C-Kurven- und Bandwerkmotiven zusammen
und gelangt über den Mittelfenstern noch zu sehr gewichtiger Plastik.
Noch plastischer und freier ist der Schmuck der Hauptfenster des
zweiten, schmäleren Hofes, der anstatt Verdachungen große und
schwere Baldachine mit herabhängenden Tüchern verwendet, die gar-
dinenartig um die Fenster gerafft sind. Man muß sich solcher Motive
erinnern, um die Entwicklung zum Malerischen und Flachen im Leipzig
der 30er Jahre nicht zu überschätzen. Diese muß man erst aufspüren,
während das Heimisch-Barocke sogleich ins Auge fällt.

Ganz ebenso ist es um die Fassade nach der Reichsstraße bestellt.
Nirgends sonst gab es Kartuschen von so großer Ausdehnung, wie sie
hier zwischen den Fenstern gleicher Achse in den verschiedenen Geschossen auftreten. Ungemein lebensvoll ist auch die Führung der
Akanthusblätter um die Verdachungen des Mittelrisalits und die Füllung des Giebelfeldes. Und doch ordnet sich all das nicht mehr einem
einheitlichen Drange nach außen oder oben ein, sondern spielt nur noch
in der Fläche. Die großen Kartuschen passen sich genau rechteckigen
Feldern ein, die Verdachungen sind auf einfachste Formen reduziert,
der Erker fehlt und das Portal ist flach. Freilich muß dieses Moderne
dem Planschöpfer nur unbewußt innegewohnt haben. Denn was ihn
am deutlichsten etwa von dem des Hawskyschen Hauses auf dem Neumarkt abrückt, ist offensichtlich der Wunsch, üppig zu schmücken und
alle Quellen der dekorativen Phantasie springen zu lassen. Es kann
nicht eindringlich genug betont werden, daß dieser Wunsch somit in
Leipzig noch zwischen 1735 und 1740 am größten bürgerlichen Bauwerk
der Zeit herrscht. Denn es ist klar, wie himmelweit Leipzig damit von
Dresden abgerückt ist, das schon um 1720 eine erste Beruhigung aller
Formen gesehen und sich seitdem uneingeschränkt dem französischen
Klassizismus erst der de Bodt und Eosander und dann – zum Rokoko
übergehend – der Knöffel und Longuelune zugewandt hatte. Da war
kein Raum mehr für plastische Fensterverdachungen und für saftiges
Pflanzenornament. Da herrschte die commodité und die bienséance,
die Schönheit lag in der Erfüllung raffinierter Zwecke und der Harmonie von Proportionen. Es dauerte bis nach 1740, ehe Leipzig diesen

neuen Dresdener Stil übernahm, den es doch bei der geringen Entfernung der beiden Städte schon lange kennen mußte. Man neigte ihm nicht zu, man mochte ihn nicht und ging lieber seine eigenen Wege, erfreute sich an der Fülle von Reizen altheimischer Architektur und fragte nicht viel danach, ob man modern und au courant wäre. Die Lage ähnelte darin der, in welcher Döring baute. Wieder bleibt Leipzig zurück, um, ehe es zögernd eine fundamentale Neuerung übernimmt, das Alte erst bis zur Neige auszukosten. Nur in Böhmen und Schlesien baute man in den 30er Jahren noch ebenso unbekümmert barock, ohne daß jetzt, so wie seinerzeit bei Döring, Einzelformen eine tatsächliche Beeinflussung von dort her annehmen lassen.

Nachdem so die Hauptbeispiele der 30er Jahre in ihrer Bedeutung gewürdigt sind, muß kurz einiger an Qualität oder Umfang geringerer Bauwerke des gleichen Zeitraumes gedacht werden. Werner wurde 1733 mit dem völligen Neubau zweier Häuser am Markt (Nr. 13; L. 172, Reg. 87–92, Abb. 77) betraut, die Appellationsrat Dr. Stieglitz für sich erworben hatte. Nachher ist man von diesem Plane abgekommen und hat nur die Seiten- und Hintergebäude ganz erneuert, sich bei der Stirnseite hingegen auf eine Angleichung beider Fassaden durch Versetzungen der Fenster beschränkt. Übrigens scheint auch hier Werner in Zusammenarbeit mit Schmiedlein gewesen zu sein. Denn Stieglitz spricht anläßlich der Obervogtswahl 1743, wie Wustmann[167] erzählt, davon, daß er Schmiedlein schon beim Bau seines Hauses verwendet habe. Der Beweis für seine Architektentätigkeit ist damit erbracht, und es fragt sich nun nur noch, wem man die eigentliche geistige Autorschaft des Baues zuweisen will: ob Schmiedlein, Werner oder dem notorisch sehr kunstsinnigen Bauherrn. Die Architekturformen müssen es so gut wie möglich entscheiden.

Aufrecht steht heute nur noch die Rückseite des Gebäudes gegen die Klostergasse, und auch diese mit einem modernen Geschoßaufbau, während der Fronttrakt, der ursprünglich dreistöckig und wohl mit breitem Dacherker versehen war und dann ebenfalls ein modernes viertes Geschoß erhielt, abgerissen wurde. Doch war er schon vorher nur ein unerfreuliches Aggregat verschiedener Stilarten, in dem die Ornamentik unserer Jahre wenig Bedeutung hatte. Sie war auf die Streifen über und unter den Fenstern beschränkt und entsprach in ihren Einzelformen durchaus dem, was wir von Werners unanzweifelbarem Bau, Hohmanns Hof, kennen. Nur hat seitdem eine deutliche Reduktion sowohl an Quantität der ornamentalen Teile wie an Intensität der verwandten Dekorationsformen stattgefunden. Die Akanthusranken zwar fehlten dort noch, aber sie wirken hier bei völliger Aufgabe all der Festons und Blumengirlanden als eine recht dünne und schwächliche Zierde. Lassen diese offenbaren Verbindungen mit Hohmanns Hof eine Ablehnung Werners als planenden Meisters nicht zu, so gibt es für die ebenso deutlichen Beziehungen zu den Formen von Kochs Hof zwei Antworten, zwischen denen man keiner mit Bestimmtheit den Vorzug geben kann: Entweder Kochs Hof ist auch ein Werk Werners, dann ließe sich daraufhin ein nennenswerter Einfluß Schmiedleins bei der Planung auch des Stieglitzschen Baues ausschließen, oder wir haben es bei Kochs Hof mit Schmiedleins Stil zu tun, dann wäre ihm eine bedeutsame Beteiligung auch bei Stieglitzens Hof sicher.

Was nun, vom Meister abgesehen, die stilistische Bedeutung des Gebäudes betrifft, so beweist es weit deutlicher als Kochs Hof – weil minderwertig – die beginnende Verarmung des Barock in der zweiten Hälfte der 30er Jahre. Der Umbau wurde nach 1734 begonnen und vor 1740 beendet, ist also mit dem Neubau des Kochschen Hauses ganz gleichzeitig. Als das einzige positive Element des neuen Stiles ist hier die Tatsache der Dreistöckigkeit zu werten. Auch das gleichzeitige Hawskysche Haus hatte sie, und daß sie nun auch am Hauptplatze der Stadt, zwischen lauter höheren Gebäuden auftritt, kann nur durch ein bewußtes Kunstwollen veranlaßt sein, dem die Wachstumskraft des Barock nicht mehr so entschiedenes Ziel ist wie noch vor kurzem.

Vielleicht durch die Gegebenheiten der Anlage vor den Toren fällt das Haus Johannisgasse 6 (Abb. 78) aus dem Rahmen der Leipziger Architektur. Daten für die Erbauung fehlen ganz und gar, und auch die Stilanalyse gibt keine ganz sicheren Resultate. Das zwölfachsige und dreistöckige Haus hat zwei Risalite mit zwei Dacherkern, jedes drei Achsen breit. Außer den Portalen und den Mittelfenstern der beiden Vorlagen sind alle Maueröffnungen nur flach und schmucklos gerahmt. Über große Flächen breitet sich die Dekoration nur in den kurvig geschwungenen Giebeln der beiden Dacherker aus. Ihrer Form und Ornamentik nach könnte das Haus sogar schon nach 1740 entstanden sein.

Die Konturen der Giebel setzten sich bei dem Vorläufer Katharinenstraße 5 aus Bestandteilen der niederen Geometrie zusammen, nun
wählt man kompliziertere Kurven und ineinander übergleitende Linien.
Das erste Beispiel dafür war um 1735 der Giebel von Dörings Hause
Brühl 27. Hier steht die Füllung mit den volutenartigen Schnörkeln,
Muscheln und Schuppenmustern bereits hart vor Beginn der Rocaille.
Der Aufbau der ganzen Fassade hat alle die Eigenschaften, welche die
vorigen Bauten zeigten: eine gerade Zahl von Fensterachsen, dementsprechend keine Mittelgipfelung, sondern Zerteilung auf zwei Zentren,
Dreistöckigkeit, einfache Formen der Verdachungen und keine Be-
tonung der Beziehung zwischen Verdachungen und Giebel.

Dieses freier gebaute Haus vor den Toren ist nur ein Beispiel für
viele leider ganz verlorene. Denn in den 40er Jahren wird zahlenmäßig
weit mehr draußen neu gebaut, wo die wohlhabenden Bürger ihre
Gärten mit Wohn- und Lusthäusern hatten, als in der inneren Stadt.
Vieles errichtete man nur von Holz, so daß es rasch zugrunde ging,
genug aber war aus Stein, besonders in den nächsten Straßen bei den
Toren, die in dieser Zeit allmählich dem städtischen Leben einbezogen
wurden. Daß von all diesen Bauten ebenso wie von den Leipziger
Gartengrundstücken so außerordentlich wenig übriggeblieben ist, wird
immer ein Schandfleck für den Kunstsinn Leipzigs bleiben. Denn auch
für die Architektur der Lusthäuschen und Pavillons in den Vorstädten
sind wir auf ein oder zwei Beispiele angewiesen.

Das eine ist seinem Zweck nach auch noch alles andere als ein Lusthaus. Daß es aber kraft seiner Bauformen unbedingt ihnen zugerechnet
werden muß, ist bezeichnend genug für den Geist der Epoche. Es ist
wieder ein Erbbegräbnis des Alten Johannisfriedhofs, die Sielandsche
Kapelle Schwibbogen 90, die von der Familie Jahn 1730[168] errichtet wurde. Genau wie die Gartenpavillons besteht der Bau aus einem
einstöckigen Zimmer mit Portal, zwei Fenstern und Mansardendach.
Über dem Tore sitzt ein Giebel, auf dem eine dekorative Figur steht.
Die Einzelformen sind uns wohl bekannt. Tür- und Fenstergewände
sind wie bei Kochs Hof in eine Fülle von Profilleisten und -stäben auf-
gelöst. Über den Fenstern sitzen dünne Akanthuskartuschen, und die
Verdachung des Tores kommt ganz ebenso beim Hause Johannisgasse 6
vor.

Hält sich dieses Kapellchen noch ganz in der Tradition des deutschen Barock, so steht sein Nachfolger schon im Rokoko, – diesmal ein wirkliches Gartenhaus, der P a v i l l o n , der jetzt im Hofe des Amtsgerichts auf der J o h a n n i s g a s s e (Abb. 79) steht: Ein einfaches Rechteck, mit der Rückseite ebenso wie die Gruftkapellen immer an eine Wand gelehnt gewesen, mit einer Tür, die von zwei Pilastern flankiert wird, und hoher, mit zwei Vasen geschmückter Attika. Über der Tür wird das Gesims der Attika durch eine kreisförmige Nische hochgetrieben, in der eine Büste steht – das alte Leipziger Motiv also auch hier noch. Als Sproß der Familie, zu der die Sielandsche Kapelle gehört, weist sich der Pavillon durch die Profilierung des Türgewändes aus. Doch trägt sie nicht nur eine Rocaillekartusche, die erste, die uns in Leipzig begegnet, sondern sie umschließt auch eine im Sinne des Rokoko geformte Türöffnung. Denn statt des einfachen Korbbogens schließt die Tür oben in doppelter Wellenlinie ab.

Mit solchen Formen stehen wir schon auf der letzten Stilstufe, mit der wir uns hier auseinanderzusetzen haben. Den Leipziger Bauten des entwickelten Rokoko gilt denn das folgende Kapitel.

VIII

Die Baukunst der 40er und 50er Jahre

Noch einmal ist es zunächst notwendig, zusammenfassend der Ergebnisse aus den beiden vorigen Abschnitten zu gedenken. Um die Mitte der 30er Jahre hatten wir zwei grundverschiedene Repräsentanten der Stilwandlung getroffen: das aus dem Dresdner Kunstkreise zu erklärende Hawskysche Haus und die um Kochs Hof und Werner angeordnete lokale Leipziger Gruppe. Beiden gemeinsam war das Ziel: die optische statt der plastischen Gesinnung, sich ausdrückend im Breiter-, Gelagerter- und Flacherwerden. Dabei blieb die Leipziger Gruppe in so vielem wie irgend möglich den barocken Prinzipien treu und kam dabei zu den weit wertvolleren Lösungen. Wohl niemals vorher schien die architekturgeschichtliche Lage in Leipzig so grundverschieden von der Dresdner, wie in diesem Augenblick, da in der Residenz bereits überall und mit der uneingeschränktesten Überzeugung das Rokoko im Sinne des französischen Rationalismus verfochten wurde. Und doch gehört auch in Leipzig dieser Richtung, die in den 30er Jahren noch ganz fehlt, die Zukunft. Alles Bedeutende, was zwischen 1740 und 1760 am Orte entstand, ist ihr zuzuzählen, während das Hawskysche Haus ohne Nachfolge bleibt und die heimisch-barocke Tradition, schon in Stieglitzens Hof sehr verarmt, immer schwächer wird und nur noch in der Tiefe weiter wirkt. Was Kochs Hof formal am klarsten von Knöffels Bauten der 30er Jahre scheidet, ist das verschiedene Verhältnis zum Dekorativen. Es ist bei Werner immer Hauptsache und Gipfelung, bei Knöffel nur Schmuck unbetonter Felder. Ehe Leipziger Bauherren und Baukünstler nicht von selbst zu dieser Umwertung kamen, war die Stadt für eine neue Beeinflussung aus Dresden nicht reif.

Die Richtung, die bewußt darauf zielte, setzt mit den 30er Jahren ein, gleichzeitig also mit den unauffälligeren Wandlungen, die in den vorigen Kapiteln zu analysieren waren. Ihr erstes Beispiel ist die neue Thomasschule (Abb. 80), die 1732 von Werner errichtet wurde. Das Gebäude ist, obwohl – von allem anderen abgesehen – durch achtzehn Jahre die Wohnstatt Johann Sebastian Bachs, noch vor einem Vierteljahrhundert schmählich abgerissen und durch die heutige Superintendentur ersetzt worden. Auf Photographien stellt es sich als fünfstöckiger Block ganz ohne Dekoration dar, nur mit einem Dacherker mit einfachem Giebel versehen. Nun muß man zwar nach alten Stichen zwischen zwei Fenstern einer Achse jeweils rechteckige eingetiefte Platten ergänzen, aber das ändert nichts daran, daß hier zum ersten Male bewußt mit der Schmucklosigkeit Ernst gemacht wird. Wenn es sich auch um einen Nutzbau handelt so hätte man doch noch kurz vorher wenigstens die Mittelachsen durch Verdachungen und Ornament bereichert. Die Bauherren – vielleicht nicht zufällig gerade hier Gelehrte und Humanisten – sehen nun davon ab und freuen sich der nüchternen Zweckmäßigkeit ihres Schulgebäudes.

Daß dies tatsächlich nicht etwa an Geldknappheit oder ähnlichem sondern an einem neuen Kunstwollen lag, beweist aber erst das entschiedene Bekenntnis zu diesem neuen Stil in dem Neubau eines der angesehensten der Leipziger Kaufherren, in Bernhard Christoph Breitkopfs Haus zum Goldenen Bären, Universitätsstraße 11 (L. 673, Reg. 118, Abb. 81), das nach 1732 begonnen, am 5. April 1736 bezogen wurde[169]. Die Dreistöckigkeit und überwiegende Breitenerstreckung des Gebäudes sowie das Fehlen des Erkers sind wir nun schon gewohnt. Aber so radikal auf alles Ornament hatte bisher doch nur der Neubau der Thomasschule verzichtet: Der Giebel des Dacherkers ist ganz einfach und ohne Füllung gelassen, fünf der Fenster haben gerade, sehr wenig vorkragende Verdachungen, die anderen beschränken sich auf die simpelste Rahmung. Gottsched hätte sich – in welchem Gegensatz zum Falle Bachs – keine passendere Wohnung wünschen können als diese.

Und sogar David Schatz, der sich noch in der zweiten Hälfte der 20er Jahre so energisch zum heimischen Barock bekannte, schwenkt in den 30er Jahren offenbar in die Bahnen eines nüchternen Rationalismus ein, wie das ehemals Wallwitzsche Herrenhaus Gepülzig (AH. Rochlitz, Abb. Seite 119) bezeugt, das er 1735 bis 37 oder 38 erbaute (vgl. Reg. 237–43). Die ursprünglichen Pläne, von denen Gurlitt im Inventar spricht, konnte ich nicht auffinden, doch hat sie Hans Fischer bei seinen Aufnahmen für die Technische Hochschule Dresden benutzt, die mir zur Verfügung standen. Wenn auch im Innern viel verändert ist, so wird doch schon in der Grundrißform der fundamentale Fort-

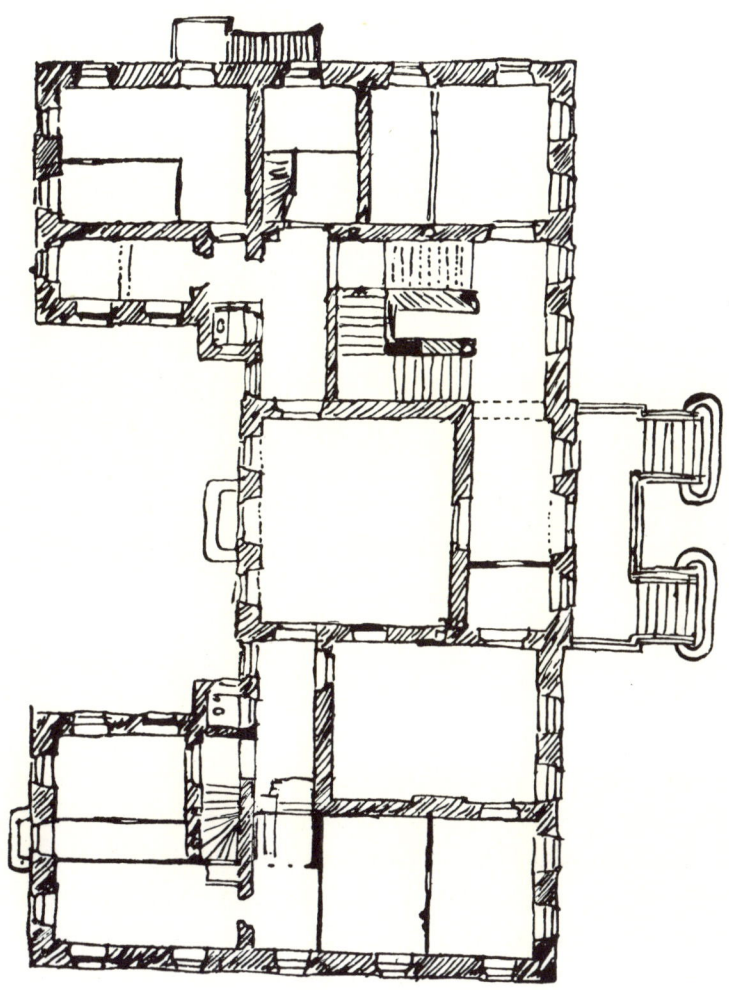

schritt evident. In Burgscheidungen fehlten noch Kabinette und Nebengelasse, einheitlich reihten sich die Zimmer nebeneinander und wurden
von einem durchlaufenden Korridor begleitet. Hier weisen schon die
vorgezogenen Seitenflügel des Gebäudes auf den Typ der französischen
Maison de plaisance. Die Fassade hat nur noch in der Terrasse und den
beiden nach dem Hofe führenden Treppen leise Anklänge an die Schlösser aus Schatzens Reifezeit, aber alles ist schon ins Eckige gewandelt
und ermangelt des ungezügelten Temperamentes. Sicher ist es eine bewußte Tat ethischer Kraft gewesen, als Schatz sich hier auf den ein-

fachsten Giebel, auf ein dünn dekoriertes Portal und simpelste Fensterrahmungen beschränkte – aber dieser neue Rationalismus mußte einem
so barocken Menschen innerlich zu fern liegen, als daß Bauten von
hohem Werte auf dieser Grundlage entstehen konnten.

　　Nur noch einmal tritt uns Schatz vor seinem Tode entgegen, als er
1745 mit Planungen, die nicht ausgeführt wurden, in die Gestaltung des
Schloßgartens von Zöbigker eingriff (Reg. 249, Abb. Seite 120). Offenbar
versucht er sich hier in den geschmeidigen Parterreformen des Rokoko –
und die Muster sind reizvoll genug, daß es zu bedauern ist, nichts sonst
aus dem letzten Jahrzehnt seines Lebens zu kennen. Vielleicht ver-
mochte ihm das ausgebildete Rokoko doch noch etwas zu bieten, was

seiner eigentlichen Veranlagung mehr entsprach, als die rein auf Harmonie der Proportionen gestellte Architektur des Knöffel-Stils. Von sonstigen Leipziger Gartenanlagen des Rokoko kommt nur ein geringes Bruchteil dessen, was einstmals vorhanden war, für uns in Frage. Der Homannsche Stadtplan von 1749[170] zeigt um die ganze innere Stadt eine Kette von Gärten, zum Teil von sehr großem Umfange. Ausnahmslos sind sie der Zeit und der rücksichtslosen modernen Stadtentwicklung zum Opfer gefallen, und auch in Abbildungen ist nichts erhalten außer den Umgestaltungen des Großbosischen Gartens unter dem Gärtner Joh. Ernst Probst. Ein Stich von 1746 zeigt die beiden Abteilungen für Gewächskübel neben den Parterres am Hause weggefallen und durch Rasen und geschweifte Terrassen ersetzt. Neunzehn Jahre später sind alle Parterres im Geschmack der neuen Zeit umgewandelt, selbst die des Orangeriehalbkreises. In dem Teil des Gartens oberhalb der Orangerie sind neue Fontänen angelegt worden, und der ganze große Baumgarten der linken Hälfte ist neu gegliedert, mit Rasen durchsetzt und mit einem neuen Gärtnerhause versehen worden.

Wenigstens zwei Vertreter einer neuen, ganz simplen Zweckgesinnung standen also in Leipzig schon vor 1740, und es war nicht anders möglich, als daß sich die immer noch zumeist der barocken Tradition treuen Leipziger Bau- und Mauermeister mit ihnen auseinandersetzten. Das geschah auf verschiedene Weise, je nachdem der Zweck oder die Zier Hauptabsicht war, und je nach dem Verhältnis der Mischung zwischen alten und neuen Elementen.

Ein paar solcher unentschiedener Häuser müssen hier angeschlossen werden, die für diese Verschmelzung von Leipziger Barock und Nutzbaugesinnung bezeichnend sind: Da handelt es sich zunächst — eine umfangreiche Bauaufgabe — um den 1742f. errichteten Neubau des Hauses Markt 14 (L. 171, Reg. 93, Abb. 77), das gegen Ende des 19. Jahrh. abgerissen wurde. An Höhe überragte es das benachbarte Stieglitzsche Haus um ein Beträchtliches, schon darin leipzigischer als dieses. Dazu hatte es den altüblichen konkaven Erker, der allerdings auf Ausbildung von Fenstergiebeln ganz verzichtete, und einen vierachsigen Dacherker mit zackig und kurvig konturiertem Fenster im Giebel. In der Gestaltung der Rücklagen dagegen richtete es sich nach dem System der Thomasschule und beschränkte sich auf einfache

Fensterrahmen und rechteckige Platten zwischen den Fenstern. Keinerlei Schmuck außer einem der typischen Leipziger Erker trägt auch das
1744–46 erbaute Haus Hainstraße 13 (L. 202, Reg. 29–30), und das
gleiche wird auch für den in denselben Jahren entstandenen Neubau
Burgstraße 14 (L. 145, Reg. 15a–b), gelten, der jetzt, durch eine
breite Jugendstildekoration fast zur Unkenntlichkeit verwandelt, nur
noch in den charakteristischen glatten Fensterrahmen der Obergeschosse ein Dokument seiner Erbauungszeit bildet.

Während diese drei Häuser allein aus der Verbindung der Leipziger
Tradition mit dem neuen Willen zur Sachlichkeit zu erklären sind,
herrscht bei den übrigen Bauten der Zeit nach 1740 der Einfluß des
Knöffel-Stils aus Dresden, der den Leipzigern erst die Augen über die
künstlerischen Werte öffnete, die der neue Zweckstil der 30er Jahre
verwirklichen könnte.

Das Meisterwerk dieses Stils in Leipzig war das Richtersche
Gartenhaus in der Gerberstraße (L. 1171, Reg. 19–21, Abb. 82),
das Kammerrat Joh. Christoph Richter 1743–44 durch den Mauermeister Friedrich Seltendorff und den Zimmermeister Christoph Döring,
Christians Sohn, errichten ließ und das unverantwortlicherweise 1895
ebenfalls abgebrochen wurde. In Seltendorff tritt uns zum ersten Male
der neben Werner wichtigste Leipziger Meister des Rokoko entgegen. Er
stammte aus Halle, kaufte sich 1727 in die Leipziger Zunft ein, legte
am 22. Juni 1729 sein Meisterstück[19] ab und starb erst am 4. Februar
1778. Bauten von seiner Hand fand ich seit 1731. Zu Bedeutung
und Beliebtheit kommt er aber erst mit dem Rokoko. Das Richtersche
Haus beweist eine intime Kenntnis des modernen Dresdner Knöffel-
Stiles, während Beziehungen zur Leipziger Landhausarchitektur, Schatzens Schlössern etwa, völlig fehlen. Gleich dresdnisch ist der Grundriß mit dem ganz neuen Rokokomotiv des ovalen Risalits, den vorgezogenen Flügeln und der Einordnung der notwendigen kleinen Gelasse in die Zimmerkomposition wie das System des Aufrisses mit Korb-
bogenfenstern im Erdgeschoß und rechteckig gerahmten Fenstern oben.
Im Risalit hat der Saal Rundbogenfenster. Über und unter den
Fenstern sind rechteckige Platten, genau so breit wie die Fenster mit
Rahmung, eingetieft, so daß sich über die ganze Fassade gleichsam ein
Netz von erhöhten Streifen und vertieften Feldern zieht. Das Haus ist

à la Mansart gedeckt, doch sitzt auf dem Ovalrisalit noch eine schmale, glatte Attika auf, die eine freiplastische Kartusche mit dem von Blumengirlanden und Putten umgebenen Monogramm des Erbauers trägt. Das einzige Dekorationsstück ist hier also an eine ganz unbelastete Stelle gesetzt. Die Kartusche hat schon die typischen zerfaserten Muschelteile der Rocaille, ohne noch unsymmetrisch zu sein. In jeder Beziehung entspricht dieser Bau den modernsten Idealen seiner Zeit. Der Grundriß ermöglicht bequemstes Wohnen und Repräsentieren, der Aufriß bescheidet sich mit den einfachsten tektonischen Erfordernissen, denen er einzig durch die ausgeglichenen Verhältnisse wohltuende Schönheit zu verleihen weiß. Nichts vom Leipziger Ornamentrausch, nichts vom plastisch-dynamischen Drängen ist übrig.

Mehrere Jahre vergingen, ehe dieses Haus eine würdige Nachfolge fand. Inzwischen baute man, wie wir sahen, immer noch in den gewohnten Formen des Leipziger Barock weiter. Erst 1748 wurde der große Neubau fertig, der den neuen Stil zum ersten Male auf die wichtigste Leipziger Bauaufgabe: das Wohn- und Handelshaus der inneren Stadt überträgt: der Hof und die Hintergebäude von Barthels Hof am Markt 8 (Hainstraße 1, Große Fleischergasse 2; L. 195, Reg. 82, Abb. 83). Das Vorderhaus wurde im alten Zustande belassen. Die Fassade nach der Fleischergasse ist nur schmal, und von der ganzen Schönheit des Gebäudes überzeugt erst der große, unregelmäßig geformte Hof, um den sich vierstöckig mit hohen Dächern in ganz gleichmäßiger Durchführung allerseits die Massen der Baulichkeiten erheben. Zweistöckige Dacherker bilden die einzige Hervorhebung der Mitten. Ihre herausragenden Kranarme lassen keine Unklarheit darüber, daß kommerzielle Zwecke ausschlaggebend waren. So fällt naturgemäß wieder jeglicher Schmuck fort. Was bleibt, sind die bekannten Elemente: Von der vordersten Ebene ist nur ein Gerippe lisenenartiger Streifen übrig gelassen, zwischen denen ganz hohe und schmale Felder eingetieft sind. In ihnen liegen die Fenster und die üblichen, wieder um ein weniges erhöhten rechteckigen Platten. Das System entspricht prinzipiell in sehr vielem dem des endenden 17. Jahrh., der Zeit vor dem Einsetzen des großen Leipziger Barock. Das Langhaus der Kirche von Hof z. B. arbeitete mit ganz entsprechenden Mitteln. Neu ist hier aber das entschiedene Vermeiden jeder Geltendmachung von Horizontalen durch Bänder und Gesimse und die Ausdehnung des Systems auf viel größere Flächen als damals. Das gibt dem Hofe das Kolossale und Emporziehende, das ihm wie keinem anderen eignet. Hier denkt man am lebhaftesten an Goethes erste Leipziger Eindrücke, als er die „himmelhoch umbauten Hofräume" „großen Burgen ... ähnlich" empfindet. Formal neu – über die Leipziger Nutzbauten hinaus – ist also das Lisenensystem, das gerade für Knöffels Stil sehr bezeichnend ist und bis ins einzelne genau wie an Barthels Hof z. B. beim Dresdner Palais Brühl von 1737–40[171] vorkam. Den Entwurf des schönen Werkes darf man wieder am ehesten Seltendorff zutrauen.

Neben diesen beiden höchst modernen und unter unmittelbarem Einfluß der Residenz entstandenen Bauten lebt nun aber immer noch unbewußt die kraftvolle, heimische, tief eingewurzelte Tradition des schmuckfreudigen Leipziger Barock, so daß sich die ganze folgende Entwicklung auf den Streit zwischen diesen beiden Tendenzen zurückführen läßt.

Ziemlich unvereint nebeneinander steht Altes und Neues am Haugkschen Hause Petersstraße 24 (L. 80, Reg. 109–109a, Abb. 84), das 1749–50 erbaut wurde. Die lange Fassade gegen die Sporergasse ist eine Nachbildung des Systems von Barthels Hof und wirkt ebenso ernst und gemessen wie dieser. Was dem unbekannten Leipziger Schöpfer des Hauses[172] aber nicht in den Kopf wollte, war, daß diese einfachste Art des Aufbaues auch einer Schauseite wie der gegen die Petersstraße würdig sein sollte. Hier gehörte seiner Überzeugung nach unbedingt der Mittelerker und das Figurenportal hin. So übernahm er beides und setzte es unbekümmert vor eine nach dem Lisenensystem aufgebaute Fassade. Was dabei zustande kommt, kann nur eine gegenseitige Schwächung beider Elemente sein.

Anders und viel fruchtbarer war die Durchdringung von Dresdner und Leipziger Prinzipien bei dem ehemaligen Schmidtschen Hause Markt 5 (L. 336, Reg. 79–81, Abb. 85). Als Erbauer nennt Barthels Häuser-Chronik Werner und Huth[173], das Datum des Neubaues 1748 bis 49 ist gesichert. Das prächtige Haus – um das es wieder ewig schade ist – bedeutet eine Weiterbildung des Typus mit zweiachsiger Mittelvorlage, wie ihn Katharinenstraße 5 und Reichsstraße 25 vertraten, im Sinne des Dresdner Stils. Aus Verdachung und Sohlbankdekoration ist

eine einheitliche quadratische Kartusche geworden, die freilich mehr
plastisches Volumen besitzt, als es in Dresden üblich ist. Auch das freie
Ausklingen des Dacherkers in eine große unsymmetrische Rocaille
kommt so bei Knöffel nicht vor. Wenn wir hier wirklich einen späten
Bau Werners vor uns haben, so legt er ein vorzügliches Zeugnis für die
Gestaltungskraft des Meisters ab, der den neuen Stil so persönlich mit
dem alten zu verschmelzen verstand.

Ähnlich und doch in gewissen Nuancen sehr anders ging Seltendorff
vor, als er für Gottl. Bernh. Zehmisch 1750 das Haus Katharinenstraße 21 (ehemals Nr. 29, L. 364, Reg. 59, Abb. 86) neu zu bauen
hatte. Das System der Fassade scheint zunächst uneingeschränkt dresdnisch, sowohl was die Lisenen- und Felderteilung, wie was die Ro-
caillefüllungen der Ornamentquadrate betrifft. Höchstens daß auch
hier die Kartuschen von maßloserer Komposition und stärkerem Relief
sind. Prinzipiell anders als in Dresden ist nur ein Negatives: Niemals
würde man dort bei einem fünfachsigen Hause alle fünf Achsen mit dem
gleichen Ornamentreichtum versehen haben. Stets wird vielmehr darauf
gesehen, zwischen Zentrum und Flügeln zu scheiden und jenes durch
die Zurückhaltung, die man diesen auferlegt, erst recht hervorzuheben.
Diese vernunftvolle, der Wirkungen wohl bewußte Anordnung gibt der
Leipziger zugunsten eines reicheren Lebens der ganzen Schauseite auf.
Es ist immer grundsätzlich dasselbe: Letzten Endes fehlt den Leipzigern doch der Sinn für die Schönheit ruhender Harmonie und glatter
Flächen.

Sowohl was die Hervorhebung der Mittelachse durch Verdachungen
wie was Lisenensystem und ornamentierte Füllungen angeht, steht
diesem Hause das sog. Alte Kloster, Klostergasse 5 (L. 162, Reg. 68
bis 69, Abb. 87), das 1753–55 erbaut wurde, nahe. Dagegen ist ihm
im Gesamtaufbau gerade das eigen, was jenem fehlte: die Gliederung
in Mitte und Flügel. Auch das Portal mit seinen gekuppelten Pilastern
trägt dazu bei, diesem Gebäude ein palaisartiges und schon dadurch
besonders dresdnisches Aussehen zu geben. Trotzdem sprechen Kleinigkeiten dagegen, es für das Werk eines nicht einheimischen Architekten
zu halten[172]. Weder würde man in Dresden der Verdachung des Mittelfensters im ersten Stock ein so selbständiges Vortreten gestattet haben,
das offenbar Leipziger Schulgut ist, noch pflegen dort so breite und

gewichtige Fassaden anders als in Attika oder flachem Giebel über der Mitte zu gipfeln. Der Ersatz durch einen Dacherker mit geschwungenem Oberkontur, Voluten und Girlanden ist dagegen die in Leipzig seit Generationen übliche Form des oberen Abschlusses einer betonten Mittelachse, die sich hier nur durch vereinzelte Rocailleformen zur neuen Zeit bekennt. Besondere Beachtung muß hier endlich wieder einmal einem Raumelement geschenkt werden: dem von alters in Leipzig so bedeutungsvollen Hof. Seine Form hat sich auf eminent bezeichnende Art gegenüber allen Vorbildern gewandelt. In Kochs Hof, dem letzten, der zu besprechen war, fand sich die wichtige Neuerung der Viertelkreisbögen, die in schon auf das Rokoko weisendem Sinne einen gleitenden Übergang von den Lang- zu den Schmalseiten bildeten. Das hat der Erbauer des Alten Klosters naturgemäß beibehalten. Doch besaß nun er als bewußter und überzeugter Vertreter von Rokokoprinzipien den Mut, die ganze Stellung des Hofes umzukehren und ihn in der Hauptausdehnung parallel zur Straße zu legen, so daß der Beschauer beim Betreten die eine Langseite vor sich hat. Anstatt also daß ihn, sobald er die Durchfahrt von der Straße her zurückgelegt hat, ein neuer Antrieb zur Tiefenbewegung erwartet, liegt die Haupterstreckung des Hofes, kaum daß er den gewünschten Blickpunkt erreicht hat, breit vor ihm, als Bild im malerischen Sinne, und unablösbar durch die Viertelkreisbögen mit den Schmalseiten verbunden. Hier hat auch dieses typische Leipziger Bauglied seine Vollendung im Zeitlaufe der Barockentwicklung erreicht.

Der Fassade des Alten Klosters eng verwandt ist das 1748—49 erbaute Hannsensche Haus Katharinenstraße 19 (ehemals Nr. 27; L. 365, Reg. 52—54, Abb. 88). Der Erbauer wird in den Akten nicht genannt. Auch indirekt läßt sich nichts Sicheres erschließen. Denn einerseits läßt derselbe Jobst Heinrich Hannsen 1739 seinen Schwibbogen auf dem Johannisfriedhof durch Seltendorff neu erbauen (Reg. 146), andererseits aber werden noch 1747 durch Werner und Huth Umbauten an dem Seitengebäude des Grundstückes selbst vorgenommen (Reg. 54) So muß die Stilkritik entscheiden. Dem Alten Kloster entspricht die Rhythmisierung der Fassade durch Gliederung in betonte und unbetonte Achsen und die Hervorhebung der Mittelachse sowohl durch Fensterverdachungen als auch durch einen Dacherker. Neu hingegen

ist das dritte und wirkungsvollste Mittel zum gleichen Zweck: der
Rückgriff auf das Leipziger Figurenportal sogar mit übereck gestellten
Pilastern. Freilich muß es um 1750 viel von seinem plastisch zusam-
menreißenden Charakter verloren haben, wie besonders die eminent
bezeichnende Neugestaltung der Figurenanordnung schlagend verdeut-
licht. Sie können nicht mehr mit dem Rücken an einen Erker gelehnt
werden, so verzichtet der Meister ganz auf diese Anordnung und läßt
die beiden gelagerten Frauen vielmehr die Gesichter einander zuwenden, so daß ihr Körperkontur nach außen, statt nach innen ansteigt.
Das hat einen entschiedenen Hinweis auf die Fassadenbreite statt auf
die mittlere Höhenachse zur Folge. Wie im Wiederaufgreifen dieses
Portaltypus, so ist der Erbauer des Hauses auch in den Einzelformen
besonders heimatverwachsen. Die Fensterverdachungen erlangen einen
über diejenigen am Kloster weit hinausgehenden Grad von plastischem
Leben, und der Dacherker gipfelt in einem beglückenden Exzelsior von
Rocaillegebilden, um die sich Putten in seligem Rausche schwingen.
Prinzipiell grundverschieden ist dieses Ausklingen von der Dachver-
zierung gewisser Dresdner Rokokobauten, und zwar ist der Gegensatz
derselbe wie zwischen den Trophées an den Fassaden dort und den
Rokokoverdachungen in Leipzig. In Dresden handelt es sich, wie wir
schon sagten, lediglich um die Verzierung von Füllungen oder tektonisch ganz gewichtlosen Stellen. Die Fassade ist durch die Attika
nach oben vollendet. Wenn man auf sie noch Kartuschen, Girlanden,
rundplastische Figuren stellt, so lassen sich diese ebensogut wegdenken,
ohne daß damit das Wesentliche des Kunstwerkes angetastet wird.
Anders hier: Die Rocaille an den Verdachungen wie an den Dacherkern
ist Exponent der Wand selbst, ist ihr unablöslicher, vital notwendiger
Teil, ja eigentlich Fleisch und Haut, die aus einem tektonischen Gerippe erst den lebenserfüllten Körper machen. In den Verdachungen
strebt die Wand nach außen, in den Rocaillen des Dacherkers nach
oben, immer erfüllt von jenem Triebe zu kraftvoller Ausdehnung, der
seit dem Romanushause keinem der großen Leipziger Werke fehlte.
Zwar, der Zeitgeist hat sich geändert. Die Kraft des Strebens hat nachgelassen, und die Bewegung ist nicht mehr vom Wunsche nach Durchdringung der Außenwelt erfüllt, sondern nur noch ein Hingezogen-
werden, eine passive Sehnsucht nach einem unbestimmten Außerhalb,

dem unendlichen Raume. An keinem anderen der Leipziger Rokokohäuser läßt sich die tiefe Verschiedenheit von Dresden so deutlich aufzeigen wie an diesem. Denken wir von ihm an das Richtersche Landhaus oder noch an das Nachbarhaus Katharinenstraße 21 zurück, die
von Seltendorff gebaut wurden, so ist der schöpferische Geist ein allzu
anderer, als daß man an den gleichen Meister denken könnte. So darf
man mit hoher Wahrscheinlichkeit Werner, den vermutlichen Erbauer
des ehemaligen Hauses Markt 5, das als einziges in einer ebenso un-
gebändigten Rocaille nach oben ausklingt, als den Schöpfer des Hann-
senschen Hauses betrachten, und gern wird man dem Meister von Hohmanns Hof und Kochs Hof ein so eigenes Rokoko zutrauen.

Ein letztes Beispiel des Leipziger Figurenportals schmückte das
1753 vollendete ehemalige Haus zum K u r p r i n z am Roßplatz,
von dem sich nichts erhalten hat als die kleine Reiterfigur des
Kurprinzen, jetzt über dem Eingang des neuen Hauses aufgestellt. Das
Gebäude war im übrigen nicht mehr als ein Nutzbau von wenig schönen
Proportionen. Dem Portal entsprach eine dreiachsige Vorlage mit dreiachsigem Dacherker und vielfach geschwungenem Rokokogiebel. Peinlich war das Verhältnis dieses engbrüstigen Risalits zu den breiteren
Seitenvorlagen. Und ganz trostlos saßen die verschieden großen Dach-
fenster in dem Mansardendach. Es ist kein großer Verlust, daß der
Name des Erbauers hier fehlt.

Dem Giebel des Kronprinzen verwandt, aber an künstlerischem
Werte bei weitem ihm überlegen sind die – an der gleichen, eigentlich
leichtesten Stelle mit Vasen besetzten – beiden Giebel des Schlosses
G o h l i s (Abb. 89 und Seite 129). Es wurde kurz vor 1756 für den
Handelsherrn Kaspar Richter erbaut. Akten habe ich nirgends ermitteln können. Das Schlößchen ist ein schmales Rechteck mit einem vorspringenden Mittelrisalit mit abgerundeten Ecken nach der Gartenseite
und zwei um eine Achse vorspringenden Seitenflügeln und einer eckigen Mittelvorlage nach der Hofseite. Der Bau ist nur im Mitteltrakt
zweistöckig. Das Mansardendach wird in der Mitte von einem Türm-
chen gekrönt. Die Grundrißgestaltung geht auf das Richtersche Landhaus in der Gerberstraße zurück, ist aber gegenüber diesem eher ver-
einfacht. Die Wohnräume liegen in einer Reihe auf der Gartenseite,
dem Hofe entlang läuft ein Korridor, und in den Seitenvorsprüngen

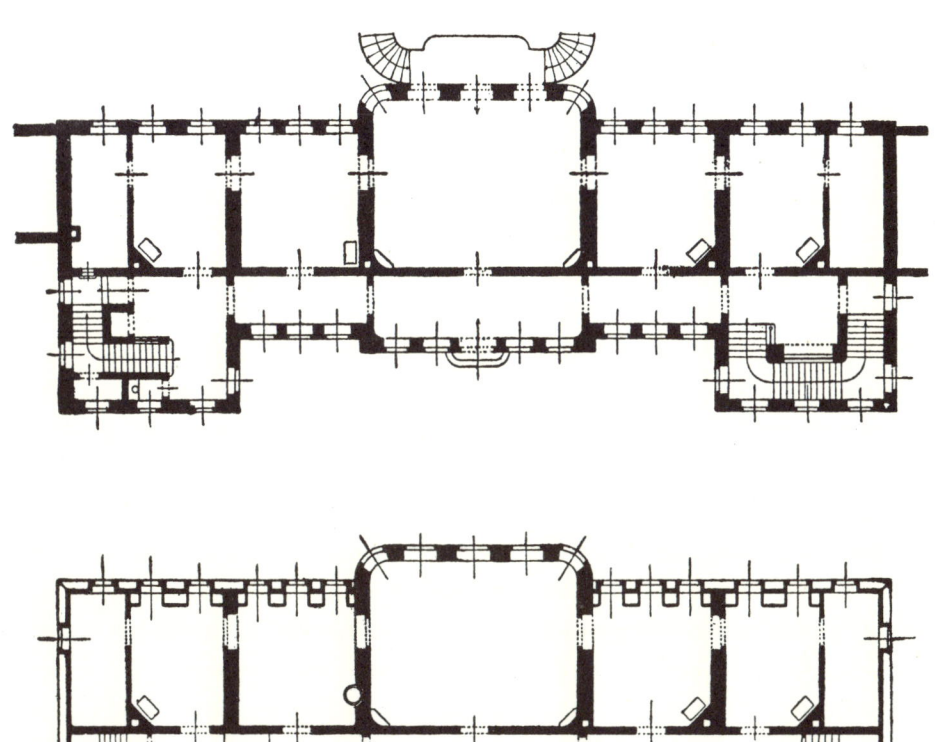

sind Treppen und Klosetts untergebracht. Das Äußere ist bis auf die
Giebel rein dresdnisch, auch in der Liebenswürdigkeit der Gesamtansicht
vom Gartentore aus, die kein Leipziger Gartenhaus erreicht. Die un-
organische Verbindung des Attikastreifens aber mit einem regulären
Giebel ist tektonisch viel zu mißverstanden, um in Dresden entworfen
sein zu können. Zudem hat die Kurve seines oberen Abschlusses nur
in Leipzig unmittelbare Parallelen.

Nur in Parenthese sei hier ein Fall eingeschoben, bei dem ein ganz
entsprechender Rokokogiebel von besonders viel Schwung und Feuer
einem Hause aufgesetzt ist, das durch nichts über den reinen Nutzbau

erhoben ist: dem jeder Gliederung und jeden Schmuckes entbehrenden Gebäude Brühl 6 (L. 356, Reg. 1), vollendet 1755.

Die Reihe der zuletzt betrachteten Häuser hat das Gemeinsame, daß sie eine Auseinandersetzung der Leipziger Kunst mit dem Dresdner Stil Knöffels bedeuten, im Verlauf deren die Leipziger Tradition immer an anderen Stellen, aber immer mit der gleichen Zähigkeit ihre Herrschaft behauptet. Neben den wenigen rein dresdnischen und diesen Werken, die das Moderne ebenfalls kennen und selbst modern zu sein wünschen, hält sich aber bis zum Ende unseres Zeitraumes unter den Leipziger Handwerkern das Aufbausystem der früheren Zeit auch ohne irgendwelche Veränderung durch unmittelbare oder mittelbare Dresdner Einflüsse. Naturgemäß handelt es sich da um kleinere Aufgaben, bei denen der Bauherr sich nicht an Werner oder Seltendorff, sondern an einen der geringeren Mauermeister wandte. In gewissem Sinne gehören zu dieser Gruppe auch die Häuser von reinem Nutzbau-Charakter, die im Zusammenhang mit Thomasschule und Goldenem Bären behandelt wurden. Doch gehen diese eben dadurch, daß sie auf deren Stil basieren, schon auf Prinzipien zurück, die erst den 30er Jahren angehören, während die hier folgenden die Schmuckfreudigkeit des ersten Jahrhundertviertels bewahrt haben, und sich fast nur dadurch zum Neuen bekennen, daß ihr Ornament von der Rocaille regiert wird. Von allen bisher behandelten Beispielen könnte also einzig der Gartenpavillon der Johannisgasse verdeutlichen, was hier gemeint ist und den Ausgangspunkt für das weitere bilden. In ähnlichem Sinne hält sich die von 1740 stammende Löhrsche Gruftkapelle Schwibbogen 89 (Reg. 145) auf dem Alten Johannisfriedhof mit ihren übereck stehenden Pilastern und dem Abschlußgesims außerhalb der neuen Entwicklung zur Sachlichkeit. Der bezeichnendste Fall unter den Bürgerhäusern ist das Haus Petersstraße 22 (L. 79) in seiner ehemaligen Form: eine dreiachsige Fassade mit dreistöckigem konkavem Erker. Die Fenster sind schmucklos und durch die üblichen Platten verbunden. Der Erker ist wie bei Fuchs und Schatz in Stockwerke geteilt, die durch sehr plastische und geschwungene Verdachungen geschieden werden. Sogar ein Schneppengiebel des böhmischen Typus tritt auf. Auch im Schatten der Verdachungen bewegt es sich mit nicht weniger Temperament als damals, nur daß eben das Ornament nun aus Rocailleformen besteht. Minder wertvoll, aber ganz verwandt ist das Haus Brühl 22 (L. 419, Reg. 6–7), das erst 1765 vollendet wurde. Es ist fünfachsig und ebenfalls mit dem alt-üblichen konkaven Erker versehen, der wieder durch Verdachungen in Stockwerke geteilt wird. Eine dem böhmischen Giebel sehr ähnliche, nur oben abgeplattete Verdachung hat der Dacherker. Das Rocaille-ornament ist dünner und schwächer geworden, wie es der späten Er-bauungszeit entspricht.

Ein Bau wie das ehemalige Haus Grimmaische Gasse 4 (L. 4) wird außer durch seine Ornamentformen auch durch die neue Ver-breiterung des Erkers in späte Zeit gerückt. Eine solche Aufgabe war früher dreiachsig gelöst worden, jetzt deckt der Erker die ganze Fas-sadenbreite und springt nicht konkav, sondern konvex gerundet vor. In jedem Geschoß dominiert dadurch die Breitenausdehnung, und gleichzeitig leiten die Bögen der Erkerschmalwände zu den benach-barten Häusern über und fügen die Fassade in den Straßenzug ein. Dasselbe ist es endlich bei dem 1755 erbauten Hause Thomasgasse 5 (L. 109, Reg. 116), bei dem es sich um die Ausgestaltung einer breiteren Fassade handelte. Zum ersten Male in Leipzig kommt der Meister hier zu der Lösung mit zwei Erkern, beide breiter als ortsüblich. So wird hier nicht nur wie beim vorigen Hause durch Form und Breite des Erkers jede Konzentration vermieden, und der Beschauer auf die Per-zeption der kontinuierlichen Breite gewiesen, sondern auch noch durch die Anordnung der Erker die Mittelachse bis zu völliger Ohnmacht ge-schwächt.

Diese Gruppe kleinerer Leipziger Rokokohäuser führte in einem Fall bereits bis zum Jahre 1765. Damit stehen wir an der Grenze des hier zu erörternden Zeitraumes, am Ende der Barockarchitektur. Auch die große und repräsentative Baukunst vollendet 1765 ihr letztes umfang-reiches Werk in Leipzig, den Silbernen Bären (L. 660, Abb. 90), das neue Breitkopfsche Haus in der Universitätsstraße, das unter völliger Nichtachtung seines kunstgeschichtlichen und kulturgeschicht-lichen Wertes ebenfalls wie so viele andere einem hoffentlich doch nun bald überwundenen Vandalismus zum Opfer fiel. Das Gebäude war ein großer Block von 11 × 8 Achsen Front. Die Langseite wurde durch gekuppelte, sehr flache Pilaster mit freien konsolenartigen Rokoko-kapitellen in drei Teile zerlegt. Die Schmalseite flankierten ebensolche

Pilaster, während die beiden Mittelachsen durch Portal, Korbbogenfenster und Verdachungen mit flauem und spätem Rocailleornament
hervorgehoben waren. Im Dach entsprach ihnen sogar ein Dacherker.
Man sieht, es fehlte trotz des Lisenensystems und der in Leipzig un-
üblichen Pilaster auch hier nicht an örtlich bedingten Zügen. Aber sie
sind nur als gewohnte Formen übernommen, ohne noch lebendig durch-
fühlt zu sein. Das ganze große Haus ist von kühlerer Wirkung als irgendein anderes der bedeutenderen Rokokobauten Leipzigs.

Der Grund dafür liegt ohne Frage darin, daß 1765 auch in Leipzig
die Zeit wirklicher innerer Teilnahme am Barock vorbei war – später
immerhin als in den meisten Gebieten in Deutschland nördlich der
Mainlinie. Auch ein gewichtiger äußerer Grund für das Versiegen gerade
in diesen Jahren fehlt nicht: Der Siebenjährige Krieg mit den unendlichen wirtschaftlichen Plagen, die der Große Friedrich über die Stadt
brachte, hemmte zum ersten Male die Architektur mit Entschiedenheit.
Die Neubautätigkeit nimmt ab, ja sogar der Wert der Häuser sinkt
erheblich. Das schöne Haus Katharinenstraße 19, das nach vollendeter
Errichtung 1749 auf 60 000 Taler Baukosten geschätzt wird, ist alles
in allem 1759 nur noch 43 500 Taler wert. Und in einer Baubesichtigung vom 23. Februar 1763 heißt es sogar ausdrücklich zur Begründung
einer niedrigen Einschätzung „in Betrachtung der ietzigen Zeiten".
Nachdem sich Leipzig von diesen Schlägen erholt hat, ist es mit der
barocken Tradition eingegangen. Neue Künstler sind in die Stadt gekommen, neue Bürger herangewachsen. Diese Übergangsjahre sind es
gerade, die uns durch Goethes Leipziger Studienjahre besonders lebendig sind. Man lebt noch in den Formen des Rokoko, aber der junge
Student fühlte doch, daß das Wertvollste ihm nicht aus dessen Kultur
zuströmen konnte. So war sein eigentlich fördernder Lehrer in Leipzig
Oeser, der 1763 zum Direktor der neu gegründeten Kunstakademie
ernannt war. Er, den Winckelmann seinen einzigen und beständigen
Freund nennt, war für unsere Stadt der Apostel des Klassizismus. Mit
seinem Eintreten in die Kunst Leipzigs hat der Barockstil ausgespielt.
Ihm zur Seite stand schon seit 1763 an der Akademie der mit Goethe
genau gleichaltrige Architekt Johann Friedrich Dauthe, der Meister
des alten Gewandhaussaales (1780–83) und des Innern der Nicolai-
kirche (1784ff.)[174], dessen Berufung an die Spitze des Leipziger Bau-

wesens als erster Baudirektor auch in der Architektur dem Klassizismus zum endgültigen Siege verhilft. Die große Zeit der bürgerlichen Architektur lebt damit nicht wieder auf, aber erst in diesem letzten Jahrhundertviertel kommt es zu bedeutenden und wertvollen Neu- und Umbauten öffentlicher und kirchlicher Gebäude. Denn eine wie geringe Bedeutung diese für die Leipziger Kunstentwicklung des Barock-Jahrhunderts gehabt haben, geht daraus hervor, daß wir sie ruhig im Laufe der ganzen bisherigen Darstellung beiseite lassen konnten. Erst jetzt, nachdem der Verlauf vom Anfang bis zum Ende bekannt ist, soll ihnen noch eine kurze Betrachtung gewidmet sein.

IX

Kirchen und öffentliche Gebäude

Erst seit dem Bau der Alten Börse floß der Barockstil in Leipzig in breiterem Strome. Um diese Zeit beginnt sich neben dem städtischen auch der kirchliche Baueifer zu regen, für den das beste Ausstattungsstück der Barockzeit in einer Leipziger Kirche ein erstes Zeugnis ablegt: der Fürstenstuhl der Thomaskirche (Abb. 91)[175]. Er wurde nach Vogel am 9. Juni 1684 „zu bauen angefangen" und war am 4. Oktober vollendet. Johann Caspar Sandtmann, der ihn schuf, ist der gleiche, dem der Statuenschmuck der Börse anvertraut war. Das Temperament dieser Figuren, wie besonders die Anordnung der Waffen, gefesselten Gefangenen, Fahnen und Draperien weist deutlich auf Norddeutschland und das niederländische Einflußgebiet hin. Man vergleiche etwa Werke des Quellinus-Stiles, wie das Sparr-Grabmal von 1666 in der Berliner Marienkirche. Freier, schöner, dekorativer und unklassischer als dem niederländischen Stil entsprach, ist nur der Aufbau mit den dicken Palmbäumen, der das Monument über den Durchschnitt erhebt[176].

Derartige Einbauten von Logen und Emporen in die Kirchen beschäftigen die Zimmerleute um diese Zeit öfters und in den Jahren lebhaftester Baulust auf allen Gebieten, dem Anfang des 18. Jahrh. bezeichnenderweise besonders häufig[177]. Doch ist von alledem wenig künstlerisch bedeutsam, und selbst von den größeren Unternehmen infolge der verbrecherisch verständnislosen Erneuerungen 1877ff. auch nicht das mindeste übrig. So wurde damals in der Thomaskirche selbst die 1707 hoch im Triumphbogen schwebend angebrachte Loge, das Schwalbennest, beseitigt, obwohl sie auch musikgeschichtlich für die Frage der Aufführungsweise Bachscher Chorwerke von nicht geringer Bedeutung war. Der Neuen Kirche erging es nicht besser. Der interessante und reizvolle Raum, der statt der Ostrichtung der gotischen Kirche nach Süden auf die Kanzel zu orientiert war, so daß dem neuen Geschmack gemäß die Haupterstreckung die Breite wurde, wurde durch einen nüchternen und erschreckend flauen Inneneindruck des

19. Jahrh. ersetzt. Auch von den Emporen, deren vegetabilischer Schnitzschmuck den Leipziger Erkern und den Motiven in Senckeisens Seulenbuch ähnelte, wurde nichts geschont. Ebenso haben die Innenräume der übrigen Leipziger Kirchen unter den Händen dieser barbarischen Erneuerer unwiederbringlich einen großen Teil ihrer Reize verloren.

Was damals außen an den Kirchen neu gebaut wurde, erlitt ein gleiches Schicksal. An der Thomas- und Nikolaikirche entstanden immer wieder Privatkapellen, von deren Bau Vogel[178] berichtet (vgl. Reg. 156–161). Gleichzeitig mit der inneren Renovierung der Neuen (Matthäi-) Kirche wurde 1698–99 außen eine Vorhalle angebaut, die wenigstens in Photographien überliefert ist (Abb. 92). Der schmale Raum entspricht durchaus dem herrschenden norddeutschen Geschmack. Er scheint besonders durch brandenburgische Bauten in der Art Nerings inspiriert zu sein, was man an der Vorlage mit ihren toskanischen Pilastern, dem dorischen Gebälk und dem schweren Segmentgiebel sowie an der Gliederung der Rücklagen durch Lisenen ersehen kann. Als Architekten des Baues hören wir den Namen des Handelsherrn, Polnischen und Kursächsischen Rates und Bürgermeisters Georg Winckler (1650–1712). Offenbar handelt es sich hier wirklich einmal um einen Fall, wo der Bauherr – denn Winckler war Vorsteher der Kirche – ausschlaggebend war. Wenigstens spricht genug dafür: Nicht nur, daß ein etwa gleichzeitiger Stich im Stadtgeschichtlichen Museum ihn nennt, so unterscheidet sich auch stilistisch der Bau durchaus von den gleichzeitigen Leipziger Werken wie der Feuerkugel oder dem Ballhaus. Nach Vollendung des inneren Ausbaues wurde 1702–03 auf das Dach ein Turm aufgesetzt[179]. Schmidt und Fuchs werden als Erbauer genannt, doch ist auch hier Zusammenarbeit mit den Bauherren vorauszusetzen. Herr Baurat Mothes ersetzte auch diesen Bauteil durch einen neugotischen Dachreiter eigener Erfindung. Der quadratische Turm mit flacher Pilastergliederung und klassischem Giebel an jeder Seite endete nach oben in einer lebhaft geschwungenen Haube und Spitze, die ich Fuchs eher als Winckler zutrauen möchte, um so mehr als ihre immer zierlicher werdende Kurvatur des Aufstiegs in keiner Weise dem Formgefühl der Vorhalle entspricht.

Ganz gleichzeitig mit dieser Turmhaube wurde die des Thomasturmes erneuert[180]. Sie ist aus dem Achteck entwickelt, und Fuchs, der mit Schmidt auch hier die Ausführung hatte, schließt die Mauer jeder Seite wieder mit Giebeln und läßt eine einfache Haube mit schmaler Laterne folgen. Einzig die Spitze mit ihrem zweimaligen steil-konkaven Schwung ist Geist vom Geiste des Romanushauses und der Dresdner Schloßplanungen[181]. Diesem Turm steht nun wieder stilistisch der gleichzeitige des ehemaligen G e o r g e n h a u s e s (Abb. 93–94) sehr nahe. Das Zucht- und Waisenhaus, das seit 1700 unter diesem Namen am östlichen Ende des Brühls erbaut wurde, verdankt seine künstlerische Gestaltung einer ähnlichen Verbindung von Bauherr und Handwerker, wie die Neue Kirche (s. Reg. 125–29). Der Entwurf zu den übrigens erhaltenen Plänen[182] soll von Georg Bose, dem Vorsteher der Anstalt, herstammen. In der Tat stimmt der rein holländische Stil des großen Hauses, das auch Pitzler sich in sein Reiseskizzenbuch einzeichnete[183], mehr zu dem Mäcen Leonhard Christoph Sturms als etwa zum damaligen Ratsmaurermeister Fuchs. Ja, es scheint sogar recht gut denkbar, daß Bose sich für die Planungen mit dem damals in Frankfurt a. d. O. lehrenden Sturm in Verbindung setzte, und wir damit noch ein Werk hätten, das diesem unmittelbar zugehört. Das große Gebäude ist ein einfacher Zweckbau, dessen einzige Zier der fünfachsige Mittelteil mit seinem Eingangsgewölbe, der zweiarmigen, zweiläufigen Treppe und außen den genuteten Eckstreifen, dem Portal mit den toskanischen Pilastern und dem dekorierten Giebel bildet. Portal und Giebel sind am ehesten mit der Vorhalle der Neuen Kirche zu vergleichen, also auch einem Werk öffentlicher Baukunst.

Auf diese Gruppe folgt als Vertreter des Stiles von 1700 der Entwurf zum Rosenthalpalais von Naumann, den wir in seiner Stellung innerhalb der Leipziger Entwicklung schon kennengelernt haben. Wie das Romanus- zum Aeckerlein-Hause, so verhalten sich zum Rosenthal-Palais zwei kleine kirchliche Neubauten der Zeit um 1710: die künstlerisch wertlose ehemalige k a t h o l i s c h e K a p e l l e im Hofe der alten Pleißenburg, die 1710 geweiht wurde und in einem Profanbau so eingeschoben war, daß nur ihre Portalachse, die Ecke des Hauses abschneidend, heraustrat, und die ehemalige P e t e r s k i r c h e , die, lange verfallen und als Kalkhütte verwendet, 1710–12 erneuert wurde (s. Reg. 170–74). Nur die hübsch ornamentierten Verdachungen über den

beiden Türen und den hohen, schmalen Fenstern legen Zeugnis vom
Geschmack der Erbauungszeit ab.

Für den Stil Dörings fehlt es in der öffentlichen Architektur an Beispielen, was nicht wundernehmen wird, wenn man bedenkt, daß ein
amtlicher Stil stets dem Offiziellen, Gemäßigten, Klassizistischen mehr
zuneigen wird, als dem extrem Bewegten und Hemmungslosen. So wird
in jener Phase tektonischer Beherrschtheit um 1720, da uns auch in der
Schloß- und Stadtarchitektur ein erneuter Einfluß des Dresdner Hofstils
aufgefallen war, die Beziehung zu Dresden in der öffentlichen Baukunst
eine besonders nahe und aufzeigbare. Das Reithaus (Abb. 95–96),
etwa an der Stelle gelegen, wo jetzt die Kulissenlager des Alten Theaters
sind, wurde 1717–18 durch den Ratsmaurermeister Adam Jacob errichtet (Reg. 177–81). Die Zeichnungen dafür mit verschiedenen Vari-
anten bewahrt das Ratsarchiv[184]. Der lange, schmale, einstöckige Bau
war durch ein schlankes Blendbogensystem gegliedert, das an den
Ecken und der Vorlage der Längsseite genutet war. Der Ansatz des
Mansardendaches mit seinen zwei Dachstockwerken lag genau in der
Mitte der Höhe des ganzen Gebäudes. Die Hauptzierde bildeten die
beiden hohen Giebel über den Toren der Lang- und Schmalseiten, in
der Form den Leipziger Dacherkern der Zeit nicht unähnlich und mit
Trophäen um das zentrale Rundfenster versehen. Der Bau hat, weder
was die Qualität, noch was den Stil betrifft, etwas, was nicht bei Jacob
gut möglich wäre. Doch verpflichtet der Kontrakt ihn ausdrücklich
zur Ausführung „nach dem disfalls ihm vorgezeichneten Risse", und
da sich 1719 Johann Christoph Naumann, der schon einmal planend
in die Leipziger Baukunst eingegriffen hatte, mit einem Änderungsvorschlag für die innere Galerie der Eingangsseite an den Obervogt
Senckeisen wandte, so wird Gurlitt im Recht sein, ihm den Entwurf
des Reithauses zuzuschreiben.

Ist hier eine Dresdner Planung wahrscheinlich, so ist sie für den
nächsten und weitaus schönsten städtischen Bau in Leipzig sicher und
nachweisbar. Ich spreche vom Peterstor (Abb. 97–99), das 1722–23
am Südende der Petersstraße nach den erhaltenen Plänen Pöppelmanns erbaut[185] und empörenderweise 1860 gleichfalls abgebrochen
wurde. Es ist erschreckend, wenn man Abrechnung hält, welchen Kunst-
besitz Leipzig sich gerade in den Jahrzehnten der entstehenden und

sich entwickelnden Kunstwissenschaft ruiniert und vernichtet hat:
öffentliche Bauten wie das Peterstor und die Thomasschule, so gut wie
das ganze barocke Inventar der Kirchen, Landhäuser wie das in der
Gerberstraße und das am Löhrsplatz, Bürgerhäuser wie Deutrichs Hof
und das Königshaus, wie den Silbernen Bär und die Gebäude am Markt 5
und in der Katharinenstraße 12, um nur die schwersten Sünden zu
nennen. Keine Forderung der Stadtentwicklung kann entschuldigen,
was da geschehen ist, ebensowenig wie irgendeine geschäftliche Forderung entschuldigen kann, was noch heute überall an Verschandelung
der Fassaden durch Reklameschilder und Reklamekästen verbrochen
wird und in den Abbildungen dieses Buches als betrübliches Wahrzeichen eines hoffentlich nicht mehr lange währenden Mangels an künstlerischem Verständnis für die höchsten architektonischen Werte der
Heimat festgehalten werden mußte.

Die Außenseite des Tores hatte, alter italienischer Tradition gemäß,
nur ein rustiziertes Erdgeschoß, über dem die in der Mitte stark über-
höhte Balustrade aufstieg, als eigentliche Front war vielmehr die nach
der Petersstraße weisende Innenseite ausgebildet. Auch sie war drei-
geteilt, aber die Durchfahrt war hier von den mit hochrechteckigen
Fenstern versehenen Seitenteilen durch gekuppelte Pilaster geschieden,
über denen sich das durchgezogene Gebälk verkröpfte und zwei stattliche Wappenkartuschen trug. Das Attikageschoß hatte im Mittelteil
eine Inschrifttafel, über der eine sehr freie Kartusche in den Dreieckgiebel überleitete. Die Rücklagen hatten quadratische Fenster. Über
dem ganzen stand wieder ein Mansardendach mit hochovalen Lukarnen.
So weit nur kann eine Beschreibung die Vorstellung des unendlich reiz-
vollen kleinen Bauwerkes vermitteln, die Leichtigkeit und Abgewogen-
heit aller Verhältnisse wie die feine und edle Gliederung des Reliefs
muß dem Worte unzugänglich bleiben.

Die ersten Entwürfe Pöppelmanns – mit den eingefügten Figürchen
ungemein geistvoll und pointiert gezeichnet – unterscheiden sich nicht
unerheblich von der nachherigen Ausführung. Besonders der eine von
ihnen ist von viel energischerer Aktivität erfüllt, indem die Seiten-
fenster durch Durchgänge, die Pilaster durch gekuppelte toskanische
Vollsäulen ersetzt werden. Der andere, wohl spätere, hat zwar schon
die Pilaster mit der Ausführung gemein, stellt sie aber derart übereck,

daß der Winkel sich beiderseits nach dem Haupttor zu öffnet. Gerade diese Reduktion zu einem lebloseren Rationalismus, die zwischen den Entwürfen und der Ausführung liegt, verleiht dem Werk eine besondere historische Bedeutung sowohl im Rahmen von Pöppelmanns, wie in dem der Leipziger Entwicklung. Was Pöppelmann betrifft, so wird man ja hoffentlich bald durch das Erscheinen des schon genannten Buches von Döring über seine künstlerische Entwicklung klarer sehen, als es bisher das von Sponsel zusammengetragene Material erlaubt. Eine Hauptschwierigkeit für die Erkenntnis seines persönlichen Stiles ist die Tatsache, daß auch seine Werke fast stets in der kollektivistischen Bauweise des 18. Jahrh. entstanden, in Zusammenarbeit mit Karcher, mit de Bodt, mit Longuelune. Um so wertvoller ist es nun, im Peterstor ein Werk zu haben, das ohne alle fremden Zutaten Pöppelmanns Stil gerade in jener Zeit zeigt, als er die grundsätzlich bedeutsamste Wandlung durchgemacht hat. Auch der Meister des Zwingers bekennt sich hier zum Geiste des französischen Rationalismus, von dessen Dominieren im Dresden der 20er Jahre mehrfach zu sprechen war. Die Krise muß sich bei Pöppelmann schon sehr früh, schon um die Mitte des zweiten Jahrzehnts abgespielt haben; denn schon sein damals entstandener Entwurf für das königliche Schloß in Warschau [186], der in der Gliederung und Raumanordnung noch den ganzen Glanz Pöppelmannscher Phantasie aufweist, zeigt in den Einzelformen dem Zwinger gegenüber eine gewisse Mäßigung und Annäherung an französische Gepflogenheiten: so etwa in den Flügeln mit den rundbogigen Sockelfenstern und der Dekoration mit Trophäen im ersten Geschoß, vor allem auch in den schon dem Dresdner Blockhaus ähnlichen Pavillons. Die für die Wandlung entscheidenden Eindrücke wird die Pariser Reise 1715 gebracht haben. Wohl entstanden noch nach der Rückkehr gerade die lebenstrotzenden Teile des Zwingers, der Wallpavillon und der Torpavillon, – aber die „modernere" Kühle der französischen Kunst muß doch weitergewirkt haben und drängt sich öfter und öfter an die Oberfläche. Allmählich verschwinden die Kühnheiten der Grundrisse, ohne daß Pöppelmann dadurch je in Trockenheit verfiele, und am Peterstor beschränkt er sich in der Hauptsache durchaus auf das tektonisch und funktionell Erforderliche. Sogar ein so klassizistisches Motiv wie der Metopenfries ist verwendet. Immerhin halten auch hier die schwungvollen Wappenkartuschen und der Kragstein der Durchfahrt mit dem behelmten Frauenkopf jeden Gedanken an akademische Absichten fern. Es ist – und damit kommen wir zur Bedeutung des Werkes für Leipzig – dasselbe, was wir anläßlich der Schloßbauten Schatzens aus dieser Zeit zu sagen hatten: jene den 20er Jahren spezifisch eigene Vereinigung von tektonischer Gemessenheit und Würde mit lebhafter plastischer Gliederung. Erst nach Besprechung des Peterstores wird der Ursprung dieses Stiles bei Schatz ganz klar: Ein Bauglied wie die Einfahrt in das Schloß von Burgscheidungen, besonders jener Entwurf, der nur eine Öffnung vorsah, ist ein unmittelbarer Abkomme des Peterstores. Freilich ist Schatz stets um eine Nuance plastischer und bewegter – wie das besonders der Kragsteinkopf deutlich macht: Während er bei Pöppelmann Zierform auf dem tektonischen Glied ist, ersetzt er es bei Schatz, was eminent bezeichnend für Leipzig ist.

Der Bauzeit und der Kunststufe von Reithaus und Peterstor gehören drei Kirchen an, die von Leipzig aus entworfen wurden. Schatzens St. Salvatorkirche in Gera ist die früheste. Sie wurde am 24. August 1717 begonnen, auf Schatzens „alleiniges Angeben und Gutbefinden auffgeführet" und am Heinrichstag 1720 geweiht. Der Stadtrat war mit der Bauführung nicht zufrieden und bemängelte Sprünge, die sich schon 1723 zeigten. Er wollte daraufhin Schatz eine Nachforderung von 134 Taler für seine Entwürfe nicht bewilligen. Die Korrespondenz ist im Geraer Ratsarchiv erhalten, der Ausgang des Streites aber unbekannt[187].

Die Kirche ist ein großer schlichter Saal mit einer auf drei Seiten umlaufenden Empore. An der Eingangswand ist ihr eine zweite Empore beigefügt, ebenfalls von der abgetrennten Vorhalle aus erreichbar. Die geradegezogene Chorwand ist mit einem protestantischen Kanzelaltar versehen. Die Langseiten sind durch nur bis zur Höhe der Saalfenster geführte kapellen- oder logenartige Anbauten verbreitert, die im Erdgeschoß größtenteils vom Hauptraume abgeschlossen, im ersten Stock dagegen geöffnet sind. Wirkungsvoller als das Innere ist — typisch leipzigisch! — das Äußere des Baues. Die Überwindung des sehr erheblichen Höhenunterschiedes zwischen dem Gelände der Kirche und dem vor ihr liegenden Platz vermittelt eine hohe, zweiläufige Freitreppe — das wesentlichste Schmuckstück

der eintürmigen, im Verhältnis zur Höhe recht schmal wirkenden
Fassade, die nach einem Brande in den 80 er Jahren des 18. Jahrhunderts ausgiebig erneuert werden mußte. Jede der Langseiten ist
infolge der genannten Anbauten zweistöckig gegliedert und endet
jederseits in eine dreiachsige und dreistöckige Vorlage. Die Wirkung
dieser Trakte, über denen dann erst zurückliegend die hohen rundbogigen Fenster der Kirche auftauchen, ist durchaus sachlich, bürger-
lich und unkirchlich.

Etwa aus der gleichen Zeit stammt die 1718 geweihte Gautzscher
Kirche. Der Bauherr Wolfgang Jöcher und die Lage unmittelbar
bei Leipzig machen es sicher, daß ein Leipziger Meister sie erbaute[188].
Wer es war, darüber schweigen die Quellen. Das Innere mit saal-
artig von zwei Emporen umgebenem Langhaus und polygonalem
Chor ist einfach, geräumig und nüchtern. Querschiffartig schließen sich
rechts und links zwischen Langhaus und Chor Herrschaftskapellen an.
Auch das Äußere von Chor, Langhaus und Logen geht nicht über das
Notwendige hinaus. Die Kanten sind durch Lisenen betont. Das Kalte
des Eindrucks wird noch durch eine Erneuerung unterstrichen. Über
diesen Nutzbau-Charakter erhebt sich nur die künstlerische Qualität
des Turmes, der schlank und schmal aufsteigt. Sein quadratischer
Unterbau und auch noch das Achteckgeschoß halten sich im Stile der
Langhauswände. Doch wird schon das Abschlußgesims dieses Stockwerkes lebendiger. Die kreisförmige Turmuhr treibt auf jeder Seite die
Mitte des Gesimses rundbogig in die Höhe. Darüber folgt die bauchige
Haube, eine sehr schmale Laterne, wieder von einer Haube gedeckt,
auf der wieder eine zierlichere Laterne aufsteht. Der obere Abschluß
schwingt in konkaven und konvexen Kurven zur Spitze in der Turm-
fahne zusammen. Diese Zierlichkeit und Leichtigkeit bedeutet einen
entschiedenen Schritt über die Stufe der Türme von 1700 hinaus. Sie
ist eine Fortentwicklung im Sinne des deutschen Barock, während die
Gestaltung des übrigen Äußern und des Innern dem Geiste des Rationalismus entsprechen, der auch am gleichzeitigen Reithaus bemerkbar war.

Acht Jahre später hatte wieder Schatz einen Kirchenbau zu errichten: die Dorfkirche von Calbitz bei Oschatz[189]. Er entwarf für den
Kirchenpatron Caspar Heinrich v. Benneckendorf die Pläne Anfang

1724, die Kirche wurde in der Hauptsache 1725 gebaut und wohl 1727 fertiggestellt (s. Reg. 119–121). Schatz hatte östlich von einem spätromanischen Westturm den Neubau aufzurichten: ein saalartiges Langhaus wie in Gautzsch mit zweigeschossigen Emporen, einen Chor mit kurvigem Außenkontur, und als Anbauten Logen mit Emporen darüber, die wie in Hof und Gautzsch das Querschiff vertreten. Die Decke ist einheitlich über Langhaus und Chor ausgespannt und wie auch die Wände neu getüncht. Diese Vereinheitlichung geht über Gautzsch hinaus, ebenso wie der Ersatz des klar übersehbaren Polygonalchores durch die verwischenden geschwungenen Konturen. Außer diesem natürlich auch für den Außeneindruck bedeutsamen Motiv bietet das Äußere nichts Bemerkenswertes. Das Langhaus hat jederseits drei hohe, ungerahmte Korbbogenfenster. Doch wird die ganze Wand, ebenso wie der ganze Chorabschnitt durch Pilaster flankiert, die in typisch sächsischen freigeformten Kapitellen enden. Sie sind zu flach und schmal, um irgendwie tektonisch wirksam zu werden. Das Querschiff ist wie bereits in Hof ganz selbständig gelassen und schon durch seine Zweistöckigkeit von der übrigen Komposition abgetrennt. Der hölzerne Hochaltar, ein höchst durchschnittlicher sächsisch-protestantischer Kanzelaltar mit übereck gestellten Säulen, ist ebenso wie zwei zugehörige, im Pfarrarchiv erhaltene Pläne, von Schatz entworfen. Auch die rechts und links von ihm postierten vorzüglichen Grabmalbauten stehen ihm nahe, wie schon die Köpfe der Konsolen beweisen, auf denen der ganze Aufbau mit Sarkophag, Genien, Pyramide und all dem szenischen Apparat der westlichen Plastik aufruht. Das Inventar datiert sie auf ca. 1750, ohne Grund, da der Stil völlig zu den Todesdaten paßt: Caspar Heinrich v. Benneckendorf starb 1729 und seine Gemahlin 1730. Der unbekannte Bildhauer hat sich übrigens mit seinen Anfangsbuchstaben I. E. S. A. an beiden Werken bezeichnet.

Außer diesen dekorativen Werken erinnert an der Kirche nichts an die hohen Werte, die Schatzens ganz gleichzeitige Schloßbauten aufweisen. Völlig im Gegensatz zu den Verhältnissen in Süddeutschland gilt es eben für Sachsen immer wieder, daß die kirchlichen Bauten an Bedeutung weit hinter den weltlichen zurückbleiben und stets durch strenge Zurückhaltung in der Raumgestaltung dem geistlichen Zweck dienen zu müssen glauben. Das trifft sogar bei dem Meisterwerk der

Dresdner Hofkirche zu und erklärt den Gegensatz zwischen Außen-
und Innenbau. Nur ein Werk der Leipziger kirchlichen Architektur
dieser Zeit scheint eine Ausnahme dazu zu bilden, doch ist es auch da
ein Bildhauer, der die barocken Tendenzen auf den Kirchenbau an-
wendet. Es handelt sich um die Neuausschmückung der Fassade der
an sich schon älteren Kapelle des Georgenhauses am Brühl
(Abb. 100). Paul Heermann war der Meister, zusammen mit dem italienischen Marmorario Fossati. 1726 wurden die Kontrakte geschlossen[190]. Sie betreffen die in schlechtem Zustand im Stadtgeschichtlichen Museum erhaltene Figur des Ritters Georg mit dem Drachen
über dem Tor, die geschwungene, aufgebrochene Verdachung darüber
und die auf ihr lagernden Gestalten von Pflege und Zucht. Heermann[191] (1673–1732) gehörte der Generation der Fuchs, Pöppelmann
und Permoser an und arbeitet hier durchaus in deren Geiste. Die einfache Wand mit den Tür- und Fenstereinschnitten wird durch die
plastische Bewegung der Figuren entwertet in einem Sinne, wie er am
ehesten dem zweiten Stil Dörings gemäß ist. Und in der Tat läßt sich
das Böhmische, das wir bei Döring nachweisen konnten, auch in Heer-
manns Entwicklung aufzeigen. Als Gehilfe seines Oheims Johann Georg
Heermann arbeitete er höchst wahrscheinlich an der 1685–1689 bzw. 95
geschaffenen prachtvollen Treppe des Schlosses Troja bei Prag mit,
der ersten Treppe, die jene extrem plastische Bewegtheit und Ver-
menschlichung aller tektonischen Form, wie sie dann an den Treppen
bei Pöppelmann und Schatz immer wieder festzustellen ist, nördlich
der Alpen vortrug[192]. Solche Eindrücke würden es verständlich machen,
daß er zu einer Zeit, als in Dresden der Rationalismus schon seinen
Einzug gehalten hat, noch so rein barock zu arbeiten und den Schmuck
einer Fassade ganz ohne jedes tektonische Gerüst zu bestreiten ver-
mochte. Um so organischer fügt sich der Bau Leipzig und seiner langlebigen barocken Tradition ein.

Um einige Jahre später möchte ich ein anderes dekoratives Werk
kirchlicher Baukunst ansetzen: das Westportal der Paulinerkirche
(Abb. 101)[193]. Wenn Gurlitt es auf etwa 1710 datiert und in Verbindung
mit dem inneren Umbau der Kirche bringt, so mag ihn die strenge
Bildung des Giebels dazu veranlaßt haben, dem in der Tat nichts um
1730 entspricht. Ebensowenig aber auch zu der Zeit, als Fuchs Aecker-

leins Hof erbaute. Hingegen weist die Form der Oberlichtfenster über den Seitentüren mit ihren Verdachungen und der Akanthusdekoration, die die Öffnungen umspielt, und die Vermittlung vom Kreis zum Quadrat vollzieht, auf ganz bestimmte Gebäude um 1730, nämlich die Rückseite von Kochs Hof und die Häuser Katharinenstraße 5 und besonders Reichsstraße 37 (1728), dessen sonderbare Portalform sich vielleicht durch eine Übernahme von dem neuen Paulinerportal erklären läßt. Mag sein, daß der strenge, weit vorkragende Giebel ein Schon und kein Noch bedeutet, wenngleich gerade in seiner Profilierung manches dagegen spricht, – jedenfalls steht das Kirchentor hart an der Grenze des Rationalismus in Leipzig, den wir erstmalig am Neubau der Thomasschule (1732) beobachteten.

Das Rokoko, das in der bürgerlichen Architektur gewiß keinerlei Abnahme der Bautätigkeit brachte, hat den Baumeistern an öffentlichen Aufgaben noch weniger geboten als die vorhergehende Zeit. Der einzige größere Bau ist das Gewandhaus in seinem Flügel gegen das Gewandgäßchen, also der Seite, in der seitdem die Stadtbibliothek untergebracht ist. Der Ausbau begann 1742[194], wurde aber nur zum kleinen Teil ausgeführt und blieb im Innern unvollendet liegen, so daß die Bücher erst 1755 herübergebracht werden konnten. Neubau-Absichten bestanden schon seit 1732, als der Ratsherr Christian Ludwig Stieglitz Baupläne vorlegte. Sie werden zunächst zurückgestellt, dann 1734 wieder vorgenommen, und es ist sehr wohl möglich, daß auch die ausgeführten Pläne auf Stieglitz zurückgehen. Es wäre dann das dritte Mal, daß wir bei öffentlichen Bauten die Kaufleute selbst im Rat als Planschöpfer hervortreten sehen. Immer wieder macht sich so die Notwendigkeit geltend, die Meisterfrage noch einmal im Zusammenhang zu erörtern.

Bei dem Entwurf zu einem Umbau des Rathauses, der sich im Ratsarchiv befindet und von dem Röhrmeister J. G. Huhn herrührt[195], brauchen wir uns nicht aufzuhalten. Er setzt den Ausbau des Rathausturmes schon voraus und wird etwa 1750 entstanden sein. Er gibt die Absicht zu erkennen, dem Turm einen zweiten, symmetrisch angeordneten gegenüberzustellen, zwischen beide ein Risalit mit Giebel aufzubauen und das ganze Gebäude um anderthalb Geschoß zu erhöhen. Was herauskommt, ist ein plumper und unproportionierter Klotz, der durch die zwei nun viel zu niedrigen Türme nur um so ungefüger wirkt.

Den Plan zu befolgen, ist wohl nie ernstlich in Frage gekommen, und das ist gut; denn dadurch wurde der prächtig gesunde, stämmige und doch nicht ungraziöse Renaissancebau erhalten[196].

Es bleibt uns nun nur noch ein Blick auf die Türme, die in der Zeit zwischen 1730 und 1750 entstanden und den Stilwandel dieser Jahre recht instruktiv beleuchten: Am 5. Juni 1731 wurde der Knopf auf den erneuerten Turm der Nikolaikirche gesetzt (Reg. 160, Abb. 102), 1744 wird die Haube des Rathausturmes umgebaut (Reg. 175–76), und den Jahren 1746–48 gehört der neue Turm der Johanniskirche an (Reg. 130–31). Während den Nikolaiturm nur die hochovalen Lukarnen von den Türmen der Zeit um 1700 unterscheiden, verändert sich bei den beiden anderen die Grundform der Haube. Sie bekommt anstatt dem einfach einen doppelt steil-S-förmig geschwungenen Kontur. Auch die oberste Bekrönung steigt nun nicht mehr einfach konkav zu scharfer Spitze auf, sondern fügt sich in bequemen Kurven und Rundungen zusammen. Die Kraft und das Brio des späten Barock haben dem zarteren und geschmeidigeren, aber auch schon langsamer bewegten Gleiten des Rokoko Platz gemacht.

Die Schöpfer der Entwürfe sind wieder, wie gerade in diesem Kapitel häufig, nicht klar auszumachen. Als Erbauer des Johannisturmes wird Werner, am Rathaus Christian Döring, am Nikolaiturm Jacob genannt. Was aber den Rathausturm betrifft, so schreibt der damalige Obervogt Schmiedlein ausdrücklich am 10. März 1744 an den Rat: Seitdem die Behörde „den angegebenen Turmbau am Rathhausse gütigst approbiret, und mir denselben zu besorgen anbefohlen, habe ich nicht ermangelt, zeithere ... an der neu zu fertigenden Thurmhaube ... arbeiten zu lassen". Das macht den Eindruck, als handle es sich hier um Arbeiten, die unter der künstlerischen Leitung Schmiedleins standen. Zu beweisen ist auch in diesem Falle die eigentliche geistige Autorschaft ebensowenig wie bei Kochs Hof. Deutliche Merkmale für Dörings Stil enthält der Turm jedenfalls nicht. Beim Nikolaiturm liegt der Fall genau so. Wenigstens berichtet Gurlitt im Inventar von einer Bezahlung der betreffenden Pläne an den Obervogt Senckeisen. Auch da ist nichts zu entscheiden, da sichere Kriterien für einen „Stil" Senckeisens fehlen, ebenso wie sie für Schmiedlein oder die Bauherren Stieglitz und Winckler fehlten.

Trotzdem soll hier abschließend noch einmal der Versuch gemacht werden, die Meisterfrage im ganzen zu behandeln. Welche Fälle bei der Autorschaft eines Baues in Leipzig in Betracht kommen, wissen wir: Bezeichnen wir sie auf die kürzeste Weise, so sind es: Mauermeister, Zimmermeister, Gewerke, Obervogt, auswärtiger Architekt, Bauherr. Stellen wir alle Einzelfälle zusammen, denen wir begegnet sind, dann ergibt sich etwa folgendes Bild: Der übliche Fall ist die Urheberschaft des Mauermeisters, der das Gebäude dann wirklich aufrichtet. Daneben kann bei Fachwerkhäusern der Bauherr sich mit dem Zimmermeister begnügen. Daß ein solcher ein größeres Stadthaus allein entwirft, trafen wir nur bei Joh. Chr. Schmidts eigenem Hause. Und auch da entsprach der Stil so völlig dem des ausführenden Mauermeisters Fuchs, daß das Haus aus dessen Oeuvre kaum entfernt werden konnte. Schwieriger liegt der Fall, was die Beteiligung des Obervogtes an privaten Bauten betrifft. Sowohl für Kochs wie für Stieglitzens Hof waren wir dem Namen des Obervogtes Schmiedlein begegnet, ohne daß sich doch auch da Werner nur als Ausführender betrachten ließ, da beide Gebäude seinem Stil durchaus nahe stehen. Hier muß also endgültig der Hinweis darauf genügen, daß für fast alle größeren Bauunternehmungen des Barock eine kollektivistische Arbeitsmethode feststellbar ist. Fremde Architekten für Privathäuser lassen sich nicht nachweisen, und wir müßten auch nur da auf sie schließen, wo sich ein Bau aus der ortsüblichen Tradition heraushebt. Das war der Fall bei dem Hause Katharinenstraße alte Nr. 23, dem einzigen, das wir außer seinem eigenen Schatz zuzuweisen für notwendig hielten.

Was endlich die Einwirkung des Bauherrn auf seine Privatbauten betrifft, so darf man meiner Ansicht nach seinen Einfluß nicht überschätzen, obwohl starkes Interesse an allen Einzelheiten des Planes in dieser Zeit natürlich vorauszusetzen ist. Nachweisbar wird er nie, und stilkritisch spricht dagegen z. B. der absolut verschiedene Stil, den Peter Hohmanns drei Häuser zeigen, der sich aber aufs beste drei verschiedenen Baumeister-Persönlichkeiten – Fuchs, Döring und Werner – einordnen läßt. Ebenso steht es mit L. Chr. Stieglitz, dessen Entwurf zum Gewandhaus – wenn es der seine ist – nicht die mindeste Ähnlichkeit mit dem vielmehr Werner (und vielleicht Schmiedlein) entsprechenden Bau seines Privathauses hat. Für die eigentliche geistige Autorschaft der Privatbauten braucht man also in keinem Falle den Bauherrn heranzuziehen.

Anders steht es bei den ö f f e n t l i c h e n G e b ä u d e n. Wir haben hier zunächst wirkliche Beweise für die meisten der Möglichkeiten: Mauermeister (z. B. Richter für die Alte Börse), Obervogt (Schmiedlein für den Rathausturm), Dilettant (G. Bose, G. Winckler), fremder Architekt (Naumann, Pöppelmann). In den Fällen, wo die Akten nichts ausdrücklich sagen, sind wir um so übler daran, als die Stilkritik uns hier bei zu wenig Vergleichsmaterial im Stiche läßt. Ob der Nikolaiturm wirklich von Senckeisen ist, wie sollte man das feststellen, da nichts anderes von ihm bekannt ist? Und auch bei Schmiedleins Turm ergäben Vergleiche mit Kochs oder Stieglitzens Hof, wenn man sie überhaupt anerkennte, gar nichts. Eher bringt vielleicht jene Betrachtung dem Ziele näher, die Wustmann[197] über die Pflichten des Obervogtes im allgemeinen angestellt hat. Aus ihr ergibt sich, daß erst mit Dauthe 1781 ein wirklicher Architekt das Amt erhielt, das aber das ganze 18. Jahrh. hindurch zwar ein Wunsch nach einer Umgestaltung in dieser Richtung vorhanden war, bei den Wahlen aber – gerade besonders übrigens bei der von Schmiedlein – neben der Architekturkenntnis, die in dieser Zeit viel mehr zur Allgemeinbildung gehörte als heute, eine solche im Verwaltungswesen als ebenso wichtig vorausgesetzt wurde. So kommt man mit der größten Wahrscheinlichkeit auch hier wieder auf die kollektivistische Arbeitsmethode zurück, etwa so, daß man Schmiedlein zwar den Auftrag für den Turm gab, daß er ihn aber in dem Sinne „arbeiten ließ", daß Döring als Stadtmauermeister die Entwürfe anfertigte und Schmiedlein vorlegte. Kommt man sogar hier nicht ohne die Berücksichtigung des Handwerkers aus, so wird man es sich für den Johannisturm um so mehr mit Werners Namen genügen lassen und bei dem Ergebnis bleiben, daß im wesentlichen die so fruchtbare, lebensvolle und reiche Leipziger Baukunst der Barockzeit als das Produkt des heimischen Handwerks angesehen werden muß.

X

Kunstgeschichtliche und kunstgeographische Folgerungen

Wenn es das Ziel der Stilkritik ist, die künstlerischen Produkte einer Epoche so zu gruppieren, daß sie als innerlich lebensnotwendige Entwicklung erscheinen, so war das im Falle der Leipziger Barockarchitektur dank dem besonders reichlich erhaltenen Material archivalisch gesicherter Tatsachen ohne große Hindernisse zu erreichen. Es steht nun eine lange Reihe von Kunstdenkmälern vor uns, ein jedes klar und zwanglos an seinen Platz gestellt, – eine Reihe, der ihre außergewöhnliche Vollständigkeit eine hervorragende Bedeutung für die historische Belehrung verleiht. Denn gerade infolge des beschränkten Gebietes läßt sich besonders deutlich die Stilentwicklung des deutschen 18. Jahrh. Stufe für Stufe ablesen, wie wir sie an Parallelen aus dem übrigen Deutschland des öfteren zu erhärten Gelegenheit hatten. Aber trotz dieser wichtigen Übereinstimmung mit der entsprechenden Baugeschichte anderer Landschaften, die im Zeitwollen begründet ist, ergaben sich schon da bedeutende Gegensätze, besonders etwa im letzten Teile unserer Betrachtung, wo festzustellen ist, daß etwas der Raumgesinnung Neumanns, Fischers, Zimmermanns – von allem Fragen nach den Werten hier abgesehen – Entsprechendes völlig fehlt. Das muß seinen Grund in örtlichen Besonderheiten haben, und ihnen soll in der Hauptsache dieses Schlußkapitel gewidmet sein.

Während der Zeitstil stets sich neu umgestaltet und, wenn auch Verwandtes, nie das Gleiche wieder hervorbringt, ist der Ortsstil bis zu einem gewisse Grade feststehend. Freilich durchdringen die zeitliche und die örtliche Komponente einander stets, und nur im untersten Grunde wird das verhältnismäßig Beständige der Kulturphänomene eines Gebietes aufzufinden sein. Diese Durchdringung beider Komponenten offenbart sich in der Einflußfolge, der die Kunst eines Ortes unterworfen ist. Folgen auch die Einflüsse aufeinander und entsprechen darin den Gesetzen des zeitlichen Verlaufes, so ist doch ihre Wahl weitestgehend frei. Nicht nur vermag die Kunst einer Gegend auf eine andere nur zu wirken, wenn diese im Gange der Entwicklung für jene reif ist, sie kann es auch nur dann wirklich fruchtbar, wenn örtliche Eigentümlichkeiten des Volkscharakters auf das Neue als auf ein Verwandtes reagieren. So ergibt die Einflußfolge auch kunstgeographische Resultate [198].

Leipzig als wichtiger Kreuzungspunkt einer nordsüdlichen und einer westöstlichen Straße wird schon durch diese auf Rezeptivität von allen Seiten der Windrose her gewiesen. Nicht zufällig gestaltete sich der moderne Stadtplan kreuzförmig und ganz offen mit Armen nach allen Hauptrichtungen. Demgemäß hat auch die künstlerische Tätigkeit der Stadt ihr Gesicht nicht immer nach der gleichen Seite gewandt. Für die Barockzeit brauchen wir diese Abwandlungen nur zusammenzufassen. Für die vorhergehende werden ein paar Ergänzungen Nutzen bringen. Die natürlichsten Möglichkeiten von Anregungsquellen, die sich finden, sind diese: Thüringen, Brandenburg, Dresden und der Südosten. Das Zeitalter des romanischen Stiles sieht Leipzig begreiflicherweise Thüringen und dem damaligen Sachsen, also Niedersachsen zuneigen (Pegau, Wechselburg; Grabmal des Markgrafen Diezmann, Paulinerkirche). Denn die Kunst des heutigen Sachsens ist im ganzen Mittelalter noch entschiedene Kolonialkunst, östlicher Fühler der in Thüringen schon lange ganz heimischen deutschen Kultur. Diese Orientierung bleibt im 15. Jahrh. gerade in der Plastik an der Holzstatue des heiligen Dominikus in der Paulinerkirche, die in Naumburg und am Grabmal des Hermann von Harras in der Thomaskirche, das in Erfurt seine Verwandten hat, feststellbar, mischt sich aber nun schon mit deutlichen Einströmungen aus dem Südosten, vom böhmisch-schlesischen Zentrum her. Beispiele dafür sind etwa das Gnadenbild der Gundorfer Kirche oder die Madonna des Eutritzscher Altars im Stadtgeschichtlichen Museum [199]. Aber in der Baukunst dringt böhmischer Einfluß damals nicht bis Leipzig, und die Hallenkirchen der Stadt und ihrer Umgegend gehören mit ihrem charakteristischen Westwerk eng zu den Hallenser Werken. Wenn dieser Typus auch in Dresden herrscht so ist er viel eher auch dort als westlicher Import zu werten [200].

Vom 16. Jahrh. an kompliziert sich die Einflußfolge erheblich. Osten und Westen sind nun gleichwertige Zentren, und Leipzig liegt etwa am Schnittpunkt ihrer Interessengebiete. Um nur ein Beispiel zu nennen:

Die peripherischen Grabkapellen des Johannisfriedhofs sind eine in Schlesien übliche und heimische Form, doch hat sie neben Leipzig auch Halle. Das typisch sächsisch-thüringische Westwerk andererseits findet sich in St. Joachimsthal in Böhmen wieder. Aber das Vorkommen all dieser Beziehungen kann nicht wundernehmen. Wichtig ist hier vielmehr erst, wohin die werterfülltesten Perioden und Denkmäler neigen. Da ergibt sich, daß zu der Zeit, als der Osten im 16. Jahrh. sehr stark unter oberitalienischem Renaissanceeinfluß stand, Leipzig sich strikt von Dresden ab- und der deutschesten Baukunst Thüringens und Frankens zuwendet. Rathaus und Fürstenhaus gehören aufs engste zu Altenburg und Schweinfurt[201]. Im Frühbarock ist zum ersten Male nördlicher Einfluß deutlich: Die ausgezeichnete Leipziger Plastik der ersten Hälfte des 17. Jahrh. steht sowohl in Verbindung mit Magdeburg wie in der Person F. J. Dötebers mit Preußen. Mit der zweiten Hälfte des Jahrhunderts sind wir bei unserem eigentlichen Gebiet angelangt und rekapitulieren nun: Die Baukunst der 50er und 60er Jahre (Deutrichs Hof, Dölitz) ist noch immer nach Norden gewandt. Dann kommt mit der Alten Börse und den Erkern des letzten Jahrhundertviertels die entscheidende Wendung zur großen Produktivität und damit zum Stile des Ostens, der oberitalienischen Stuccatoren, die in Schlesien, Sachsen und Brandenburg arbeiten. Der sich mit diesem kreuzende, nur kurze Zeit dominierende Stil Leonhard Christoph Sturms, entschieden von minderer Vitalität, aber größerer Sicherheit, ist wieder vom Nordwesten herzuleiten. Die Blütezeit 1700–1715 bleibt in dauerndem engen Konnex mit Dresden, ohne daß er je zu unselbständiger Nachahmung würde. Im Gegenteil ist an zwei wichtigen Punkten der Entwicklung Leipzig sogar die Priorität vor Dresden zuzuerkennen, sowohl bei der Gegenüberstellung von Romanushaus und Schloßplanungen wie bei derjenigen vom Königshause und dem recht ähnlichen, aber dem Stile nach ohne Zweifel späteren Hause Große Brüdergasse 39[202].

Die Loslösung von Dresden vollzieht sich in Dörings erstem ganz eigenem Stile, und nun bleibt Leipzig bis zum Ende des Barock formal im wesentlichen selbständig, darf aber in der Baugesinnung und immerhin am ehesten auch in einer Reihe von Einzelheiten mit dem so eminent bedeutungsvollen böhmischen Stile verbunden werden. Mit dem südöstlichen Böhmen und keinesfalls mehr mit der Hauptstadt Dresden, obwohl eine Anlehnung an diese für eine Stadt von schwächerer eigener Produktionskraft gewiß allezeit das Natürliche gewesen wäre. Welche künstlerische Selbständigkeit Leipzig in diesen Jahrzehnten seiner höchsten architektonischen Blüte erreicht hat, bezeugt vielleicht am besten ein genauerer Vergleich mit der Leipzig entsprechendsten Aufgabe in Dresden: den Bürgerhäusern. Da ist zunächst ohne Frage den Bauten in Leipzig der höhere Kunstwert zuzusprechen, und man müßte schon, um auf gleichem Niveau zu bleiben, die Dresdener Palais heranziehen. Aber davon abgesehen ist das meiste in Dresden von Leipzig auch prinzipiell verschieden: Selten treten in Dresden gute Fassaden ohne wenigstens flache Eckpilaster, oft auch mit Pilastern an der Mittelvorlage auf, die Erker haben nur hier und da konkave Seiten, die Fensterverdachungen sind nie so phantastisch, jede Dekoration der Fassaden ist flacher und vernünftiger an die Hauptachsen gebunden. Das gibt zusammengenommen einen ruhigeren, gemäßigteren und mit einem Wort höfischen Stil im Unterschiede zu Leipzig, das gerade in seinen besten Leistungen provinzielle bürgerliche Peripheriekunst ist und sich daher am entschiedensten von Dresden losreißt, als dieses in den 20er Jahren schon den deutschen Barock verabschiedet. Eine neue Vereinigung ist erst möglich, nachdem auch in Leipzig mit dem Ende der 30er Jahre der Strom der barocken Phantasiekraft nachläßt und auch hier das Rokoko, also die Beruhigung und Rationalisierung, Bedürfnis wird. Erst damit wird Leipzig wieder, trotz aller lokalen Modifikationen, zum Angehörigen des Dresdener Stiles. Diese Schwächung der Potenz konnte nach außen nicht ohne Folgen bleiben. Denn was so sehr für die Lebensenergie der Leipziger Kunst zwischen 1700 und 1730 spricht, hört nun auf: der aktiv vorstoßende Einfluß hinaus in das Land, von dem Leipzig jahrhundertelang seinen Stil bezogen hatte. An manchen Stellen Thüringens und des Nordwestens können wir solche Einflüsse beobachten: in Magdeburg am Hause Breiter Weg 12, einem der stattlichsten unter den schönen Barockhäusern der Stadt, ist das Portal fast eine Kopie nach dem Romanushaus[203]. Mit Recht hat Hentzen[204] ferner auf die Beziehung zwischen Hohmanns Hof und dem Hause Breiter Weg 175 hingewiesen. Ebenso scheint mir eine Anregung des Romanushauses auf den Packhof in Erfurt sicher[205], wie die ganze Gliederung der Fassade, die hochovalen Fenster und auch eine ganze Reihe einzelner Dekorationsformen beweisen. Freilich kreuzt sich der Leipziger Stil hier schon mit anderen Elementen, als deren Ursprungsgebiet Mainfranken anzusehen ist. Noch einmal wird dieselbe Expansion um 1720 von David Schatz getragen: In Burgscheidungen, Altenburg und Gera sind ihre Denkmäler zu finden.

Gewiß ist gerade auf dieser Stufe wieder vieles von den Formelementen als allgemein sächsisch zu betrachten. Daß aber trotzdem ein spezifisch leipzigischer Baustil nicht fehlt, wiesen wir oft genug nach, und wir gelangen so naturgemäß nun zu der Frage nach dem Verhältnis dieses Stiles der Leipziger Kunst zur allgemeinen geistigen Blüte der Stadt im 17. und 18. Jahrh., wobei wir auf den Ausgangspunkt unserer Betrachtungen zurückgreifen müssen. Voraussetzung für die Notwendigkeit einer solchen Fragestellung ist die Überzeugung, daß es sich bei den verschiedenartigen geistigen Manifestationen der gleichen Stadt niemals wesentlich um zufällige Parallelen, deren Aufsuchen eine nutzlose Spielerei wäre, handeln kann, sondern um Phänomene, deren innerliche Entsprechungen tief in dem Kulturboden wurzeln, dem sie entwachsen. Selbstverständlich dürfen solche Vergleiche nicht auf die Spitze getrieben werden, man würde sonst die historische Wahrheit verfälschen und ein lebenerfülltes Gewebe von der Dichtigkeit jedes Naturwesens auf ein kahles und starres Gerippe reduzieren. So sollen hier nur drei Fälle herausgegriffen sein. Die allgemeine Parallelität zwischen der Blüte der deutschen Musik und der Baukunst zwischen 1650 und 1750 ebenso wie die sehr bedeutsamen stilistischen Gemeinsamkeiten zwischen beiden gehören der zeitlichen Fragestellung an und stehen daher hier nicht zur Erörterung. Spezifisch bezeichnend für Leipzig dagegen ist es, daß sie gerade von den Kantoren und Organisten, also städtischen Bürgern und Beamten getragen wird, ganz ebenso wie die Leipziger Baukunst in den Händen der einheimischen Handwerker ruht.

Was zum zweiten die Philosophie betrifft, so läßt sich mit den Resultaten, die die Bauentwicklung an die Hand gibt, nun auch beantworten, warum die Bewegung der Aufklärung keine Stätte in Leipzig fand und nach Halle abzog, während die Reaktion, die barocke Theologie und der Aberglauben Triumphe feierten. Die Frage fällt zusammen mit der, weshalb Leonhard Christoph Sturm, von Thomasius berufen, schon nach vier Jahren nach Preußen übergeht und sich zum reformierten Glauben bekennt, aufs Haar genau so wie Thomasius selbst nach so kurzer Wirksamkeit in Leipzig Halle vorzieht. Daß die Aufklärung und Sturms Stil in Leipzig ein kurzes Intermezzo bleiben mußten, beruht auf dem sich gleichbleibenden Charakter des Leipziger Kulturbodens, der sein Eigenes und Positives nur in Perioden barocker und antirationalistischer Gesinnung zu geben hat.

Ebenso unmittelbar überzeugend wie die Parallelen zwischen den Kantoren und den schöpferischen Bauhandwerkern, zwischen Thomasius und Sturm, zwischen dem barocken Überschwang der Leipziger Prediger und der Leipziger Künstler, ist dann in den 30er Jahren, also der Zeit der Hinwendung zum Rationalismus, diejenige zwischen Gottscheds strenger und ordnungsvoller Herrschaft über die deutsche Literatur und der Architektur der damals modernsten Bürgerhäuser wie dem Goldenen Bären, der ja Gottscheds Residenz und sicherlich ganz nach seinem Geschmack war.

Ergebnislos ist es also gewiß nicht, auf Grund solcher Erwägungen dem im engsten Sinne Leipzigischen nachzuspüren. Nur muß man sich darüber klar sein, daß einem bei einem derartigen Atomisieren der Bodenkomponente schließlich notwendig gerade die ausschlaggebenden Volkseigenschaften entgleiten und nur die subtilsten Unterschiede übrig bleiben. In seinem Wertvollsten ist Leipzig trotz seiner Grenzlage nach Thüringen hin offenbar dem sächsischen Charakter zugehörig, und es ist daher, um Leipzig und den Ausdruck der Stadt umfassender zu verstehen, notwendig, das Allgemein-Sächsische aufzusuchen. Um dieses letzte Problem wirklich fruchtbar zu machen, werden wir uns auch hier nicht auf eine bestimmte Zeit festlegen, sondern andeutungsweise auch Beispiele anderer Epochen heranziehen.

Das heutige Sachsen war in karolingischer Zeit noch durchaus jenseits der Reichsgrenze in slawischem Besitz und von Slawen besiedelt. Im 10. Jahrh. drang zum ersten Male die deutsche Macht ein und begründete die Mark Meißen. Die deutsche Kultur blieb dabei zunächst ganz auf die Burgen beschränkt. Für die eng mit ihr zusammenhängende Christianisierung fehlte es in dem durch slawische Einfälle

sehr unsicheren Gebiet völlig an kirchlichen Kräften. Eine eigentliche
Kolonisation beginnt erst mit dem Anfang des 12. Jahrh., für die
Leipziger Gegend an den Namen des 1124 verstorbenen Wiprecht
von Groitzsch gebunden, und dauert das ganze Jahrhundert hindurch
an. Doch darf die erste Blüte der sächsischen Kunst im 13. Jahrh.
nicht darüber hinwegtäuschen, daß Sachsen doch auch damals noch
außerhalb des wahrhaft deutschen Gebietes lag. Bezeichnend dafür ist
die Nachricht, die Iccander[206] bringt, nach der erst 1327 in den Ge-
richten der Gebrauch der wendischen Sprache verboten wurde. Und
schließlich darf man nicht vergessen, daß noch heute Reste der Wenden
in Sachsen sitzen. Den Namen Sachsen führt das Gebiet übrigens erst
seit 1423.

Zu dieser volksgeschichtlichen Voraussetzung der sächsischen Kultur
und Kunst kommt eine rein territoriale. Sachsen bildet seit der Kolonisation, die im Norden und Süden viel weiter nach Osten vorrückte
und die baltischen Provinzen wie ganz Österreich umfaßte, die Mitte
von Deutschland, so wie Deutschland die Mitte Europas ist. Was das
für Deutschland bedeutet, bedeutet es auch für Sachsen: Nach allen
Richtungen offen und zugänglich, überallhin verwandt, bildet es eine
eminent reiche, aber wenig entschiedene Kultur aus. Was der Volkscharakter durch diese Lage an Bestimmtheit verliert, gewinnt er an
Wandlungsfähigkeit und seelischer Bewegung. So bildet sich in dem
nie geeinten und immer wieder zerfallenden Deutschland hier die zer-
splittertste Fülle kleiner Staaten. Das sächsische Herrscherhaus, seit
1485 zweigeteilt, spaltet sich vornehmlich in der Barockzeit in Einzel-
gebilde von kaum stadtgroßer Bevölkerungszahl[207]. Dieser staatlichen
Gliederung entspricht der Volkscharakter im einzelnen Individuum.
Kaum ein anderer deutscher Stamm ist so reich an Problemen und
Antinomien, und es ist sehr bezeichnend, daß das Wesen Nietzsches
– der aus Lützen bei Leipzig stammt, und selbst immer wieder sein
slawisches Erbteil betonte – in der schönsten Würdigung, die ihm
geworden ist[208], gerade aus solchen Antinomien entwickelt wird.
Die sächsische Volksseele setzt sich aus zwei ewig widerstreitenden Elementen zusammen. Das eine ist das slawische Erbteil, schon in Statur
und äußerer Erscheinung ausgeprägt, das dem Sachsen das Gedrungene
und Gedrückte verleiht. Es sind suchende, unbefriedigte, problematische

Naturen, in denen sich das Wesen Sachsens verkörpert. Harmonische
Heiterkeit mangelt ihnen stets. Ihrer Freude fehlt das Gelöste und
Beschwingte, sie wird zum Wirtshaushumor von Auerbachs Keller. Es
hängt eng damit zusammen, daß auch die heroische Größe, ja auch nur
das Streben danach nicht die Sache des Sachsen ist. Denn immer neigt
er zu Zweifel und Mißtrauen, die sich in flachen Naturen in leicht
schadenfroher Selbstverspottung und einer klaren, aber folgenlosen
Selbsterkenntnis zeigt, in tiefen aber zu transzendenter Selbstabneigung
und ruhelos sich einbohrendem Spüren nach dem Ideal anwachsen kann.
Aber es sind keine reinen Slawen, und so vermögen sie auch das nicht
ganz zu sein. Die Eindringlichkeit der Hingabe, die zur Selbstvernich-
tung in Ausschweifung oder heiliger Askese führt, ist ihnen unzugänglich. Immer bleibt der Zwiespalt ungelöst. Denn es gehören dem sächsischen Volkscharakter zum anderen ganz unslawische Züge an, die ihn
mit dem norddeutschen verbinden. Zweifel und Kritik kann zu Rationalismus, Beeinflußbarkeit von überall zu Lauheit und Gesinnungs-
losigkeit führen. Zu diesen negativ wertbetonten Ingredienzien kommt
von Norden und Westen Fleiß und Geschäftigkeit, Sachlichkeit und
Klugheit in Leben und materiellen Dingen. Dieser zwiespältige, aber
reiche Charakter erfüllt die sächsische Geschichte und das sächsische
Leben, seitdem der Boden ein eigenes Volkstum hervorgebracht hat.
So vielteilige, uneinige und suchende Menschen waren nie zu lang-
anhaltender, entschiedener politischer Stellungnahme geeignet. So
wechselt die sächsische Politik – durch die Mittellage des Landes besonders dazu gedrängt – immer die Partei, kämpft oft, immer ohne
Glück und ohne Erfolg. Wie Moritz von Sachsen auf katholischer, hält
sich Friedrich August I. auf napoleonischer Seite. Aber Zeiten solcher
Lauheit folgen andere, wo Sachsen mit slawischem Radikalismus Partei
ergreift, sich verbohrt und fessellos für eine Idee einsetzt. Sachsen
ist die protestantischste Landschaft gewesen, es ist jetzt die sozia-
listischste.

Diesem Boden, diesem Volk, dieser Geschichte entwuchs die sächsische Kunst. Auch sie muß notwendig leiden unter der Problematik
jener tief sächsischen Antinomie des westlichen und des östlichen
Geistes. Unter der Hülle einer ganz neutralen Benennung spürt man
in besonderer, territorial bedingter Modifikation doch auch hier wieder

jenes große Gegensatzpaar, auf das die moderne deutsche Kunstwissenschaft immer wieder zurückkommt, das von immer neuen Seiten mit immer neuen Namen belegt wird und vielleicht am allgemeinsten und glücklichsten von Fritz Strich unter die Formulierung: Vollendung und Unendlichkeit gefaßt wurde. Jede auf irgendein kunstgeschichtliches Spezialgebiet beschränkte Betrachtung muß diesem Paar polarer Gegensätze neue Nuancen verleihen, und so hat auch unser für Sachsen und insbesondere für Leipzig gültiges Westlich-Östlich seine nur in diesem Falle so angeordneten Eigenschaften.

Die erste und bedeutendste ist das Fehlen des Willens zur Synthese und damit auch der Kraft zu ihrer Erfüllung. In naher Nachbarschaft von Leipzig, in Thüringen, dort wo Urdeutsche sitzen, die aber doch so sehr an allen Ausstrahlungen teilhaben, daß auch sie fähig sind, die eine wie die andere Seite in der tiefsten Tiefe zu erleben, dort ist das Land der großen Synthesen, der größten deutschen Taten: Thüringer war Luther, war der größte Künstler des deutschen Barock: Bach, der größte Geist der Mystik: Ekkart, der größte Künstler der Klassik des 13. Jahrh.: der Naumburger[239]. In Sachsen ist es nie dazu gekommen. Die beiden Willenskomplexe standen sich zu unvereinbar gegenüber, zu einer Unterordnung des östlich-slawischen unter den westlichen war jener zu stark und dem Volkscharakter zu ursprünglich verwachsen. So mußte es bei einem Nacheinander bleiben, in dem die Dauer der Epochen und die Qualität der Leistungen sehr ungleich verteilt war. Die westliche Komponente macht sich immer wieder darin bemerkbar, wie willig Sachsen sich stets einer Bewegung zum Klassizismus und Rationalismus anschließt. So konnte man – freilich zunächst sehr übertrieben und einseitig – das auf die Renaissance Weisende in der obersächsischen Hallenkirche um 1500 und am Schloß in Meißen betonen, so fehlt, wie wir immer wieder sahen, der große süddeutsche Raumstil des Rokoko, so muß Lessing, der helle und verstandesklare Rationalist und Kritiker Sachse sein. Das also ist die sächsische Form der Klassik und Vollendung, des Apollinischen oder Hellenischen. Ihr Ziel heißt weniger Schönheit als Sachlichkeit, weniger heiterer Genuß als logische Nüchternheit und modifiziert damit in sehr einmaliger Weise den einen Pol des allgemeinen Gegensatzpaares.

Doch ist der Rationalismus der seltenere Fall und eigentlich immer nur Reaktion. Zu einer wirklichen inneren Beruhigung, zum Klassischen als Diesseitigen, als Lebensseligkeit und krafterfülltem Glück führt keine Renaissance den Sachsen. Sie ist vielmehr immer als bewußte Abkehr vom eigentlichen Urcharakter aufzufassen, als ein Anders-Wollen und also eine ethische Tat, aber kein Ausströmen der Seele des Heimatbodens. So kann es nicht anders kommen, als daß die große Kunst in Sachsen auf der anderen Seite steht und nach Osten gewandt ist. Nur so orientiert vermag der sächsische Künstler ganz er selbst und ganz hingegeben zu sein. Die beste und stärkste sächsische Kunst war der wahlverwandte Bruder schlesischer und böhmischer Kultur. Um so mehr als insbesondere bei der Leipziger Entwicklung gerade an den Höhepunkten dieses Kunstkreises gedacht werden muß, sei hier der sächsisch-böhmisch-schlesischen Verbindung eingehender nachgespürt, an deren Nachweis zur Definition des sächsischen Stiles viel, ja fast alles liegt.

Schon für Leipzig speziell wurde auf Beziehungen zur böhmisch-schlesischen Plastik um 1400 hingewiesen. Je weiter man nach Osten in Sachsen kommt, um so dichter wird das Netz dieser Beziehungen, denen Wiese in seinem Band über die schlesische Plastik verschiedentlich nachgegangen ist. Als ein besonders böhmisches Beispiel sei das Heilige Grab im Dresdner Altertumsmuseum (aus der Sophienkirche stammend) hervorgehoben. Der erste Höhepunkt der sächsischen Kunst, der Anfang des 16. Jahrh., ist wieder mit der böhmischen eng verhaftet. Das extrem naturalistische Astwerk z. B., das man beim Meister HW und sonst in Sachsen (Gewölbe der Marienkirche, Pirna) findet, ist in Prag schon am Wladislawschen Oratorium des Benedikt Rieth von 1493 vorgebildet, und die Malerei des Ehrenfriedersdorfer Altars hat ihre nächsten Verwandten in Böhmen.

In der Renaissance wird die Verknüpfung vielleicht noch inniger. Für die Architektur stellt es Haupt in seinem Handbuch[210] an zwei Stellen sehr ausdrücklich und mit Beweisen fest: „... die Folgerung ist unerläßlich, daß die frühe sächsische Renaissance eng mit der schlesischen zusammenhängt" und: „Es scheint unabweislich, ein Überspringen des Sgraffitos von den tschechischen und polnischen Gebieten über Schlesien nach Sachsen anzunehmen." Für die Plastik ist es noch sicherer und durch die Lebenstatsachen des Hans und Christoph

Walther zu belegen. Haendcke[211] spricht sogar unmittelbar von einer
„Schule Dresden-Breslau", die – etwa in der Waltherschen Kreuzigung
von St. Joachimsthal, die Haendcke noch nicht erwähnt –, auch nach
Böhmen gewirkt hat. Über das bemerkenswerte Auftreten der peripherischen Friedhofskapellen in Leipzig wurde schon gesprochen. Diesen
Erscheinungen der bildenden Kunst entspricht eine literaturgeschicht-
liche Tatsache wie die, daß die barocken Formen der Ringelgedichte
und der Bilderreime gerade in Schlesien und in Sachsen besonders
Mode waren.

Für den Barock nach dem großen Kriege ist die böhmisch-schlesi-
sche Verwandtschaft bekannt. Es ist weitgehend derselbe Stil, ja es
sind sogar nicht selten dieselben Meister, die in beiden Gebieten wirken,
was um so begreiflicher ist, da ja erst Friedrich der Große Schlesien
politisch vom südöstlichen Kaiserreich abtrennte. Auch da aber muß
die Verbindung Sachsens mit diesem Kulturkreis hervorgehoben werden. Was Pöppelmann von Schlüter entfernt, ist die Aufnahme und
Verarbeitung südöstlichen Kunstgutes. Die Vorgänger der prachtvollen
Freitreppen, wie sie sich vom Zwinger aus verbreiten und uns in Burgscheidungen vorkamen, stehen in Böhmen. Das reichste Beispiel ist
Troja; Klein-Kotzenau bezeichnet die schlesische Parallele. Der Bildhauer von Troja aber, Johann Georg Heermann, ist Sachse, lebt in
Dresden und arbeitet außerdem in Görlitz. G. A. Hoffmann, der treff-
liche Meister der Schweidnitzer Kanzel[212], war in Dresden wohnhaft, Braun v. Braun, auf den verlorene Statuen in Dresden zurück-
gingen, lebte in Prag. Ja die Stilverwandtschaft damals geht sogar
bis in die Einzelheiten der Dekoration, wie ich es an dem Motiv
des Schneppengiebels und dem der Büsten in kreisförmigen Nischen
zeigte.

Nachdem mit Hilfe so zahlreicher formaler Übereinstimmungen die
enge Verbindung Sachsens mit dem Osten und Südosten bewiesen ist,
gilt es nun, den Sinn dieser Formen, die zugrunde liegenden Gestaltungsprinzipien des sächsischen Volkscharakters auszudrücken. Menschen von so unfrohem Wesen, Menschen, denen Lebensfreude und
Heiterkeit so fern liegt, können die Welt nicht als seiend und ruhend,
sondern nur als werdend und bewegt begreifen. Die Kunst neigt also
notwendig nicht zum Zuständlichen, sondern zum Dynamischen. Der

Bau, die Figur ist keine stille und harmonische, sondern eine erregte disharmonische Form. Die tektonischen Glieder werden im Widerspruch zu ihrem Sinn um der Erregung willen bewegt und nur noch so – dekorativ also – verständlich. Oder – noch eindrücklicher – das Tektonische wird zum organischen Kampf. Das tragende Glied müht sich und das lastende widerstrebt. Die Beschwerlichkeit findet nirgends eine eindrücklichere Erscheinungsform als im kämpfenden Menschen. So neigt man zur Anthropomorphisierung der funktionell wichtigen Bauteile. Wie im einzelnen, so im ganzen: der Raum und der Baukörper werden nicht als ruhend-ausgebreitet perzipiert, sondern als plastische Form von der Körperachse aus geformt. Das ergibt die Bedeutung des Westwerkes gerade in unseren Gebieten, ergibt die charakteristische Eintürmigkeit sächsischer Kirchen und schließlich die Begründung dafür, daß der beste Kirchenbau des 18. Jahr. in Sachsen, die Dresdner Frauenkirche, eine reine Zentralkirche ist, die trotz aller räumlichen Schönheiten von außen die stärkste Wirkung tut. Der Zwinger selbst ist ja ein gewaltiges Denkmal für eine Kunst, die plastisch nicht räumlich gesinnt dem Baukörper vor dem Bauraum ihre Liebe schenkt. Wo gäbe es noch einmal einen solchen Innenraum, der doch nach außen wie nach innen Außenarchitektur ist?

Das Tektonische als Dekoratives, als Linienbewegung ohne funktionelle Veranlassung, das war immer wieder das Ergebnis unserer Analyse des Besten in Leipzig. Das Tektonische als Organisches, das treibt in der Spätgotik zu dem kraus-naturalistischen Astwerk, treibt in Barock zur Behängung gerade der Pilaster mit vegetabilischem Ornament, wie wir es seit der Alten Börse so häufig fanden, das Tektonische als Kampf endlich führt zu der eminent lebensvollen und grandiosen Plastik der Fassaden wie der Figuren an allen böhmischen, schlesischen und den besten sächsischen Bauten. Die besondere Beliebtheit plastischer Mittel in Leipzig bildete ein Charakteristikum seit den Erkerhäusern des ausgehenden 17. Jahr. bis zum Ende des Barock überhaupt. Wie sie sich in den stark schattenden Verdachungen, in den hohen Dächern mit ihren Dachfenstern, in den Portalgewänden ausdrückte, so insbesondere in der ungemein bezeichnend sächsischen Anthropomorphisierung von Architekturteilen. Wir haben bei den Leipziger Portalfiguren ausdrücklich hervorgehoben, daß sie nicht die

Giebelvoluten schmücken, sondern durch ihre menschlichen Formen die Funktion der Voluten ersetzen. Ebenso war es mit den strotzend vollplastischen Köpfen der Fenster- und Türschlußsteine bei Schatz: auch sie schmücken das zugehörige Glied nicht, sondern sie ersetzen es. Wo paßte es also besser hin als nach Sachsen, das man die Gewölberippen in kleinen menschlichen Trägerfiguren beginnen läßt, wie es in Pirna geschieht? Prinzipiell ganz dasselbe ist es bei HW an der Tulpenkanzel und der Geißelsäule. Hier nur konnte der Boden sein, auf dem der später sich weit ausbreitende Typ der Moseskanzel entstand und heimisch war[213]. Hier wurde er auch durch jenen seltenen noch phantastischeren ersetzt, bei dem der ganze Kanzelfuß einen Walfisch darstellt, aus dessen Rachen der Prediger wie ein Jonas spricht. Beispiele dieser Art kenne ich nur aus Sachsen, Schlesien und Böhmen[214]. Denn auch diese Anthropomorphisierung ist ein südöstliches Element. Man denke nur an Außentreppen wie die von Troja, an den österreichisch-böhmischen Palastportal-Typus, an Kanzeln und Chorgestühl schlesischer Kirchen und die überall anzutreffenden Dreifaltigkeits-, Marien- und Pestsäulen.

Diese allgemeine Schlußbetrachtung über die kunstgeographischen Gegebenheiten und ihren Ausdruck in der Kunst war erforderlich, um den konstanten Faktor im zeitlichen Verlauf der Leipziger Barockentwicklung zu umschreiben. Zu den Gestaltungsprinzipien des sächsischen und weiter gefaßt des sächsisch-schlesisch-böhmischen Stiles bekennt sich Leipzig in der Periode seines reichsten und wertvollsten Kunstschaffens. Was von dort abführte, war kunstgeographisch ebenso natürlich aus der Anähnelung an das benachbarte Thüringen und Brandenburg begreiflich zu machen. Aus diesen beiden Komponenten setzt sich der Leipziger Charakter und Stil zusammen. Sie bilden für Leipzig die endliche Formulierung jener beiden ewigen Möglichkeiten, denen gemäß sich der Deutsche mit der Kunst auseinandersetzen kann, sie ergeben die spezifischen Züge, unter denen sich dieses tiefste deutsche Problem gerade hier offenbart. Keines der üblichen Begriffspaare sagt ganz das gleiche, weil keines gerade für die Lage an dieser einen Stelle geprägt wurde. Etwas Klassisch-Apollinisches, Glücklich-Heiteres ist der eine Pol nicht, transzendent, mystisch ist auch keineswegs der andere. Eher kann der östliche zu einer erdnahen, derben und lebensstrotzenden Heiterkeit neigen und der westliche zu skeptischem und kritischem Geist. Es erweist sich hier wieder, daß es nicht nutzlos sein kann, für die örtliche Gegebenheit einer jeden Landschaft dieses immer verschleiert vorschwebende Begriffspaar neu zu begreifen und auszudrücken, weil jeder solche Versuch dazu beiträgt, das Problem der deutschen Antinomien, das uns allen am Herzen liegt, in eine neue Beleuchtung zu rücken.

Anhang

Archivalien

Benutzte Akten

Leipzig. Ratsarchiv.
VII B. 49, 107a, 110.
XXIV A. 2, 6. XXIV B. 1, 2. XXI VC. 1a, zu 1a (Baubesichtigungen von 1661–95, 97, 99–1701, 03–14, 17–19, 21, 26; 31, 33–35, 37–50, 52–63.
XXIV C. 1b, c, d1–3, e, 65b, 190.
XXIV CC. 2, 6, 7, 9–11, 13 Vol. I, 19, 21, 23, 27.
XXVII 1. XLV E. 12. LXII H5. LXIV 97a 1. Paket, 99, 336.
II. Sektion M 289, S 815.
Leipzig. Archiv des Baupolizeiamtes.
Akten über Markt 3 und Markt 13.
Leipzig. Plankammer des Hochbauamtes (erfolglos).
Burgscheidungen. Gräflich Schulenburgisches Archiv.
Sect. IV. Fasc. 1, 4 (I–IV), 7 (I–II).
Dresden. Ratsarchiv.
Baurechnungen Fleischbänke 1687–89, Bartholomäusspital 1694, Dreikönigskirche 1685–93, Register der Kämmereirechnungen 1679–1700 (erfolglos).
Gepülzig. Hausarchiv, Besitzer Herr Otto Kirchner.
Hof (AH. Oschatz), Pfarrarchiv.
Hopfgarten (AH. Borna), v. Einsiedelsches Hausarchiv (erfolglos).
Calbitz (AH. Oschatz), Pfarrarchiv.
Zöbigker (AH. Leipzig), Keessches Hausarchiv.
Fasc. V. 34–40c, Pläne zu Fasc. XXVIII Nr. ZK. 1–92; XXIX Nr. ZP. 1–11.

1. Regesten zu bürgerlichen Bauten

Die folgenden Regesten beziehen sich nur auf die kunsthistorisch wesentlichen und im Text besprochenen Häuser. Darüber hinaus ergaben die Baubesichtigungen noch eine Fülle von Material, von dem etwa nur ein Achtel hier verwertet ist. Sicherlich entbehrt vieles vom übrigen eines lokalgeschichtlichen Interesses nicht, kam aber für die kunstgeschichtliche Darstellung nicht in Frage. Die Numerierung der Regesten 1 bis 118 entspricht derjenigen in meiner Zusammenstellung im Neuen Archiv für sächsische Geschichte und Altertumskunde 1924. Mit Buchstaben versehen sind die Zahlen der Regesten, die dort fehlen.

Die zitierten Quellen sind folgendermaßen abgekürzt:

BB. = Baubesichtigungen im Ratsarchiv.

BP. = Akten der Baupolizei.

AHC. = Anders Häuserchronik.

RA. = Andere Akten im Ratsarchiv.

BHC. = Barthels Häuserchronik.

Riemer = J. S. Riemers Leipzigisches Jahrbuch (Ms. der Stadtbibliothek,
   herausgegeben von E. Kroker

in Quellen zur Gesch. Leipzigs
   II, 1889).
Vogel = Leipzigisches Geschicht-Buch
   oder Annales. Leipzig 1714.

Brühl 6 (L. 356), erhalten.[215]
   1. Neubau begonnen 1755 (Riemer).
Brühl 7 (L. 321), nicht erhalten. Abb. Wetzel u. Gurlitt, Alt-Sachsen S. 206.
   2. Neubau Joh. Gg. Egers bis auf den Unterstock schon im Werke. Auch ein
Erker geplant (BB. 24. V. 1687).
   3. Gutachten über den fertigen Bau (BB. 25. VII. 1688).
Brühl 21 (L. 327), nicht erhalten. Vgl. Inv. S. 470. Abb. Inv. 317—19.
   4. Chr. Schmidt will einen Neubau seines Wohnhauses und seiner beiden Mietshäuser
ausführen, die Fassade soll einheitlich reguliert werden. Walmdach, Erker nach dem
Brühl. Ausführende des Baues: Rempe als Maurer-, Weißmantel als Zimmermeister
(BB. 14. XI. 1695).
   5. Taxa der Baukosten 14000 Tlr. (BB. 17. II. 1697).
   5A. Der gesamte Wert des Hauses 17000 Tlr. (BB. 29. X. 1710).
Brühl 22 (L. 419), erhalten. Vgl. Inv. S. 496.
   6. Neu erbaut 1720 (BHC.).
   7. Unter Dach 4. XII. 1765 (Riemer).
Brühl 24 (L. 419), erhalten. Vgl. Inv. S. 492.
   8. Taxa für den Neubau des Chr. Dan. Puffendorff, der vor 4 Jahren geführt
wurde. Das Haus ist 4 geschossig, mit 2 geschossigem hölzernem Erker und
hat eine „regulaire zierliche Facade". Die Baukosten betrugen 5200 Tlr. (BB.
12. IV. 1736).
   9. Neubau der Seiten- und Hintergebäude durch Chr. Döring und Hans Gg. Rühl
(BB. 25. VII. 1737).
Brühl 25 (L. 449), erhalten. Vgl. Inv. S. 470.
   10. Witwe Schmidt plant einen Neubau mit Erker (BB. 2. VI. 1690).
Brühl 27 (L. 450), erhalten. Vgl. Inv. S. 492.
   11. Beabsichtigt wird von Dr. Ben. Winckler eine Änderung der Fassade, um die
Fenster symmetrisch zu verteilen, ferner ein Dacherker mit „frontons-Giebel". Ausführende: Döring und Rühl (BB. 12. III. 1733).
   12. Baukostentaxa: 41000 Tlr. Es ist doch ein Neubau bis auf den Unterstock
geschehen, ferner im Hof ein Neubau von 3 Seitengebäuden. Vor 3 Jahren
stand noch nichts von alledem. Auch innen ist die Ausstattung reich, zierliche Öfen
und Kamine, Stuck- und Freskodecken. Der Bericht ist signiert von Döring und
Rühl als Gewerken (BB. 22. XII. 1735).
Brühl 35 (L. 453), erhalten. Vgl. Inv. S. 470.
   13. Chr. Ferckel plant fürs kommende Jahr einen Neubau, der durch Rempe und
Weißmantel vor Feuer verwahrt werden soll (BB. 17. V. 1697).
   14. Taxa der bisherigen Neubauten an Hintergebäuden. Da auch das Vorderhaus
sehr ruinös ist, soll es 4 stöckig mit steinerner Vordermauer und einer flachen
Vorlage neu erbaut werden. Ausführende: Rempe und Weißmantel (BB. 24. III.
1705).

15. Taxa der Baukosten: 7100 Tlr. Neubau während der letzten 3 Jahre (BB. 5. VII. 1708).

Burgstraße 14 (L. 145), erhalten.

15 A. Ph. J. Schneider beabsichtigt einen Neubau: 4 Geschosse, von denen nur das untere von Stein werden soll. Flache Vorlage und Dacherker sind geplant. Ausführende: Seltendorff und Rühl (BB. 15. VI. 1744).

15 B. Taxa der Baukosten: 5100 Tlr. (BB. 20. I. 1746).

Burgstraße 20 (L. 142), erhalten. Vgl. Inv. S. 480.

16. Neubau Joh. Hch. Sünders. Nur die Vorderwand des Hauses steinern. Holzerker. Ausführende: Dobritzsch und Weißmantel (BB. 16. IV. 1709).

17. Taxa der Baukosten: 9500 Tlr. (BB. 24. XII. 1712).

Große Fleischergasse 6 (L. 308), erhalten. Vgl. Inv. S. 491.

18. Joh. Chr. Ehlich will seine 2 Häuser durch einen Neubau vereinigen: Viergeschossig, mit dreistöckigem Erker und Dacherker. Ausführende: Clauß und Rühl (BB. 14. XII. 1714).

Kleine Fleischergasse 29 (L. Barfußgasse Haus 251), nicht erhalten.

18 A. Neubau Joh. Hch. Gabels: Fünfstöckiges, steinernes Gebäude mit der Rückwand gegen die Stadtmauer, so daß das Privet außen liegt. 3 geschossiger Erker, Dacherker gegen Straße und Stadtmauer. Zimmermeister Chr. Schmidt, Maurermeister Chr. Döring (BB. 4. III. 1709).

Gerberstraße 2—4 (L. 1171), nicht erhalten. Vgl. Inv. S. 497. Abb. 82 und Inv. 349 bis 351.

19. Kammerrat Joh. Chr. Richter erbaut in seinem Garten ein 2 stöckiges steinernes Lusthaus. Jedes Stockwerk enthält einen Saal und daneben Treppe und Kabinett bzw. Privet. Ausführende: Seltendorff und Rühl (BB. 13. IV. 1734 und RA. XXIV CC 9).

20. „Ferner ist H. Baumeister Richter Willens, das alte Wohnhaus, so von Seulenwerk 2 Geschoß hoch erbauet, wieder abbrechen und ein neues von Mauerwerck, 36 Ellen lang und 26 Ellen in Balcken tief 2 Geschoß hoch aufführen zu lassen, iedoch, daß an Statt die alte Façade gegen die GerberGasse, die neue gegen das Hällische Thor gerichtet werden soll". Ausführende: Seltendorff und Chph. Döring (RA. XXIV CC 9. 22. IV. 1743).

21. 1744. „Im Monat August ist das Cammerrat Richterische Gartenhaus . . . unter Dach gebracht worden" (Riemer).[216]

Grimmaische Straße 4 (L. 4), nicht erhalten.

21 A. Völliger Neubau des Adrian Hoe, 4 geschossiges, steinernes Vorderhaus mit 3 geschossigem Erker. Quergebäude und 2 Seitengebäude. Ausführende: Werner und Rühl (BB. 4. IV. 1746).

21 B. Das Haus heißt neuerbaut (BB. 21. VI. 1747).

21 C. September 1746 der Neubau unter Dach (Riemer).

Grimmaische Straße 17 (L. 595), erhalten, aber verändert. Vgl. Inv. S. 466. Abb. 7.

22. Bitte um Erlaubnis für einen 2 Fenster breiten Erker (BB. 11. III. 1692).

Grimmaische Straße 20 (L. 608), erhalten. Abb. 46.

22 A. Erhöhung der Seitengebäude durch Werner und Rühl geplant (BB. 30. II. 1726).

Grimmaische Straße 22 (L. 609), erhalten. Abb. Wustmann, Leipzig durch drei Jahrh.

23. Erhöhung der Vorder- und Seitengebäude von Hch. Linckes Löwen-Apotheke. Am Vorderhaus nur die Stirnwand von Stein. Ausführende: Rempe und Rühl (BB. 21. IV. 1706).

Grimmaische Straße 24 (L. 610), erhalten. Abb. Wustmann, Leipzig durch drei Jahrh.

24. Chr. Gottfr. Mörlinus will auf sein Vorderhaus ein 4. Geschoß aufsetzen und einen 3 stöckigen, einfenstrigen, hölzernen Erker anbringen. Ausführende: Fuchs und Rühl (BB. 28. II. 1705).

25. Taxa der Baukosten: 3200 Tlr. (BB. 26. VIII. 1706).

Grimmaische Straße 31 (L. 680), nicht erhalten. Vgl. Inv. S. 464.

26. Stieglitz beabsichtigt einen Neubau mit doppeltem Erker, für den die feuersichere Verwahrung Rempe übernommen hat (BB. 30. V. 1692).

27. Kostenanschlag der fertigen Neubauten: 8000 Tlr. (BB. 31. VIII. 1693).

27 A. Neue Haustür, neue steinerne Treppe im Hof links. Ausführende: J. G. Döring und Huth (BB. 22. X. 1746).

Hainstraße 8 (L. 342), erhalten. Vgl. Inv. S. 465. Abb. 6 und Alt-Sachsen S. 206.

28. Erhöhung des Erkers von 2 auf 3 Geschosse erbeten. Zufügung des Dacherkers. Ausführende: Valtin und Weißmantel (BB. 18. XI. 1711).

Hainstraße 13 (L. 202), erhalten. Vgl. Inv. S. 496.

29. Die Risse für den von Joh. Chr. Töpffer geplanten Erker am neu zu erbauenden Hause werden besichtigt (BB. 18. VII. 1744).

30. Taxa der Baukosten: 6100 Tlr. (BB. 10. III. 1746).

Hainstraße 15 (L. 203), erhalten. Vgl. Inv. S. 459.

31. Neubau Chr. Müllers, vor Feuersgefahr verwahrt durch Bachmann (BB. 22. V. 1693).

32. Taxa der Baukosten bei Vollendung der von Grund aus neu errichteten Gebäude: 4000 Tlr. (BB. 5. XI. 1695).

Hainstraße 17 (L. 204), nicht erhalten. Vgl. Inv. S. 470. Abb. Inv. 316.

33. „. . . 1699. Neu erbauet eod. ao." (BHC.).

Katharinenstraße 3 (L. 376), erhalten. Vgl. Inv. S. 472, 488. Abb. 33.

34. Neubau vom Ratszimmermeister Chr. Schmidt geplant. 4 geschossiges steinernes Vorderhaus und 3 stöckiger hölzerner Erker, Einfahrt, breiter Dacherker, steinernes Seitengebäude. Ausführende: Fuchs und Schmidt (BB. 10. VII. 1708).

35. Neubau aller Seiten- und Hintergebäude (BB. 30. I. 1709).

36. Taxa der bisherigen Baukosten des nunmehrigen Besitzers Theod. Oertel: 15 000 Tlr. Das Haus „ist innen und außen gar regulair, besonders aber mit einer Ausgeziehrten facciata" (BB. 30. VIII. 1710).

36 A. Taxa der Baukosten Stegers: 7000 Tlr. Vorn ist nur im Innern geändert worden, aber hinten sind Stockwerke auf die Seitengebäude aufgesetzt worden (BB. 22. XII. 1711).

Katharinenstraße 5 (L. 375), erhalten. Vgl. Inv. S. 492. Abb. 73.

37. Chr. Hch. Böhring bittet um Besichtigung für den Neubau all seiner Seiten-

und Hintergebäude, nachdem er das Vorderhaus schon um ein Geschoß erhöht hat. Ausführende: Büttner und Knoff (BB. 19. III. 1731).

38. Taxa der Baukosten: 4800 Tlr. Der Neubau wird seit 1730 geführt (BB. 28. V. 1733).

Katharinenstraße 7 (L. 374), erhalten. Vgl. Inv. S. 495.

39. Außer Umbauten an den Hintergebäuden will Frau Tiefftrunck vorn einen 3 geschossigen hölzernen Erker, ein neues Dach und einen Dacherker anbringen. Ausführende: Rempe und Müller (BB. 6. XI. 1709).

40. Taxa der Baukosten: 3100 Tlr. Der Erker ist „mit verschiedenen höltzern Simss- und Zierrathen-Werck" versehen. Auch das Dach ist „nach der modernen Arth mit Simssen und hohen Dachfenstern" (BB. 24. XII. 1710).

Katharinenstraße 11 (L. 372), erhalten. Vgl. Inv. S. 480. Abb. 30.

41. Umbauten am Vorderhaus: 2 Portale, eines nur „proforma", 2 geschossiger Erker, neue Fenster, neue steinerne Treppe „nach einer Quadratfigur". Um- und Neubauten der Seitengebäude. Ausführende: Fuchs und Schmidt (BB. 27. V. 1706).

42. Taxa der Baukosten: 9100 Tlr. Das Vorderhaus ist alt, aber verändert. Der Erker geht durch drei Geschosse (BB. 14. XII. 1707).

42 A. In einer Zusammenfassung aller besichtigten Bauten heißt der Neubau fertig außer dem Torweg (BB. 28. IX. 1708).

Katharinenstraße 12 (L. 394), erhalten, aber verändert. Vgl. Inv. S. 482. Abb. 42.

43. Dr. Polycarp Gottl. Schacher bittet um Besichtigung, „welcher Gestalt ich mein in der Catterstraße gelegenes Haus an Forder-, Seiten- und Hintergebäuden, durch die Mauer- und Zimmerleute Mstr. Christian Rühlen ältern und jüngern ing. Christian Döhringen neu aufführen zu lassen, vorhabens bin" (BB. 4. X. 1714).

44. Neubau bis auf die steinernen Teile des alten Hauses: den Torweg gegen die Katharinenstraße und den Unterstock gegen das Böttchergäßchen. Das Vorderhaus wird 4 stöckig mit Dacherker über der Mitte und 3 stöckigem, hölzernem Erker an der Ecke. Ausführung „nach den uns vorgezeigten Rissen" (BB. 15. X. 1714).

45. Aus dem Verzeichnis der ausgeführten Bauten. Schachers Haus „ist gebauet" (BB. 7. VI. 1717).

45 A. „Zu Stande" gekommen die drei Häuser der Katharinenstraße (Sickel, Neo-Annales Lipsienses IV auf das 1718. Jahr).

Katharinenstraße 14 (L. 410), erhalten. Vgl. Inv. S. 482. Abb. 44.

46. Döring zeigt den geplanten Neubau Joh. Schellhaffers den Gewerken. Neubau des Seitengebäudes gegen das Böttchergäßchen und des Hinterhauses, beide von 4 steinernen Geschossen. Im Vorderhaus nur Änderungen. Ausführende: Döring und Müller (BB. 5. IX. 1724).

47. Taxa der Baukosten: 9800 Tlr. Eine Bescheinigung von Döring und Schmidt vom 28. I. 1717 bezeugt, daß die Seiten- und Hintergebäude ganz, das Vorderhaus bis auf den Unterstock neu ist. „Alls halten wir dafür, daß zur ausführung dises Baus H. Schellhaffer gar wohl 10 000 Rthlr. verwendet" (BB. 17. II. 1717).

Katharinenstraße 16 (L. 411), erhalten. Vgl. Inv. S. 482f. Abb. 41, 43 u. S. 73.

48. In der Taxa für Katharinenstr. 14 heißt das Haus „neben H. Baumeister Hohmanns Hause" (BB. 17. II. 1717).
49. Im Verzeichnis der ausgeführten Bauten: „In H. Baumeister Hohmanns Neu aufgeführtem Hause die Feuerstellen allenthalben gebührend verwahret" (BB. 7. VI. 1717).

Katharinenstraße 18 (L. 413), erhalten. Vgl. Inv. S. 488. Abb. Alt-Sachsen S. 204.
50. Neubau Hch. Krumpthoffs. 4 steinerne Geschosse, 3 geschossiger hölzerner Erker, Dacherker 7—8 Ellen breit. Ausführende: Rempe und Weißmantel (BB. 4. XI. 1709).
51. Taxa der Baukosten: 6600 Tlr. Auch nach dem Hofe geht ein Erker. Das Haus ist in „feine ansehnlichkeit" gebracht (BB. 19. III. 1711).

Katharinenstraße 19 (alte Nummer 27, L. 365), erhalten. Vgl. Inv. S. 494. Abb. 88.
52. Jobst Hch. Hannsen bittet um Besichtigung, da er sein Haus „in vorigen und iezigen Jahre an Förder-Seiten- und Hintergebäuden würcklich vollführet habe" (BB. 23. V. 1749).
53. Taxa der Baukosten: 60000 Tlr. Das verzierte Portal, die Stuckdecken, die tönernen Aufsätze der Öfen werden hervorgehoben (BB. 9. VI. 1749).
53A. Der Wert des Hauses nur noch auf 43500 Tlr. angesetzt (BB. 9. IV. 1759).
54. Die Aufsetzung eines 4. Geschosses auf das rechte Seitengebäude wird durch Werner und Huth besorgt (BB. 12. VII. 1747).

Katharinenstraße 20 (L. 414), erhalten. Vgl. Inv. S. 464. Abb. 8.
55. Gesuch Leonhard Zöllners um Erlaubnis für einen doppelt austretenden Erker (BB. 1. VII. 1692).
56. Erbauung eines neuen Seitengebäudes durch Rotzsch und Schmidt (BB. 10. V. 1697).
57. In der Taxa des Wertes heißt der Erker neu (BB. 4. XI. 1697).
57A. Neue Seiten- und Hintergebäude außer „andern bereits allda aufgeführten Gebäuden" (BB. 27. II. 1701).
57B. Neues 3 stöckiges, steinernes Hintergebäude mit Dacherker, ausgeführt durch Bachmann und Schmidt (BB. 3. IV. 1706).
58. Das 3 stöckige steinerne Haus soll einen neuen Dacherker bekommen (BB. 28. X. 1719).

Katharinenstraße 21 (alte Nummer 29, L. 364), erhalten. Vgl. Inv. S. 495. Abb. 86.
59. Gottl. Bernh. Zehmisch beabsichtigt, sein Vorderhaus bis auf Brandgiebel und Unterstock abzureißen und 3 neue Geschosse aufzusetzen. „Nächst dem ist H. Zehmisch Willens, mit E. E. Raths Bewilligung, an der Mitte seiner neu aufzuführenden Vordermauer eine Vorlage oder Risalit, 4 Zoll starck und 7 Ellen breit anzulegen und fertigen zu lassen." Ausführende: Seltendorff und Rühl (BB. 7. IX. 1750).

Katharinenstraße alte Nummer 23 (L. 367), nicht erhalten. Vgl. Inv. S. 480.
60. Joh. Jac. Kees bittet um Besichtigung seiner geplanten Bauten: ein neuer Dacherker, 6 kurze Säulen, um das Auffahren am Portal zu verhindern, neue Gänge im Hof. Ausführende: Clauß und Rühl (BB. 20. X. 1707).
61. Neu erbauet 1707 (BHC.).

Katharinenstraße 23 (alte Nummer 31, L. 363), erhalten. Vgl. Inv. S. 478f. Abb. 23—28 und S. 44.

62. Franz Conrad Romanus hat die Häuser. 363a—c gekauft und will sie abreißen. Er bittet um Besichtigung von 363a, um dessen Wert zu taxieren (BB. 30. V. 1701).

63. Die Werttaxa ist von Fuchs signiert (BB. 6. VI. 1701).

64. Romanus bittet um Bewilligung des Neubaus (BB. 22. VI. 1701).

65. Bericht des Actuarius iuratus über die Besichtigung, da „er mit Niederreißung seiner ... Häuser nunmehro bey nahe zu ende kommen“. Der Neubau wird 4 Geschoß hoch, und „das frontispicium in der Catharinenstraße soll 14 Zoll vorliegen“. Nach dem Brühl zu sollen 3 Frontispizia gemacht werden, und an der Ecke ein Erker „auf zwey freystehende Seulen“ (BB. 8. VII. 1701).

66. Besichtigung anläßlich einer Beschwerde des Nachbars in Romanus' „Neu auferbaueten Hause“ (BB. 5. VIII. 1705).

67. Hofrat Oertel will statt der Balustrade auf dem Altan im 4. Geschoß des Vorderhauses nach dem Hof zu ein 5. Geschoß errichten. Ausführende: Seltendorff und Rühl (BB. 10. VIII. 1746).

Klostergasse 5 (L. 162), erhalten. Vgl. Inv. S. 495.[217] Abb. 87.

68. 1753 Neubau begonnen. 1754 am 7. September Richtfest (Riemer).

69. Attest über den vollendeten Neubau (BB. 11. XI. 1755).

Klostergasse 7 (L. 163), erhalten.

69A. Taxa der Baukosten des E. Gottl. Matthes: 7800 Tlr. Das Haus ist „vor wenig Jahren von Grund aus ganz neu erbauet“. 2 Seiten- und 1 Hintergebäude, alle 5 stöckig, gehören dazu (BB. 17. III. 1748 oder 1749).

Klostergasse 9 (L. 164), erhalten.[218] Abb. 70.

70. Iccander nennt unter den bemerkenswertesten Häusern der Stadt auch das Schellhaferische in der Klostergasse.

71. Neu erbaut 1717 (BHC).

Kupfergasse 18 (L. 660), nicht erhalten. Vgl. Inv. S. 495. Abb. 90.

72. Richtfest in Breitkopfs Hause zum Silbernen Bär 29. XI. 1765 (Riemer).

Markt 2 (L. 386), erhalten. Vgl. Inv. S. 477. Abb. 20, 51.

73. Taxa für Wfgg. Jöcher. 22000 Tlr. hat der Neubau der Hintergebäude und des Frontispiz und Dacherkers vorn gekostet (BB. 11. IX. 1697).

74. Aufs Vorderhaus soll durch Fuchs und Schmidt ein neues, 4. Geschoß aufgesetzt werden (BB. 12. VII. 1707).

75. Die Gewerken melden, daß „An dem Forder-Gebäude die Einfahrt vom Markt an seinem jetzigen Orte verbleiben soll, weil aber daran keine sonderliche Verzierung, so wäre“ H. Hauptmann Curtius „gesonnen, daran ein zierliches Portal zu machen und deren Vorlagen mit den Fuß-Gesimß ... 1 Elle gegen die Gasse vorzulegen. Und in dem der hierauf vorhandene Balcon mit seinem eisernen Balustraten-Geländer nur auf höltzernen Bohlen befindlich, soll dafür ein neuer Balcon 1½ Elle vorliegend, mit einem steinernen Geländer gemacht werden“. Ausführende: Döring und Knoff (BB. 25. VI. 1738).

Markt 3 (L. 387, 88; 401, 02), erhalten. Vgl. Inv. S. 487f. Abb. 74—76 u. S. 111.

76. Beschwerde der Nachbarin anläßlich „Herrn Michael Kochs, Seines anietzo vorhabenden Baues". Es ergibt sich, daß die Zwischenwand der Häuser schon „bloß stehet". Als Beauftragte Kochs erscheinen Werner und Rühl (BB. 29. VIII. 1737).

77. Baukostentaxa für Koch: 133000 Tlr. Der Bau hat 20 gewölbte Keller, 25 Gewölbe im Erdgeschoß, 4 Stallungen, 3 steinerne, gewölbte Treppen, 48 Wohnstuben, 9 Küchen, Öfen mit Tonaufsätzen, Stuck- und Quadraturdecken. Das Haus ist „sowohl innen als außen nach guter Symmetrie eingerichtet, an die Seite gegen den Marckt" ist „ein zierliches, steinern Portal, mit Balcon und zweyen Statuen ansehnlich verziehret . . ." angebracht (BB. 14. VII. 1738).

78. 1739: „In diesem Jahre ist das prächtige Kochische Haus am Marckte, so in Fastnachten 1735 zu bauen angefangen, in fertigen Stand gebracht worden." (Riemer).

Markt 5 (L. 336), nicht erhalten. Vgl. Inv. S. 494. Abb. 85.

79. 1748: Im Juni fällt ein Handlanger beim Bau vom Gerüst (Riemer).

80. Taxa der Baukosten für Gge. Hch. Schmidt: 16800 Tlr. Die Stirnseite des 4stöckigen Vorderhauses ist „auswendig mit Bildhauerarbeit verzieret" (BB. 12. II. 1749).

81. „Neu erbauet 1748 durch den Zimmermeister Huth und den Maurer Werner" (BHC.).

Markt 8 und Hainstraße 1 (L. 195), zum Teil erhalten. Vgl. Inv. S. 493. Abb. 83.

82. 1749 fertig geworden: Barthels Hintergebäude (Riemer).

Markt 11 (L. 174), erhalten. Vgl. Inv. S. 481f. Abb. 36—39 u. S. 61.

Über den Prozeß 1710—14 und das Gutachten Pöppelmanns vgl. Thieme-Beckers Künstlerlexikon, Artikel Fuchs.

83. Ersuchen Peter Hohmanns um Erlaubnis für einen Erker gegen die Klostergasse und um „zwei einfallende Lichter in den mittleren Obern Keller" „hinter dem Portal". Besonders aber ist ihm „daran gelegen, die von dem Mauermeister Johann Gregor Fuchssen wegen meines Fordergebäudes gesuchte Haupt Besichtigung nicht länger aufhalten zu lassen, weil sonsten, wenn alles zugebauet, man die eigendliche Beschaffenheit nicht wird ergründen können" (BB. 28. IV. 1710).

83A. Akten des Streitfalles zwischen Schmidt und Fuchs: 13. II. 1710 erbittet Schmidt eine Besichtigung des Baues, da sich im Hause Mauerrisse zeigen und man ihm die Schuld daran gibt. Die Besichtigung findet am 14. II. 1710 statt. Das Haus trägt schon das Dach. Die Kommission stellt fest, daß die Schuld keinesfalls allein am Dach, sondern an zu schwachen Bögen in den Gewölben des Erdgeschosses liegt. Fuchs schlägt eine neue Besichtigung mit anderen Sachverständigen, etwa den Ältesten der Mauerinnung, vor, da er bei der ersten nicht anwesend sein durfte. Schmidt zögert sie hinaus und läßt sich bestätigen, die Formel, der Schaden liege nicht allein am Zimmermann, sei nur error scribenti. Er sei vielmehr ganz unschuldig. Fuchs wendet sich am 26. VII. 1710 an August den Starken und erbittet ein Gutachten von Dresdner Experten. Er schlägt vor, daß Pöppelmann und die Hofmauer- und Hofzimmerleute Möser und Dünnebier auf Fuchsens Kosten kommen sollen. Die Dresdner Kanzlei bewilligt dies trotz dem Einspruch Schmidts, der verlauten läßt, Möser und Dünnebier seien Fuchsens „gute Freunde und Gefattern".

Graf Wackerbarth bestimmt einen Tag, an dem alle drei nach Leipzig reisen können, und am 23. I. 1711 findet die Besichtigung statt. Pöppelmann muß sie unterbrechen, da er zum König berufen wird, nimmt aber die Akten mit. Am 9. I. 1713 trifft das Gutachten von Pöppelmann, Möser und Dünnebier ein, nach dem „dem Mauermeister Fuchsen keineswegs einige Negligenz beigemessen werden" könne. Darauf folgt am 10. II. 1714 die Aufforderung der Kanzlei, die Parteien sollen sich beruhigen.

84. Die Besichtigung findet statt: Gutachten wegen der Kellerfenster neben dem steinernen Portal, das an die Fassade „hinkommen wird" (BB. 2. V. 1710).

85. Hohmann bittet um das Gutachten, daß sein Haus ganz neu erbaut ist, um den Steuererlaß zu erhalten (BB. 29. V. 1714).

86. Der Neubau ist fertig und bewohnbar. Er besteht aus dem Vorderhaus gegen den Markt, zwei Seitengebäuden und dem „Hintergebäude, das gegen die Closter-Gasse die Facciata machet" (BB. 6. VI. 1714).

86A. Neu erbauet 1709 (BHC.).

Markt 13 (L. 172), nicht erhalten. Vgl. Inv. S. 458, 492. Abb. 77.

87. Neubau des Appellationsrates und Prokonsuls Dr. Chr. Ludw. Stieglitz. Es soll ein 3 stöckiges, steinernes Haus werden „und werden obbenanndte beyde Meistern, Rühl und Werner, . . . diesen Bau verfertigen" (BP. 28. V. 1733).

88. Stieglitz hat das Kösslitzsche Haus hinzugekauft und will sonderlich im Hintergebäude einen Bau führen. Bitte um Besichtigung (BP. 18. VI. 1733).

89. Die Fassade des Kösslitzschen soll mit der des Stieglitzschen Hauses in „einerley Égalité" gebracht werden. Ausführende: Werner und Rühl (BP. 22. VI. 1733).

90. Neubauten von Seitengebäuden (BP. 29. X. 1733 und 25. II. 1734).

91. Taxa der bisherigen Baukosten: 15500 Tlr. Neubauten an Seiten- und Hintergebäuden. Das Vorderhaus ist nur durch Versetzung der Fenster zu Symmetrie und Ansehnlichkeit gebracht worden (BB. 16. XII. 1734).

92. Attest über den fertigen Neubau (BB. 20. IV. 1740).

Markt 14 (L. 171), nicht erhalten. Vgl. Inv. S. 494. Abb. 77.

93. Taxa der Baukosten des E. Gottl. Küstner. Das „im 1742sten und folgenden Jahren" „von neuem erbaute Haus" enthält ein 4 stöckiges, steinernes Vorderhaus mit Dacherker, 5 Seiten-, 2 Quer-, 1 Hintergebäude (BB. 4. XII. 1750).

Markt 17 (L. 2), erhalten, aber verändert. Vgl. Inv. S. 458, 477. Abb. 32.

94. Besichtigung bei Dietrich Apel, „was massen er gesonnen ... die facade seines Forderhauses nacher dem Marckte zu, in einem und dem Andern zu ändern". Die Fenster sollen erhöht, die Läden umgebaut, ein Erker von Holz durch 3 Geschosse mit einem „Balcon oder Altan mit einem Balustraden-Geländer" oben angebracht sowie ein Dacherker mit Giebelfronton aus Stein aufgesetzt werden. Ausführende: Fuchs und Schmidt (BB. 30. I. 1706).

95. Statt des alten Torweges sollen „der Symmetri halber" 2 Torwege gebaut werden. Genannt Fuchs und Schmidt „alls die ... ihm mehr ermelten H. Apeln diese Arbeit verfertigen sollen . . ." (BB. 3. IV. 1706).

96. Ein „Salott nach Arth eines Pavillons" soll „auf den Boden, dort wo man auf den Altan kommt" (BB. 27. IV. 1707).

96 A. „Ihre Bauten haben seit Bartholomäi 1706 ferfertigt: . . . H. Apel . . . in seinem Hause am Marckte dessen Neues Salottgen im Dache . . . Z.Mstr. Schmidt, M.Mstr. Fuchs" (BB. 4. VIII. 1707).

Naschmarkt 1 (L. 576), nicht erhalten. Vgl. Inv. S. 490. Abb. 68.

97. Taxa der Baukosten Hofrat Stegers: 2000 Tlr. Neu ist allein das Stück des Hauses gegen den Naschmarkt in 3 steinernen Geschossen (BB. 22. V. 1726).

Neumarkt 3 (L. 626), erhalten, aber verändert. Vgl. Inv. S. 476f. Abb. 18, 19.

98. Gesuch Joh. E. Kregels, vor sein neugebautes Haus am Portal wenigstens 2 kurze Säulen statt der beabsichtigten 6 stellen zu dürfen, wie sie auch sonst, z. B. „an Italienischen Kellern" üblich (BB. 8. V. 1697).

98 A. Die 2 Säulen am Portal werden erlaubt, die anderen endgiltig abgeschlagen (BB. 17. V. 1697).

98 B. Neubau eines Seitengebäudes durch Valtin und Weißmantel (BB. 14. IV. 1701).

Neumarkt 12 (L. 15), erhalten. Vgl. Inv. S. 488. Abb. 48.

98 C. Das Haus Chr. Jungers bekommt ein neues Seitengebäude und neues Mansardendach mit Dacherker. Ausführende: J. G. Döring und Knoff (BB. 8. V. 1744).

98 D. In einer Werttaxa heißt es: „Da obbeschriebenes Haus erst anno 1744 durchgehends verändert, repariret und renoviret" (BB. 15. X. 1750).

Neumarkt 13 (L. 629), nicht erhalten. Vgl. Inv. S. 477. Abb. 52.

99. Der Landbaumeister David Schatz bittet um Besichtigung seines Neubaus wegen Steuererlaß. Vom alten Haus ist nur eine Stube neben der Einfahrt stehengeblieben (BB. 20. I. 1713).

100. Bei einem Streitfall mit dem Nachbar wird Schatz durch den Mauermeister Clauß vertreten (BB. 18. X. 1714).

Neumarkt 18 (L. 16), nicht erhalten. Vgl. Inv. S. 492. Abb. Inv. 343.

101. Taxa für Joh. Mich. Fried, „nachdem derselbe nunmehro seines allhier . . . gelegenen Hauses neuerlichen Bau in Vollkommenheit gebracht". Baukosten: 16 800 Tlr. (BB. 25. IX. 1737).

Neumarkt 28 (L. 48), erhalten. Vgl. Inv. S. 463.

102. Dr. Joh. Hch. Konhardt plant einen völligen Neubau mit Erker. Die Gewerken können noch nicht urteilen, da sie noch keine Risse gesehen haben. Der Bau soll 16 682 Tlr. kosten (BB. 7. VIII. 1693).

102 A. Aufsetzung eines 5. Geschosses durch Döring und Huth (BB. 1. VIII. 1748).

Nikolaistraße 34 (L. 739), erhalten. Vgl. Inv. S. 464.

102 B. Neubau Chph. Klingners: 4 stöckiges Vorderhaus mit 2 stöckigem Erker, über dem „ein SommerSalott oder Auffsatz-Gebäudlein, 4 Ellen über dem Dachfürsten hoch" aufragt. Ausführende: Thiele und Schmidt (BB. 12. III. 1708).

102 C. Taxa der Baukosten. Der Aufbau heißt „Sommer-Thürmgen mit hohen Fenstern mitten in das Dach" (BB. 24. XII. 1708).

102 D. Neubau Joh. Funcklers fertig: 4 steinerne Geschosse hoch (BB. 12. III. 1753).

Nikolaistraße 37 (L. 530), nicht erhalten.

102 E. Besichtigung wegen Erhöhung der Fassade von 2 auf 3 Stock (BB. 25. V. 1689).

102F. Gg. Weiße will durch Rotzsch und Weißmantel neue Seiten- und Hintergebäude errichten lassen (BB. 16. III. 1697).

Petersstraße 5 (L. 37)., nicht erhalten. Vgl. Inv. S. 488. Abb. Inv. 337.

103. Neubau C. Schneiders. Vom alten Hause sollen Seiten- und Hintermauern
4 stöckig stehenbleiben. An das neue Gebäude ein 3 stöckiger Erker und Dacherker.
Ausführende: Clauß und Knoff (BB. 5. II. 1721).

Peterstraße 12 (L. 73), erhalten. Vgl. Inv. S. 456. Abb. Inv. 312.

104. Die Gewerken haben nichts gegen den von C. Schneider erbetenen Erker ein-
zuwenden (BB. 23. VII. 1684).

Petersstraße 15 (L. 32). A. Ballhaus im Hofe. Abb. S. 34.

105. Gottfr. Krelle will ein neues Seitengebäude „benebenst einem Ball-Hauß"
errichten (BB. 3. V. 1692).

106. Ihm gegenüber soll ein anderes Seitengebäude durch Rotzsch und Chr. Riedel
erbaut werden (BB. 5. VI. 1695).

B. Neubau Peter Hohmanns, erhalten. Vgl. Inv. S. 485f. Abb. 71, 72 u. S. 106.

107. Taxa der Neubauten. Das Vorderhaus, mit „einer zierlichen Facade versehen"
und mit 3 stöckigem verziertem Erker, Stuck- und Freskodecken, 2 Treppen,
zierlichen Öfen und Kaminen hat 19500 Tlr., die 2 Seitengebäude des Vorder-
hofes, das Quergebäude, das Seitengebäude des Hinterhofs und die Renovation des
Hinter- und Mietshauses gegen den Neumarkt haben 37250 Tlr. gekostet (BB.
15. VIII. 1731).

107A. In Hohmanns Garten vor dem Hallischen Tor soll ein Sommerhaus am Ende
des Hauptganges errichtet werden. Ausführende: Rühl und Werner (BB. 14. II.
1733).

Petersstraße 21 (L. 29), erhalten. Vgl. Inv. S. 490, Abb. 47.

108. Joh. Casp. Heydenreich will das Vorderhaus bis auf den Unterstock neu
bauen. Kein Erker, sondern 6 Zoll tiefe Vorlage. An den Torweg soll „besonders wohlstandes halber ein Portal" vorgebaut werden. Ausführende: Döring und
Rühl (BB. 18. IV. 1719).

108A. Die Gewerken setzen es durch, daß das Portal nur 6 statt 8 Zoll über die
6 Zoll der Vorlage überragt. Erst so wird der Bau bewilligt (BB. 20. V. 1719).

Petersstraße 24 (L. 80) erhalten. Vgl. Inv. S. 495. Abb. 84.

109. Beginn des Neubaus Anfang Juni 1749 (Riemer).

109A. Der Neubau des Hinterhauses beginnt 10. V. 1750 (Riemer).

Petersstraße 26 (L. 112), nicht erhalten. Vgl. Inv. S. 482.

110. Rud. Ludw. Langguth will auf sein Haus ein 4. steinernes Geschoß aufsetzen und an der Ecke einen durch 2 runde Säulen gestützten Erker errichten
(BB. mit Grundriß 23. VI. 1713).

Reichsstraße 17 (L. 400), erhalten. Vgl. Inv. S. 477.

111. Neubau von 4 Geschossen. Die Vordermauer mit 3 stöckigem Erker von Stein,
das übrige von Holz. Ausführende: Rempe und Weißmantel (BB. 5. VII. 1709).

Reichsstraße 23 (L. 397), erhalten. Vgl. Inv. S. 464, 465.

112. Neubau Joh. Zipfels. Die Erlaubnis für den beabsichtigten Erker steht beim
Rat (BB. 21. III. 1674).

Reichsstraße 25 (L. 396), erhalten. Vgl. Inv. S. 488.

113. Bericht über die Bauten des Gge. Hch. Püschel. 1729 mußte er das Vorderhaus niederreißen und neu bauen. Auch die Seiten- und Hintergebäude sind neu (BB. 15. II. 1731).

Ritterstraße 6 (L. 686), nicht erhalten. Vgl. Inv. S. 488. Originalzeichnung (BB. 25. IV. 1711) Abb. 35.

113A. Th. Fritsche bittet um Bauerlaubnis für ein 4 stöckiges, steinernes Vorderhaus mit 8 Zoll tiefer Vorlage, da er zu einem Erker noch nicht entschlossen ist. Nach hinten soll ein Salott ins Dach kommen. Ausführende: Fuchs und Schmidt (BB. 15. XII. 1708).

113B. Eine Beschwerde des Nachbars wird von den Gewerken in Fritsches Neubau im 3. Stock kontrolliert (BB. 31. VII. 1709).

113C. Fritsche will mit dem Hintergebäude anfangen und bittet um Erlaubnis, es auf die Stadtmauer aufbauen zu dürfen (BB. 17. II. 1710).

113D. Fritsche bekommt die Erlaubnis, darf sein Haus aber nur soweit wie das Nebenhaus vorrücken, nicht soweit, wie der Turm vorsteht (BB. 20. II. 1710).

113E. Fritsche bittet um ein Staket vor sein fertiges Hinterhaus, da man ihm sonst vom Zwinger aus die Fenster einwürfe. Seine Gewölbe liegen 7 Ellen tiefer als der Boden des Zwingers (BB. 1709, datiert 21. IV. 1711).

Roßplatz „Der Kurprinz", nicht erhalten. Vgl. Inv. S. 469.

114. Besichtigung der Neubauten des Kommerzienrates Mewes. Vorderhaus und Flügelgebäude nach dem Hofe 3 stöckig, 5 neue Seitengebäude sowie ein 2 stöckiges steinernes Wohnhaus im Garten (BB. 28. IV. 1753).

115. 1753 Oktober Haus zum Kurprinz vollendet (Riemer).

Thomasgasse 5 (L. 109), erhalten. Vgl. Inv. S. 496.

116. Neubau des Joh. Chr. Krappe auf dem Boden seines und des dazu gekauften Cichoriusschen Hauses: 4 Stock hoch, nur an der Vorderwand von Stein, mit 3 geschossigem Erker. Ausführende: Walther und Chph. Döring (BB. 6. VII. 1756).

Universitätsstraße 8 (L. 614), erhalten. Rückseite der Feuerkugel, Neumarkt 3. Vgl. Inv. S. 476, Abb. Inv. 321.

117. Joh. Gg. Weinreich bittet um Erlaubnis für einen 2 stöckigen, hölzernen Erker und Dacherker. Neu soll auch ein 3 stöckiges, hölzernes Hintergebäude errichtet werden. Ausführende: Valtin und Matern (BB. 18. VI. 1711).

Universitätsstraße 11 (L. 673), erhalten. Abb. 81.

118. Taxa der Baukosten Bernh. Chph. Breitkopfs: 16 000 Tlr. 1732 stand noch das alte Gebäude. Das neue ist 3 stöckig mit Frontongiebel und Seiten- und Hintergebäude versehen (BB. 19. VIII. 1737).

2. Regesten zu Kirchen und öffentlichen Gebäuden

Wie schon mehrfach erwähnt wurde, ist für die öffentliche Bautätigkeit das Inventar verläßlicher und benutzte die wichtigsten archivalischen Quellen. Ich kann mich also hier auf Nachträge beschränken und brauche nur hie und da etwas wörtlich zu zitieren, wo es für den kunsthistorischen Verlauf wesentlich ist.

Calbitz (AH. Oschatz) Pfarrarchiv.

119. Leipziger Ostermarckt 1725.

Auf Begehren Sr. Excellence dem Herrn Geheimbten Rath von Benneckendorff folgen Baurisse gefertiget als zu dero Kürchenbau nach Kalbitz:

1724 d. 8. April mit dero Pferden nach Kalbitz gefahren und dort die Kürche abgemessen und die Desseins zum Bau entworffen vor die Versäumnis 7 Tage mit dazu . . . reise . . . . Rtlr. 7.

d. 11 Maj den Herrn Geheimbten Rath in Leipzig übergeben, die ausgefertigten Kirchenrisse so bestanden in 3 Grundrissen mit allen Mannes als Weiberstühlen abgetheilet. Eine lange faciade gegen Mitternacht. Einen langen Durchschnitt und einen dergleichen Die breite Seite mit der abbintung des Taches virstellet . . . . Rtlr. 10.

d. 24 Maj die driben stehenden Kürchenrisse vor die Handwergsläute noch einmal gefertiget, nebst 6 Blat gezeichneten Scablonnen zur Dorisch und Ionischen Ordnung zum Empohrkürchen nebst allen zugehörigen gesimsen vor die Tischer. . . . . Rtlr. 8.
                                                                    ───────
                                                                      25.

David Schatz.

120. Baugeschichte nach den Rechnungen:

1724:	47 Tlr.	23 Gr.		Maurer
	43 „	16 „		Zimmerleute
	12 „	— „		Steinmetzmeister
1725:	126 „	1 „	6 Pf.	Maurermeister
	32 „	20 „	1 „	Zimmermeister
	4 „	21 „		Steinmetzmeister
	16 „	— „		Schlosser
	13 „	22 „		Schmied
	9 „	6 „		Tischler
1726:	51 „	15 „		Maurermeister
	49 „	22 „		Zimmermeister
	20 „	— „		Steinmetzmeister
	— „	— „		Schlosser
	6 „	12 „		Schmied
	— „	— „		Tischler
1727:	10 „	15 „		Maurermeister (Dach!)
	15 „	20 „		Zimmermeister
	16 „	15 „		auff die Decke.

121. Aus dem Verzeichnis der Getaufften, Gestorbenen und Getrauten . . . Anno 1729 4. Der Hoch-Wohlgebohrne Herr, Herr Caspar Heinrich von Benneckendorff auf Alt- und Neu-Kötitz auch Grödel und Löbegau. Sr. Königl. Majst. in Pohlen und Churfl. Dhl. zu Sachsen Hochbestallter Geheimbde Rath, General-Lieutenant . . . starb im Herrn . . . d. 26. January.

Anno 1730 7. Die Hoch-Wohlgebohrne Frau, Frau Eva gebohrne von Schleinitz, Frau auf Alt- und Neu-Kötitz . . . starb . . . am 22. Martii.

Gautzsch (AH. Leipzig).

122. Wolfgang Jöcher kauft das Gut und erbaut darauf eine „ungemeine propre Kirche" (Schwartze, a. a. O.).

123. Neubau der Gautzscher Kirche (Sicul Neo-Ann. Lips. Contin. auf das 1718. Jahr).

Hof bei Stauchitz (AH. Oschatz) Pfarrarchiv.

124. Nach einer handschriftlichen Baugeschichte entschließt sich Georg Ludwig Graf v. Zinzendorf, weil sein Fuß in diesem evangelischen Lande Ruhe fand zum Neubau der Kirche. Im Sept. 1691 beginnt die Abtragung des alten Baues. Im Mai 1692 wird der Grund zum Neubau gelegt. Der Bau wird aus Pirnaer Sandstein gefertigt. Der Turm ist 88 E. hoch. „Hiernechst haben an dieser Kirche folgende Landwerckmeister gearbeitet, als Joh. George Fuchs, Churfl. Sächs. Hoff Mäuer-Meister in Dresden, George Richter Mäuer Polierer, Martin Richter Zimmermeister, Herr Gottfried Müller, so das Creutz und Knopff vergüldet, Meister Esaias Martini, Churff. S. Hoff-Schlosser in Dresden Meister Jacob Lincke Klemperer, Meister Christian Breune Kupffer-Schmiedt . . .".

Leipzig. Ballhaus, s. Bürger-Bauten unter Petersstr. 15.

Leipzig. Alte Börse.

Was im Inventar fehlt, hat Wustmann in Leipzig und seine Bauten S. 111–16 zusammengestellt.

Leipzig. Georgenhaus. Abb. 93, 94.

125. 1700 Beginn des Neubaues (Vogel).

126. 1702 2. Febr. Erste Predigt in der neuen Kapelle des Georgenhauses (Vogel).

127. 1725. „Im Monat Mai wurde am Zucht- und Waisenhause zu bauen der Anfang gemacht" (Riemer).

128. 1726 Vollendung des Zuchthauses (Riemer).

129. Zwei Häuser gegen das Siegfriedsche Haus werden neu gebaut (BB. 24. IV. 1734).

Leipzig. Johanniskirche.

130. 1746 1. August Grundsteinlegung zum Turm (Riemer).

131. 1748 23. Juni Der Knopf wird auf den Turm aufgesetzt (Riemer).

Leipzig. Alter Johannisfriedhof.

Ich führe hier die Gruftkapellenbauten auch da an, wo sie nicht erhalten oder durch Abbildungen überliefert sind, da sie einen notwendigen Nachtrag zu dem gründlichen Buche von Benndorf bilden.

132. Schwibbogen 1. Neubau Chr. Gottfr. Herrmanns. Unter der Erde gewölbt und über der Erde aus Stein mit verkröpften Pilastern. Ausführende Schmidt und Rüdiger (BB. 6. VI. 1746).

133. SB. 2. Bauherr Hartmann Winckler. Ausführende Werner und Rühl (BB. 7. II. 1747).

134. SB. 13. Bauherr Mauermeister Walther. Ausführende Walther und Huth (BB. 25. X. 1753).

135. SB. 14. Bauherr D. Bauer. Ausführende Walther und Rühl (BB. 30. XI. 1744).

136. SB. 25. Bauherren Peter Huth und Chph. Tänzer. Die Vorderwand mit verkröpften Wandpfeilern. Ausführende Walther und Huth (BB. 29. V. 1747).

137. SB. 27. Bauherr Gge. Hch. Sander. Ausführende Walther und Huth (BB. 20. VI. 1753).

138. SB. 32. Bauherr Joh. Math. Weber. Der Neubau wird 6 Ellen hoch, die Tür 2 × 4 Ellen groß. Ausführende Walther und Dülffert (BB. 6. XI. 1748).

139. SB. 24. Genaue Anschläge von Döring und Knoff, was eine Reparatur und was ein Neubau kosten würde (BB. 10. VI. 1738).

140. SB. 37. Taxa für Joh. Herbord Kloß: Die Kapelle hat das „Dach in Arth einer welschen Haube", „inwendig aber an zweyen Seiten" sind „nicht alleine die Wände mit Schnitzwerck und Bildern geziehret", sondern auch vergoldet und beschriftet. Wert 500 Tlr. (BB. 11. XII. 1709).

141. SB. 54. Bauherr Joh. Andr. Stöhr. Den Neubau führt Walther aus (BB. 21. IX. 1756).

142. SB. 56. Bauherr Martius. Ausführende nicht genannt (BB. 9. XI. 1762).

143. SB. 69. Erhalten, abgebildet bei Benndorf Tfl. 16. Taxa des Wertes: 450 Tlr. Das Gebäude hat zwei Tore mit Gittern und ein wohlausgearbeitetes Epitaphium (BB. 20. IX. 1754).

144. SB. 88. Bauherr Chph. Beyer. Steinerner Neubau mit verzierter Fassade. Als Ausführender genannt Chph. Büttner (BB. 10. VIII. 1736).

145. SB. 89. Erhalten, abgebildet Benndorf Tfl. 19. Bauherr Bürgermeister Dr. Born. Die „fordere Facade" hat eine „bessere Verziehrung" bekommen (BB. 22. IX. 1738).

146. SB. 103. Bauherr Jobst Hch. Hannsen. Neubau um und um steinern mit Erdgrube. Als Ausführender genannt Fr. Seltendorff (BB. 22. XII. 1739).

147. SB. 110. Bauherr Stephan Richter. Neubau mit verziertem Fronton und eisernem Gitter. Ausführende Büttner und Knoff (BB. 10. IX. 1735).

148. SB. 111. Bauherr Joh. Martin Hauck. Neubau mit Wölbung in der Erde, der Oberbau 7,5 Ellen hoch. „An der vordern Mauer 15 Zoll vorstechende, verschweiffte Pfeiler". Ausführende Werner und Rühl (BB. 2. XI. 1746).

149. SB. 116. Bauherr Joh. Jac. Bertram. An der Vorderwand des Neubaues „3 Zoll starck vorliegende Wandpfeiler". Ausführende Werner und Rühl (BB. 21. IV. 1752).

150. SB. 118. Bauherr „der Königl. Pohln. und Churfürstl. Sächss. Land-Baumeister Herr David Schatz", Wölbung in der Erde. Ausführender Haase (BB. 29. X. 1734).

151. SB. 143. Bauherr Joh. Gottlob Lorent. Ausführende J. G. Döring und Huth (BB. 26. V. 1752).

152. SB. 147. Neubau durch Fr. Seltendorff (BB. 17. VI. 1747).

153. SB. 182. Bauherr Joh. Mich. Fried. Wölbung unter der Erde. Ausführender Werner (BB. 17. VII. 1737).

Leipzig. Neue (Matthäi-) Kirche. Abb. 92.

154. Turmbau begonnen am 7. XI. 1702. Knopf aufgesetzt am 4. VIII. 1703 (Vogel).

155. Am 4. VIII. 1712 stirbt Georg Winckler. Er war von besonderer „Erfahrenheit in der Bau-Kunst, dessen gibt sattsamen Beweis die Neue Kirche, welche durch dessen Direction zu den ietzigen Splendeur und Ansehen gebracht worden" (Vogel).

Leipzig. Nikolaikirche. Abb. 102

156. 1668 Erbauung von zwei Kapellen an der Nicolaskirche (Vogel).

157. 1678 Erbauung der Becherschen, Jägerschen und Mayerschen Kapelle an der Nordseite der Kirche (Vogel).

158. 1678 Erbauung der Falckenerschen über der Brausigkschen und Gestewitzschen Kapelle an der Nordseite der Kirche neben der Tür (Vogel).

159. 1706 Erbauung von Kapellen auf der Südseite der Kirche, der Tür neben dem großen Tor und des besonderen Einganges von außen auf die Ratsempore (Vogel).

160. 1731 5. Juni Aufsetzung des Knopfes auf den Niclas-Turm (Riemer).

161. 20. VI. 1746 Verordnung zur Anlage einer Vorhalle, einer Treppe und zweier Kapellen bei der Sakristei (RA. XXIV C 1b).

Leipzig. Opernhaus. Abb. 22.

162. Baubesichtigung des Platzes im Hofe des Siegfriedschen Hauses Brühl L. 495, wo der sächsische Vice-Kapellmeister Nic. Adam Stungk ein Opernhaus anlegen will. Die Gewerken machen auf Traufrechtsschwierigkeiten aufmerksam (BB. 13. IX. 1692).

163. Wiederholung der Besichtigung. Als Abgesandte Strungks kommen Girolamo Sartorio und Dr. Glaser (BB. 6. XII. 1692).

164. Baubesichtigung am 25. II. 1693: Das Opernhaus soll 82 Ellen 9 Zoll lang und an der Stadtmauer 28,75 Ellen breit werden (RA. XXIV A 2).

165. In einem Briefe schreibt Sartorio, daß er „auch schon an vielen Orthen als zu Amsterdam und Hamburg . . ." Opernhäuser gebaut habe (RA. XXIV A 2).

166. Am 16. III. 1693 heißt das Opernhaus bis aufs Dach vollendet (RA. XXIV A 2).

167. Tarquinio Bernardelli beschwert sich auch im Namen seiner Consorten Andr. Fischer und P. Fleischer, daß, obwohl ihm das Holz zum Neubau anvertraut sei, ein anderer in seiner Abwesenheit Stämme geliefert habe (RA. XXIV A 2).

168. 1708 soll das Haus wegen Schulden an die Grundstücksbesitzerin niedergerissen werden. Am 13. April referieren die Gewerken, es sei erst sehr wenig schadhaft (RA. XXIV A 6).

Leipzig. Paulinerkirche.

169. 1709–10 renoviert. Eine Empore wird erbaut, die Bemalung wird erneuert, Orgel und Kanzel kommen an andere Stelle, 24 Kapellen werden eingebaut (Vogel).

Leipzig. Peterskirche.

170. 1710 wird die Kirche von Mietsleuten geräumt, weil sie mit kurfürstlicher Konzession ein Hospital werden soll. Am 29. Juni wird zum ersten Male gebeten, lieber Gottesdienst und die sehr nötigen Katechismusstunden dort abzuhalten zu dürfen. Am 10. I. 1711 ist die Bitte noch nicht bewilligt (RA. VII B. 110).

171. Memorial vom 30. VIII. 1710 über Einrichtungen beim Umbau, z. B. wie der Altar werden soll und ob Emporen eingebaut werden sollen (RA. VII B. 110).

172. Bericht Senckeisens vom 24. II. 1712: Im Inneren ist man fertig, an den Kapellen wird jetzt gebaut. Nun zeigen sich Risse im Mauerwerk. Fünf Mauermeister kommen in Frage, die am Bau beschäftigt sind. 26. II. 1712 Gutachten der Baumeister mit Valtin und Dobritzsch als Sachverständigen. Gegen ihren Besserungsvorschlag wenden sich am 5. III. 1712 die anderen Meister: Fuchs, Bachmann, Clauß, Diehl (Thiele), Döring (RA. VII B. 110).

173. 29. V. 1712 Erste Predigt in der Kirche (Vogel).

174. 29. V. 1748 Anlegung einer neuen Empore über dem Ratsstuhl (RA. XXIV C 1b).

Leipzig. Rathaus.

175. Der Turm ist 1743 so wandelbar, daß der Rat verordnet, er solle „nach bey-gehendem Risse und Anschlage des förderlichsten neu erbauet . . . werden (RA. XXIV C 1b).

176. Am 19. III. 1744 schreibt Schmiedlein: „Seitdem der Rat den angegebenen Thurmbau am Rathhause gütigst approbiret, und mir denselben zu besorgen an-befohlen, habe ich nicht ermangelt, zeithero . . . an der neu zu fertigenden Thurm-haube . . . arbeiten zu lassen“. Er macht den Vorschlag, den neuen Turm um ein Geschoß zu erhöhen (RA. XXIV C 1d).

Die Erweiterungspläne sind besprochen bei Wustmann, Leipzig und seine Bauten. (Akten dazu ebenfalls RA. XXIV C 1d).

Leipzig. Reithaus. Abb. 95, 96.

177. 1713 Kontrakt von 24 Punkten mit Adam Jacob, er solle, „nach dem disfalls ihm vorgezeichneten Risse“ das Reithaus 59 × 28 × 14,5 Ellen groß, ganz steinern erbauen. Die Wände sollen innen glatt werden, „hingegen wird ihme die Vorstellung des Risses anweisen, wie an denen Portalen ausenher die Pfeiler und Pilaren vor-geleget, mit Frontons verziehret und abgebuzt sein müssen“. Der Bau hat im ganzen zehn Bogenfenster, das Portal hat dorische Pilaster und Triglyphenfries.

178. Am 28. II. 1718 inspizieren Bachmann und Döring das Reithaus. Die Bogen-fenster sind schon da, das Mezzanin noch nicht, die Portale sind noch nicht völlig fertig.

179. Begründung vom 28. II. 1718, warum Jacob den Bau nicht kontinuieren kann. Gutachten über Fehler des Zimmermeisters Schmidt, ausgefertigt von Weiß-mantel und Mattern. Schließlich erklärt Schmidt sich bereit, die Fehler zu ändern. Am 8. VI. 1718 beschwert Jacob sich wieder über ihn.

180. Brief von Joh. Chph. Naumann vom 16. IX. 1719 mit der Zeichnung für eine Galerie innen an der Eingangsseite.

181. Adam Jacob mahnt am 3. VI. 1720 um sein Geld für das „vor nunmehr 3 Jahren“ erbaute Reithaus. Am 21. X. 1720 mahnt er wieder, nachdem er nun auch die Galerie fertig gebaut habe. Am 3. XII. 1720 wird der Beschluß gefaßt, das restliche Geld zu bezahlen. (Alles RA. XXIV B 1 und 2).

Leipzig. Stadtbibliothek. (Altes Gewandhaus.)

Außer im Inventar vgl. Wustmann in Neujahrsblätter der Bibliothek und des Archivs der Stadt Leipzig II 1906.

3. Regesten zu Schlössern und Landhäusern

Burgscheidungen. (Abb. 55—60 und S. 91.) Schloßarchiv.

A. Schloßbau:

182. „Anno 1724 den 3 Decembris ist an Ihro des Herrn General-Feldzeugmeisters, Baron von der Schoulenbourg Excellence Neuen Schloß Bau zu Burgscheidungen, im Nahmen Gottes zu bauen angefangen worden, und damit continuirt, wie folget . . .“ (IV. 4. I.)

183. Undatierte Kostenanschläge liegen unter IV 3 und rechnen für den Südflügel
mit 5588 Tlr. 6 Gr. 8 Pf.; für den Ostflügel mit 5856 Tlr. 23 Gr. 10 Pf.; für beide
Flügel zusammen mit 7777 Tlr. 5 Gr., mit innerer Einrichtung 9507 Tlr. 13 Gr.
Für die gesamte Plastik lautet die undatierte Specification: „Specification der
Jenigen Bilder so auff die Aprellen gegen den Garten zustehen kommen.
Als nehmlich die 12 Monathe mit ihren Himmelszeichen nach der Ordnung zu
setzen Hernach den Herculem auf die oberste Aprelle zu stellen iedes Stück
a 20 Rtlr.   260
(Am Rande steht: „ides Stück a 4 Ell hoch".)

In den Lustgarten 4 figuren, als nehmlich die 4 Monarchien gut und wohl
aus studirt iedes Stück a 26 Rtlr.   104
                ―――
                364

(am Rande steht: „iedes Stück a 5 Ell hoch").
184. 1725 werden nur Steinbrecher und Sandauswerfer bezahlt. (IV. 4. I.)
185. 1726 Kontrakte mit dem Maurerpolier Joh. Müller, dem Steinmetz Gottfr.
Jex, dem Zimmermann Mich. Hoffmann, dem Tischler Joh. Fr. Weidner (IV. 3.),
dem Bildhauer Jos. Blühme (IV. 4. 1.) Im Mai beginnt die Bezahlung der Maurer
und Steinhauer. (IV. 4. I.), im Juni die Blühmes (IV. 4. I.)
Aus der Rechnung: 186. 4. VII. Bote, den der Herr Landbaumeister nach Sanger-
hausen geschickt, um mehr Maurer zu holen.
187. 17. VII. „An Chph. Rötzschern, daß er den Hrn. Landbaumeister von Meisel-
witz abgehohlet, und wieder nach Leipzig gebracht . . .".
188. 5.–10. VIII. Einen Boten nach Altenburg an den Bildhauer.
189. 19. VIII. dem Herrn Landbaumeister Schatzen vor Bau Seil und Kloben . . .
26. 11.
190. 20. VIII. Schatz nach Leipzig zu fahren.
191. 3. X. Schatz nach Zeitz zu fahren.
192. 15. X. An Schatz 150 Tlr.
193. 22. oder 23. XI. Schatz nach Merseburg zu fahren.
194. Dauernde regelmäßige Bezahlung von Jex, Hoffmann, Weidner, Blühme
(IV 4 I).
195. 1726 Die neue Schloßbaurechnung beträgt dieses Jahr 8456 Tlr. 14 Gr. 11 Pf.
196. 1727 7. IV. An Schatz 110 Tlr.
197. 13. IV. Schatz von Leipzig abgeholt.
198. 31. V. Kloben und Seil von Herrn Landbaumeister 25 Tlr.
      „   „ „ „   „   29 Tlr. 23 Gr.
199. Aus einem Verzeichnis von Kontrakten: Mit dem Stuccator Chr. Haase
1. IX. 1727. (IV. 3.)
200. 25.–30. VIII. Dem Stuccaturarbeiter laut Kontrakt vom 1. IX. 5 Tlr.
201. 11. X. 1727 Spezifikation der Aufgaben für Gottfr. Jex: 4 Pilaster an die
Vorlagen mit Capitäl und Fußgesims, Fenster, Stufen, 2 Postamente auf das
frontispicium, wo die Trouve darauff stehen, Kapitelle, Gesims ans Lusthaus.
11 Postamente für die großen Bilder . . .
202. 13.–18. X. An Schatz 50 Tlr.
203. 26. XI. Schatz nach Leipzig zu fahren.

204. 8.–13. XII. Dem Stuccator Haase 15 Tlr.

205. 15.–20. XII.   „   „   „ 12 „

206. Extrakt der Baukosten 1728: Bis Jan.: Schatz 300 Tlr., Bildhauer 516 Tlr. 16 Gr.

Summa (mit dem Transport de ultimo 1727) 17717 Tlr. 1 Gr. 7 Pf.

	Schatz	Steinmetz	Bildh.	Stucc.
Febr.:		51	136	16 Tlr.
	Schatz 50			
März:	„	54,4	„ 60	„ 40 „
Apr.:	„ 50	„ 68	„ 50	„ 29 „
Mai:		„ 75,9	„ 63	„ 24 „
Juni:		„ 60	„ 85	„ 60 „
Juli:		„ 82	„ 55,1	„ 60 „ etc.

Die Maurer bekommen monatlich zwischen 100 und 170 Tlr., die Zimmerleute viel weniger, Schatz zwischen April 1728 und Juli 1729 nichts.

207. 1728 26.–31. I. Eine Summe an Blühme zur völligen Bezahlung des Kontraktes.

208. 6. II. An den Hoftöpfer Hellenberger 2 Tlr.

209. 1.–10. IX. An Schwartze für 4 eiserne Öfen 1. q. vom H. Landbaumeister Schatz 72 Tlr. 22 Gr. 6 Pf.

210. 21.–30. IX. Schatz aus Merseburg zu holen.

211. Mit dem Nov. hört die Bezahlung des Stuccators auf.

212. 21.–30. XI. Schatz wird wieder weggefahren.

213. Ein Kontrakt mit dem Maler Rud. Hch. Richter aus Altenburg vom 5. I. 1723 wird erwähnt. (IV. 3.)

214. Ein Kontrakt mit dem Töpfer Leonh. Hellenberger in Altenburg, „die im Abriß befindliche und mit verzogene Buchstaben bezeichnete 5 Stück Öfen" zu setzen. Vom 6. II. 1728. (IV. 3.)

215. 9. IX. 1728. Accord mit dem Maler Richter, abgeschlossen in Schatzens Anwesenheit, sowohl die Streicharbeit wie die Supraporten betreffend. Zusammen 90 Tlr. 14 Gr.

216. 1729 Memoire, was gearbeitet werden soll: Die 7 großen Statuen, welche noch fehlen, sollen diesen Frühling begonnen und im Sommer fertig werden, „und solle mir lieb seyn, daß man hierzu ein martialisches Sujet choisierte". „Dem H. Land-Baumeister ist bekand, daß die Statuen auf der Terrasse viel Fauten haben, ist auch Blümen schon angedeutet, daß er selbige corrigiere, und so wie Sie seyn sollen, verfertige, muß man also darnach sehen, daß man ihm nicht alles Geld in die Hände gebe. Auch hat mir gedachter Blüme von allen Statuen so er verfertiget, ein kleines modell zugeben, versprochen . . ." (IV. 4. IV.)

217. „Project Wie die Arbeit am Neuen Schlosse zu Burgscheidungen nach Sr. Excell. Abreise continuiert werden soll". Der jetzt im Bau befindliche Flügel soll unter Dach. Der Steinmetz Jex legt Platten auf den Korridoren. Die Stuccatoren sollen im Saal arbeiten, wenn es das Wetter erlaubt. Der Bildhauer ist „anzuhalten, daß er die Statuen corrigieren soll, welches der Herr Landbaumeister besorgen wird". Das Gartenhaus soll vollends ausgebaut werden. Über die Allee nach der Insel wird Schatz dem Gärtner Weisung geben. (IV. 3.)

218. Bericht für März 1729:

1. Der Bildhauer macht den Schild und die Krone über dem verzierten Fenster überm Balkon, „arbeitet jetzo an dem Baldagin, wie auch an den großen Bildern in Garten und an denen letztern 2 Kindeln".

2. Der Steinmetz hat die Nische im Hof, den Schlußstein, die 4 Säulen gemacht. Die inwendigen Portalstücke sind auch fertig.

Der neue Flügel nach dem Dorf zu ist abgerüstet. Das Hospital und das Gärtnerhaus sind bis auf das innere Weißen fertig. (IV. 5.)

219. Bericht pro Mense Aprilis 1729:

„1. Der Bildhauer hat diesen Monath das Casquet im Hofe, wie auch 4 Stück von denen Kindeln gantz fertig gemacht, auch arbeitet nunmehro an denen letzten beyden, wie auch an denen beyden Crouppien im garthen.

2. Der Steinmetz ... arbeitet noch an dem Portal und großen Nige."

3. Die Maurer machen die kleine Treppe bis unters Dach und das Portal.

5. „Das Schaalholtz im neuen Gebäude" ist nun fertig eingeschlagen.

6. Die Steinhauer haben Balkonsteine heruntergebracht und zwei große Steine zum Portalfenster gebrochen.

7. Die Allee nach der Insel ist wieder in Stand gesetzt (IV 5).

220. 1729 12.–22. IV. Schatz wird von Brüchlitz geholt.

221. 12.–22. IV. Schatz bekommt 12 Tage Kostgeld für seinen Bedienten.

222. 22.–30. IV. Schatz wird nach Merseburg gefahren.

223. Blühme werden wieder einmal kleine Summen bezahlt.

224. 21.–30. VII. Schatz wird nach Prüchlitz gefahren.

225. 1.–10. IX. An den Stuccator Landen 2 Tlr.

226. 12.–20. IX. Schatz bekommt 11 Tage Kostgeld für seinen Bedienten und wird nach Merseburg gefahren.

227. 14. X. 1729. Schatz bekommt 50 Tlr. „auf seine bestellung Michaelis Meß 1729." (IV. 7. I.)

228. 1730. Im März werden Blühme und Hoffmann noch bezahlt, Jex nicht mehr.

229. 1.–15. IV. Die Dachrinnen um das Gebäude werden angestrichen (Reg. 207–12, 220–26, 228–9 aus IV. 4. III.)

230. März 1732. Der Glaser Lincke erhält 50 Tlr. für Glas. Die Bezahlungen gehen weiter, z. B. Juli 80 Tlr. (IV. 4. IV.)

231. Okt. 1732 werden die Öfen aus Altenburg geholt. (IV. 4. IV.)

232. Am 10. III. 1732 Kontrakt mit dem Glaser Joh. Chph. Lincke in Laucha für die Verglasung aller Fenster im Neuen Schloß. (IV. 3.)

B. Gartenbau:

233. 1726 Kontrakt mit Michael Hoffmann, Zimmermann aus Laucha für die Anlegung des Lusthauses auf der Insel, nach dem vorgelegten Riß. Datiert 29. I. (IV. 3.)

234. Aus dem Summarischen Extrakt: Im Juli 1726 wird für den Inselbau Holz bezahlt, im August Maurer und Maler. Im Juli und August 1727 sind die Handwerker noch immer auf der Insel beschäftigt, im August außerdem der Stuccator und der Bildhauer. (IV. 4. II.)

235. 27. V. 1728. Spezifikation mit Jex für Arbeit außer Kontrakt. Es handelt sich um Kamine und die 4 Vasen auf der Grotte. (IV. 3.)

236. Der summarische Extrakt ergibt, daß weder 1731 noch 1732 im Garten Neues gearbeitet wird. (IV. 4. V.)

Gepülzig (AH. Rochlitz). Hausarchiv. Abb. S. 119.

237. Brief von David Schatz mit „Beschreibung und Anmerkungen über beygehende Risse zu den Hochadligen Walwitzschen Hause in Gebiltzig". Wenn der Bauherr etwas zu verbessern habe, so solle er es nur tun und die Risse dann korrigiert zurückschicken. Schatz will dann „das Provil vor den Zimmermann, in gleichem Schablonen zum Gesimbsen . . . anfertigen".

238. Der Kostenanschlag sieht vor: Maurer:

Maurer:	644 Tlr.	21 Gr.	– Pf.			
Stuccator, mit Pilastern, Füllungen, Hohlkehle						
Kaminen	168	„				
Nur Corniche und Quadratur	60—80	„				
Steinmetz	337	„	19	„		
Zimmermann	332	„	19	„	6	„
Tischler	449	„	10	„		
Schlosser	504	„	22	„		
Töpfer, 12 Aufsätze	60	„				
Alles in Allem	3392	„	1	„		

Akkorde: 239. Mit dem Steinmetz Joh. Chr. Pohle in Rochlitz: 19. VI. 1734. Er verspricht, die Türen, Fenster und Treppenstufen bis Weihnachten „dieses Jahres" zu verfertigen. Das Portal heißt: „mit einer Archiedabel auch ein Gesimbs Nach der Schablony". Die Bezahlung zieht sich bis März 1738 hin.

240. Mit dem Tischler Joh. Jac. Wagner wegen der Türen, 24. VII. 1735. Die Bezahlung dauert bis 20. V. 1737.

241. Mit dem Schlosser Joh. Matth. Lutz in Mittweida. 12. VII. 1735. Er muß bis Ostern 1736 fertig sein.

242. Mit dem Glaser August Köhler in Colditz, der bis Johanni 1736 fertig sein muß. Die letze Zahlung erhält er am 31. VIII. 1737. Der Akkord wird geschlossen am 12. VII. 1735.

243. Mit dem Glaser Chr. Arnold wegen Verglasung der Dachfenster. Sie soll bis Johanni 1737 beendet sein. Der Akkord wird geschlossen am 15. XII. 1736.

Knauthain. Abb. 21

244. Das Schloß, „wozu der Grundstein A. 1700 geleget worden", ist „unter Direction des Baumeister Schatzens so propre ausgeführet, daß es seiner gleichen in dem Leipzigischen Creysse wohl wenige finden wird. Nachhero er auch den vortrefflichen Garten haußen vorm Schloß, und in demselben in der Mitte einen propren Salon, nebst verschiedenen Gewächs . . . häusern . . . angeleget . . . hat" (Schwartze a. a. O.)

Leipzig. Funkenburg (L. 1042).

245. Die Gewerken berichten, „daß daselbst H. David Schatz nebst dem Zimmer-Meister Joh. Gg. Rühlen und dem Maurer-Meister Georg Claußen angezeiget hat, was maßen der H. Ober-Postmeister Käß gesonnen sey, die ietzo um und um allhier stehenden alten Gebäude, gäntzlich hinwegzureißen, und hingegen dafür Neue Gebäude aufzuführen". Das Vorderhaus soll 71 × 16 Ellen haben „und in der mitten außenher mit einer 18 Ellen breiten von zweyen absätzen angelegten Vorlage" ver-

sehen werden. Die Seitenflügel haben 1, die Vorlage 2 Geschoß. Der Hof umfaßt 92 × 39 Ellen. Hinten folgt ein hinteres Quergebäude. „Welcher Bau, wie wir Berichtet sind, die Eingangs erwehnten beyden Meister Verfertigen sollen". (BB. 18. III. 1712.)

Zöbigker (AH. Leipzig). Abb. S. 88

246. 1716–17: Kontrakte des Hofrats J. J. Kees mit Handwerkern:

27. IV. 16. Der Teichgräber Richter soll eine große Anzahl von kleinen Kanälen und Teichen erbauen.

15. VIII. 16. Derselbe soll den langen, spitzwinkligen Kanal weiter bauen.

Ende 1716. Mit demselben auf Erweiterung des langen Kanals.

28. X. 1717. Zeugnis des Gärtners Conr. Dietr. Böttger, daß Teiche und Kanäle instand sind.

20. X. 1716 Kontrakt mit George Clauß und J. Gge. Rühl: Erbauung eines Gärtnerhauses. Die Risse liegen bei. Rühl ist am 5. XI. 1717, Clauß am 29. V. 1719 befriedigt.

19. IV. 1717. Kontrakt mit denselben wegen Erbauung eines Darrhauses.

23. VIII. 1717. Kontrakt mit Rühl wegen Erbauung eines Gärtnerschuppens (Fasc. 34a–b).

247. 1718–19: Kontrakt mit Valentin Richter auf Anlegung der Insel in der Illingslache (Fasc. 34c). Laut Plan ZK. 30c wurde sie 1719 angelegt.

248. 1719: Änderung der Kanäle. Die Monita sind an Herrn Gabriel Augustus Graffen gerichtet, nach dessen Rissen Valentin Richter sich verpflichtet, die Kanäle zu bauen. Auch für die Lusthäuschen fertigt Graff die Risse. Erbaut werden sie laut Kontrakt vom 18. I. 1721 von Rühl (Fasc. 34d).

249. 1724–54: Vorschläge des I. M. Poëtius für die Ausgestaltung der Perspektive am Treffpunkt der drei Hauptalleen, ca. 1724.

1745 Änderungsvorschläge von David Schatz. Es waren folgende: „Ein Riß von H. Landbaumeister Schatzen die Communication der 3 Haupt-Alléen betr." „Ein dergl. von eben demselben", „ein dito vom Herrn Baron Kregel", „einige Zeichnungen von verschiedenen Parterren . . .", „einige Zeichnungen von Parterren und Rasenstücken, nebst Hecken . . ." (Fasc. 38a). Erhalten sind nur einige Vorschläge für den Treffpunkt der Alleen von Schatz. Siehe Abb. S. 120.

250. Kontrakt vom 27. III. 1725 mit Valentin Schwarzenberger wegen Ankaufes von sechs Statuen, die vom Maler Wenigel angemalt werden sollen.

Anmerkungen

1. An Vorarbeiten ist zu nennen: Grundlegend Corn. Gurlitt: Beschreibende Darstellung der älteren Kunstdenkmäler des Königreichs Sachsen, Heft 17/18, Dresden 1895/96. Ferner die Arbeiten Gustav Wustmanns: Aus Leipzigs Vergangenheit, Leipzig 1885–1909; Leipzig durch drei Jahrhunderte, Leipzig 1891; Aus der Baugeschichte (in Leipzig und seine Bauten, herausgeg. von der Vereinigung Leipziger Architekten und Ingenieure), Leipzig 1892. An neueren Arbeiten: A. Kurzwelly: Das Leipziger Bürgerhaus in der ersten Hälfte des 18. Jahrh. (in Leipziger Kalender 1904); W. Dietrich: Beiträge zur Entwicklung des bürgerlichen Wohnhauses in Sachsen, Leipzig 1904; E. Kroker: Leipzig (Stätten der Kultur Bd. 5); R. Bauer: Bauvorschriften in Alt-Leipzig, Leipzig 1911; R. Vockert: Das Baugewerbe in Leipzig vom 15. Jahrh. bis zur Gegenwart (in Tübinger Staatswiss. Abhand. N. F. 6), Berlin und Stuttgart 1914; H. Rudolphi: Die Entwicklung des Stadtplans von Leipzig (in Beitr. zur deutsch. Kartographie, den Mitgliedern des 20. deutsch. Geographentages gewidmet von der Deutschen Bücherei), Leipzig 1921; Fr. Schulze: Die alte Stadt, Mappe I: Bilder aus dem alten Leipzig der Biedermeierzeit, Regensburg und Leipzig 1923; Leipzig, herausgeg. vom Rat der Stadt, Berlin-Halensee 1923 (mit Beiträgen von Fr. Schulze und E. Kroker). Bereits unter Verwendung der Ergebnisse der vorliegenden Arbeit entstanden: N. Pevsner: Regesten zur Leipziger Baukunst der Barockzeit (in Neues Archiv für Sächs. Gesch. und Altertumskunde), Dresden 1924; N. Pevsner: Leipziger Barockhäuser (in Mitt. des Landesvereins Sächs. Heimatschutz), Dresden 1925; F. Schulze: Alt-Leipzig, Leipzig 1927. – An Quellenschriften sind anzuführen: J. J. Vogel: Leipzigisches Geschichtsbuch oder Annales . . ., Leipzig 1714; Ch. E. Sicul: Neo Annalium Lipsiensium Prodromus, Leipzig 1719; Neo Annalium Lipsiensium Continuatio auf das 1716., 1717., 1718. Jahr; Iccander: Das in ganz Europa berühmte, galante und sehenswürdige Königliche Leipzig in Sachsen . . ., Leipzig 1725; A. Weiz: Verbessertes Leipzig . . ., Leipzig 1728; H. Engelb. Schwartze: Historische Nachlese zu denen Geschichten der Stadt Leipzig, Leipzig 1744; J. S. Riemer: Chronik von Leipzig, Msc. der Stadtbibl., herausgeg. von E. Kroker in Quellen zur Geschichte Leipzigs II S. 193–456, Leipzig 1889; G. Leonhardi: Geschichte und Beschreibung von Leipzig, Leipzig 1799; C. C. C. Gretschel: Leipzig und seine Umgebungen, Leipzig o. J. (1828).

2. Neujahr, Ostern, Michaelis.

3. Siehe E. Hasse: Geschichte der Leipziger Messen, Leipzig 1885, und W. Hahn: Leipzig als Messestadt, Ms. im Leipziger Meßamt, von denen das zweite Werk bereits die Ergebnisse meiner Arbeiten benutzt.

4. Gurlitt: Warschauer Bauten aus der Zeit der sächsischen Könige, Berlin 1917, S. 51.

5. Beispiele sind die Familien Winckler, Kregel, Hauck.

6. Vgl. auch zum Folgenden: Fr. Muncker: Klopstock, Stuttgart 1886, S. 66; E. Reichel: Gottsched, Berlin 1900–1912, passim; E. Kroker: Gottscheds Austritt

aus der Deutschen Gesellschaft in Mitt. der Deutsch. Ges. IX; E. Schmidt:
Lessing, 3. Aufl., 1909; Heyer und Hoffmann: Günthers Leben, Leipzig 1909;
Witkowski: Geschichte des literarischen Lebens in Leipzig, passim.

7. Siehe M. Schian: Geschichte der christlichen Predigt in Real-Enzyklopädie der
protestantischen Theologie und Kirche, Leipzig 1904, S. 668–70.

8. W. Waetzoldt: Deutsche Kunsthistoriker I, Leipzig 1921.

9. Leipziger Kalender I. Seine Quelle kenne ich nicht.

10. Siehe R. Haensch und P. Mückenberger: Leipzig im Wandel der Zeiten, Leipzig
1912.

11. J. J. Vogel a. a. O.

12. Der Rat bestand aus 36 Ratsherren, von denen ein Drittel immer sitzend, zwei
Drittel ruhend war. Jedes Drittel hatte seinen Konsul (Bürgermeister), zwei Baumeister und acht Assessores.

13. Ich schließe mich mit der Überzeugung, daß seit dem beginnenden 17. Jahrh.
von einem deutschen Barock die Rede sein kann, den Ausführungen von Hautt-
mann (Geschichte der kirchlichen Baukunst in Bayern usw., München 1921),
Bruhns (Würzburger Bildhauer der Renaissance und des werdenden Barock, München 1923), Wackernagel (Baukunst des 17. und 18. Jahrhunderts in den germani-
schen Ländern, Handbuch der Kunstwissenschaft) u. a. an.

14. Die mit L. versehenen Zahlen geben die Hausnummern auf dem Plan bei Leonhardi: Geschichte und Beschreibung von Leipzig 1799 an, der an den Anfang
unseres Buches gestellt worden ist.

15. Abb. Kerckering zur Borg: Alt-Westfalen, Stuttgart 1912, Abb. 100.

16. a. a. O. Abb. 23 u. 24 und Inv. Leipzig-Land S. 11..

17. Barthels: Häuser-Chronik, Anders: Häuser-Chronik, beide in der Stadtbibliothek.

18. Die Reihenfolge der Gebäude ist diese: Ein Rathaus in Grund- und Aufrissen
1 R, 2, 2 R, 3; ein zweites größeres Rathaus 3 R bis 5; Elb-Schleusenanlage 5 R, 6;
großes Wohnhaus 6 R, 7; Ziegelhaus 7 R; öffentliches Gebäude 9; zwei Giebel
10 R, 11; Frau Bexin Haus in der Hainstr. 16, Fürstenhaus 17, 17 R, 18 R, 19;
J. E. Bosens Haus im Barfußgäßchen 20, 21. Das Fürstenhaus ist übrigens gegenüber der Wirklichkeit in den Giebeln und den Dekorationsformen modernisiert,
wohl kein ernst gemeinter Änderungsvorschlag, sondern eher eine Spielerei des
Zeichners.

19. Nach dem Meister- und Gesellenbuche im Archiv der Leipziger Maurerinnung.
Herrn Dr. Matthias sage ich auch an dieser Stelle meinen wärmsten Dank für
die Erlaubnis zur Benutzung dieser wichtigen Quelle.

20. Die Eintragung im Leichenbuch (Stadtarchiv) lautet: „Ao. 1684, Dienstag, d.
19. Augusti Christian Richter Raths Meurer aufm Barfuß Kirchhofe.“

21. Die Geschichte dieser wichtigen Thüringer Architektenfamilie ist noch ziemlich
ungeklärt. Ich stelle zusammen, was ich habe ermitteln können: Joh. Mor. Richter,
der noch 1664 lebt, sich „der sächsischen Häuser Gesamtbaumeister“ nennt und
1651 ff. das Schloß in Weimar baut, ist vielleicht auch schon an der Gründung und
Bebauung von Erlangen beteiligt. Wichtiger ist dabei sein Sohn, Joh. Mor. d. J.
(gest. 1705). Von einem dieser beiden gleichnamigen Richter stammt die Kirche

in Ruhla (1660f.) und die vorzügliche Schloßkapelle von Eisenberg (1680ff.). Der andere Sohn des älteren Moritz hieß Christian, wie unser Leipziger Ratsmauermeister. Er wird von Füßli als Fürstlicher Küchen- und Baumeister beim Herzog Heinrich v. Römhild genannt, für den er 1678 das Schloß Glücksburg ín Römhild umbaut, 1701 ein Landhaus ebenda errichtet und 1706–12 die Gottesackerkirche baut. Von ihm sind wohl auch die Risse in der „Fürstlichen Baulust" von 1698. Nach Heubach, dessen Forschungen über die thüringische Barockarchitektur hoffentlich aus seinem Nachlaß noch herausgegeben werden, ist Chr. Richter als Mützels Nachfolger seit 1713 in Ettersburg tätig (Kunstchronik N. F. 33 S. 563). In Weimar kommt er bei einem Brückenbau noch 1720 vor. Dehio weist ihm den Weißenfelser Rathausturm, Wackernagel die Coburger Schloßkapelle zu. Wie mit dieser Familie jener Joh. Adolf Richter verwandt ist, der seit 1722 in Diensten Ernst Augusts von Sachsen-Weimar steht, und bald Landbaumeister wird, ist unbekannt. Er stirbt 1768. Wahrscheinlich ist er identisch mit jenem Joh. Ad. Richter, der 1715 in Dresden das Corps de Garde (Abb. Inv. S. 590) auf dem Neumarkt errichtet.

Eine andere Architektenfamilie Richter war auf preußischem Gebiete beschäftigt: Rud. Hch., aus Königstein in Sachsen stammend, ist 1734 am Schloß in Schwedt als Bauleiter tätig, seit 1734 Bayreuther Bauinspektor und bald Leiter der dortigen Kunstschule. Er stirbt 1770. Sein Sohn Joh. Rud. Hch. wird 1748 in Bayreuth geboren, wird preußischer Oberhofbaurat. lernt bei seinem Vater – auch als Maler – und bei Gontard und v. Krafft. Von ihm stammen verschiedene Häuser in Potsdam und viele Landschaftsgemälde.

Eine ganze Reihe anderer unwichtigerer Richter – darunter auch zwei in Leipzig tätige: Chr. Friedr. und Joh. Tobias – nennt Füßli in der 2. Auflage. Über zwei Leipziger Künstler mit Namen George Richter vgl. S. 22.

22. Siehe Inv. S. 64.
23. Abb. Inv. S. 675.
24. Siehe Die Kunstdenkmäler der Provinz Brandenburg Bd. V, Tl. 1, Tfl. 21–23.
25. Den Luckauer Häusern ist auffallend ähnlich das Haus Am Ring 26 in Neiße, Abb. Popp S. 185, während die daneben abgebildeten in Hamburg und Thorn die unmittelbare architektonische Parallele zu den norddeutschen Möbeln der Zeit um 1700 bilden. Es wäre zu fragen, wieweit auch deren Stil von den italienischen Stuccatoren beeinflußt sein könnte.
26. Vgl. auch fürs folgende die gründliche Darstellung bei Wustmann: Leipzig und seine Bauten.
27. Photogr.: Landesamt für Denkmalspflege Dresden.
28. Ratsarchiv Stadtrechnungen 1679–80.
29. Leipziger Kalender 1925. Die Wiederholung im Ratsarchiv abgebildet bei Wustmann. Leipzig und seine Bauten S. 112. Übrigens war schon Wustmann die Existenz des Planes in der Deutschen Gesellschaft bekannt.
30. Abb. Inv. und P. Goldhardt: Alt-Dresden, Dresden 1924.
31 Abb. z. B. Sauerlandt: Norddeutsche Barockmöbel, Elberfeld 1922, Tfl. 2–7.
32. Abb. Inv. S. 666.
33. Abb. Kunstdenkmäler der Prov. Brandenburg Bd. VI, Tl. 1, Tfl. 29.

34. Abb. Konwiarz: Alt-Schlesien S. 187.
35. Vgl. W. van Kempen: Der Stuccator und Baumeister Giovanni Simonetti (Anhaltische Geschichtsblätter 1925) und Der Baumeister Core nlis Ryckwaert (Marburger Jahrbuch I, 1924).
36. Vgl. besonders J. J. Morper: Der Prager Architekt Jean Baptiste Mathey (Münchner Jahrbuch 1927) 1. Abschnitt.
37. Die weiteren Stuckdecken der Barockzeit, die sich in Leipzig erhalten haben, brauchen in unserer architekturgeschichtlichen Darstellung um so weniger berücksichtigt zu werden, als die Spezialarbeit von H. Plaul: Sächsische Stuckdecken, Berlin 1920, vorliegt.
38. Höfe S. 460–64, Erker S. 464–66.
39. Abb. Inv. S. 463.
40. Die Bezeichnung Reg. verweist auf die Regestennummer im archivalischen Anhang.
41. Abb. Inv. S. 465.
42. Abb. Inv. S. 466.
43. Paul Valentin lernte in Plauen, kaufte sich 1692 in die Leipziger Zunft ein, wurde 1697 Meister und starb am 12. Dezember 1717. Vgl. Anm. 19.
44. In meinen 1924 im Neuen Archiv für sächsische Geschichte erschienenen Regesten zur Leipziger Baukunst der Barockzeit habe ich die Wiederherstellung des Erkers zu Unrecht noch nicht angegeben.
45. Abb. Inv. S. 464.
46. Jetzt im Hofe des Meßhauses Stentzlers Hof angebracht.
47. Reysebeschreibung durch Teutschland . . . Manuskript der Technischen Hochschule Charlottenburg, S. 405.
48. Woher Koch (Sächsische Gartenkunst, Berlin 1910, S. 72) sein Datum 1691 für den Bodenehrschen Stich der Orangerie hat, weiß ich nicht.
49. a. a. O. S. 70.
50. Vgl. z. B. Driemond. Abb. Jolles: Alt-Holland S. 154–55.
51. a. a. O. S. 406, 407.
52. Abb. Frey: Johann Bernhard Fischer von Erlach, Wien 1923, Abb. 13.
53. Abb. Klöppel: Friedericianischer Barock Tfl. 5.
54. Wolfgang Bachmann lernte in Kulmbach, kaufte sich 1674 in die Leipziger Zunft ein, wurde 1682 Meister, kommt in den Baubesichtigungen seit 1691 vor und stirbt am 9. August 1730 als 83 jähriger.
55. Nach freundlicher Mitteilung von Dr. A. Döring. Vgl. auch S. 82 u. 89.
56. Auch dies verdanke ich der Auskunft von Dr. Döring.
57. Die Geschichte der deutschen Oper in Leipzig 1693–1720, Diss. Leipzig 1922.
58. Ratsarchiv XXIV A. 2. Brief vom 15. III. 1693.
59. Siehe Lohmeyer im Neuen Archiv für die Gesch. der Stadt Heidelberg und der Kurpfalz XIII, 1926.
60. Siehe Kortüm in: Die Denkmalspflege III, S. 43.
61. Siehe Overmann, Mitt. des Vereins für Gesch. und Alt. K. von Erfurt Bd. 33, 1912.
62. Manches von diesen Angaben verdanke ich der Redaktion des Thieme-Beckerschen Künstlerlexikons, die mir freundlicherweise die Benutzung ihrer Kartotheken gestattete.

63. Siehe H. Tietze: W. W. Praemers Architekturwerk . . . Jahrb. d. All. Kaiserhss. XXXII, 1915.

64. Von folgenden Maurern werden die Meisterstücke im Stadtgeschichtlichen Museum aufbewahrt: 1611 Tafer, 1654 G. Richter (d. Ä.), 1667 Gocke, 1668 Loosen, 1670 Rotzsch, 1682 Bachmann, 1689 Rempe, 1695 Clauß, 1700 Starke, 1703 Dobritzsch, 1704 Thiel, 1705 Döring, 1713 Bauer, 1722 Büttner, 1729 Fr. Seltendorff, Joh. Chr. Seltendorff, Hahn, 1733 J. G. Döring, 1739 Walther, 1744 Hornice, 1763 Schmidt, 1781 Moser.

65. Siehe bei K. Lohmeyer: Die Briefe B. Neumanns an Friedrich Karl von Schönborn, Saarbrücken 1921.
    R. Sedlmaier und R. Pfister: Die Würzburger Residenz, München 1922.
    W. Boll: Die Schönbornkapelle, München 1925.
    B. Grimschitz: Joh. Lucas v. Hildebrandts künstlerische Entwicklung bis zum Jahre 1725, Wien 1922.

66. Siehe Klöppel a. a. O. Tfl. 4.

67. Bürgerbriefe 1641, Bl. 230.

68. Diese Angaben verdanke ich den handschriftlichen Auszügen aus den Geschoß-, Kauf- und Kontraktbriefen, die Herr Carl Hollstein im Ratsarchiv Dresden bearbeitet hat.

69. Vgl. J. Kühn: Hof, in Neue sächsische Kirchengalerie, Ephorie Oschatz, Leipzig 1901.

70. Ratsarchiv 1. Sekt. M. 289.

71. Nach dem in Anm. 19 genannten Meister- und Gesellenbuche überreichte Fuchs der Zunft erst 1710 den Silberschild zum Willkomm.

72. Siehe Wustmann: Der Bürgermeister Romanus in Quellen zur Geschichte Leipzigs, Leipzig 1895.

73. a. a. O.

74. Abb. C. Gurlitt: Geschichte des Barockstils in Belgien, Holland . . ., Stuttgart 1887–89, S. 51.

75. Abb. Cuny: Danzigs Kunst und Kultur, Frankfurt a. M. 1910, Abb. 76.

76. Abb. Inv. S. 376 u. 378 und Goldhardt a. a. O. Tfl. 5 bzw. Wetzel-Gurlitt: Alt-Sachsen, Dresden o. J. (1923), S. 61.

77. Genaueres war im Ratsarchiv nicht festzustellen.

78. Historie und Leben der berühmtesten europäischen Baumeister, Hamburg 1711.

79. Dresdener Ratsarchiv. Baurechnungen. Johann Fehre fand ich genannt für die Fleischbänke (Taxa 15. XI. 1690), das Bartholomäusspital (1694), die Dreikönigskirche (1685/6, 1689–93), ferner in den Kämmereirechnungen für die Stadtmauer (seit 1689). Von ihm muß Johann Gottfried Fehre, der wahrscheinliche Erbauer des Altstädter Rathauses (s. Pevsner: Dresdner Geschichtsblätter 1928), geschieden werden, der in dem Artikel des Thieme-Beckerschen Künstlerlexikons mit ihm vermengt wird.

80. Abb. Dietrich a. a. O. S. 25.

81. Abb. Inv. S. 509.

82. J. L. Sponsel: Der Zwinger, die Hoffeste und die Schloßbaupläne, Dresden, Tafelband 1909, Textband 1924. Vgl. auch die Besprechungen von E. Hempel im Repert. für Kunstwiss. 1925 und von Pevsner im Belvedere 1928.

83. Vgl. auch zum Folgenden Wustmann: Aus Leipzigs Vergangenheit, Bd. I, S. 384 ff.
84. Leipziger Kalender 1925.
85. Johann Müller kommt in den Baubesichtigungen seit 1701 vor und stirbt 1735.
86. Abb. Inv. S. 475.
87. Dobritzsch lernte bei Rotzsch und wurde 1687 Geselle. Sein Meisterstück (s. Anm. 64) ist von 1703 datiert, doch ist als Datum seiner Meisterschaft im Meister- und Gesellenbuch (s. Anm. 19) das Jahr 1707 angegeben. Vielleicht hängt die Unstimmigkeit mit den damaligen Kriegsläuften zusammen. Dobritzsch ist am 19. Februar 1716 gestorben.
88. Siehe Wustmann: Aus Leipzigs Vergangenheit, Bd. III, S. 244; Wackernagel: Handbuch S. 121.
89. Dieses Datum überliefert Zedlers Universal-Lexikon Bd. 36.
90. Das Haus Brühl L. 725 a gehört schon seit 1613 dem Tischler Peter Senckeisen, und seitdem haben es dessen Nachkommen, die immer wieder Tischler sind, inne. Vgl. Barthels Häuserchronik.
91. Vgl. Praemers Architekturwerk, Abb. bei Tietze a. a. O.
92. Vgl. z. B. die Zeichnungen Pitzlers (a. a. O. S. 244), der 1687 in Rom war.
93. L. Chph. Sturm: Vollständige Anweisung, alle Arten von bürgerlichen Wohnhäusern wohl anzugeben . . ., Augsburg 1715. Abb. des fraglichen Grundrisses bei Dietrich a. a. O. S. 70.
94. Handbuch Bd. I.
95. Abb. Inv. Tfl. XIX und Dietrich a. a. O. S. 30.
96. Abb. Morper: Münchener Jb. 1927, S. 125.
97. Abb. Frey a. a. O. 12 u. 17.
98. Abb. Jahrbuch der Zentralkomm. 1909 Fig. 97.
99. Abb. Sandrart: Des Alten und Neuen Roms Großer Schau Platz . . ., Nürnberg 1685, Tfl. 43.
100. Abb. Österr. Kunst-Topogr. IX, S. 88.
101. Abb. K. Bielohlawek in Wiener Jb. für Kunstgesch. 1926.
102. Abb. D. Frey in Wiener Jb. für Kunstgesch. 1926. Ein noch früheres Vorkommen bei Hildebrandt an den Plänen des Stiftshauses S. Maria di Cariguano für Genud wurde von S. Kühn während der Drucklegung veröffentlicht (Zsch. f. bild. Kunst LXII S. 89).
103. Abb. E. v. Ybl in Wiener Jb. für Kunstgesch. 1926.
104. Abb. D. Frey Fischer v. Erlach S. 103. Vgl. auch Patzak in Belvedere VII 127 f.
105. S. Grimschitz a. a. O. Abb. 23 und 26.
106. S. Grimschitz a. a. O. Abb. 29.
107. Abb. im Inv.
108. Abb. im Inv.
109. Beispiele bei J. Zeyer: Architektonische Motive in Barock und Rokoko, Leipzig 1907, und H. Schmerber: Prager Baukunst um 1780, Straßburg 1913.
110. Denkmalspflege 1905, S. 77.
111. Wackernagel: Handbuch Abb. 141.
112. Abb. bei Schlegel: Die Deutschordensresidenz Ellingen und ihre Barockbaumeister, Marburg 1927.

113. Konwiarz: Alt-Schlesien Abb. S. 5.
114. Inv. S. 488.
115. George Clauss lernte bei George Richter d. J., wurde 1687 Geselle, 1695 Meister und starb am 14. Februar 1727.
116. Der Familie Rühl gehören in der Barockzeit mehrere Leipziger Zimmermeister an: Chr. Rühl (Riedel) kommt in den Baubesichtigungen seit 1695 vor und stirbt 1716, Joh. Gge. Rühl kommt seit 1704 bis zu seinem Tode 1736 vor, und Joh. Gottl. Rühl wurde zwischen 1725 und 1739 Meister (Geißlers Adreßbücher) und überlebte unseren Zeitraum.
117. Die Eintragung im Leichenbuch lautet: Montag den 28. Dec. Ein Mann 73. Jahr, Christian Döring, Br. und RathsMauer-Meister, auch der Innung Obermeister, am Neuen Kirchhof (es ist das Haus Nr. 10, L. 263), st. ♀. Mit fast völliger Sicherheit ergibt sich also das Geburtsjahr 1677. Von diesem Jahre findet sich im Taufbuch der Thomaskirche der Eintrag: September 18. Christianus V. Adam Döring Einwohner und Mäuergeselle. Ein Adam Döring, der bei Rotzsch lernte und 1716 Geselle wurde, war auch Christians Bürge bei seiner Meisterprüfung und starb 1721.
118. Siehe Geißlers Adreßbücher im Stadtgeschichtlichen Museum.
119. Ratsarchiv XXIV C. 1c. Von 1778 stammt auch das Döringsche Erbbegräbnis auf dem Johannisfriedhof, Schwibbogen 10.
120. Das Motiv ist übrigens bereits an Dörings Meisterstück von 1705 vorgebildet.
121. S. Grimschitz a. a. O. Abb. 23.
122. Beide Stellen auf S. 46.
123. Vgl. Barthels Häuser-Chronik.
124. Aus dem Stich von Peter Schenk läßt sich ersehen, daß an Stelle des obersten Stockwerkes ursprünglich nur ein dreiachsiger Dacherker mit einfachem Giebel darüber stand.
125. Abb. Tietze a. a. O. bzw. Frey a. a. O.
126. Abb. Guby: Österreichische Kunstbücher Heft 6, Tfl. 2.
127. Phot. Z. Reach.
128. Abb. Zeyer a. a. O. Tfl. 89, 48, 3, 12.
129. Leonhardis Plan ist für dieses Haus zu korrigieren: Anstatt seiner Reihenfolge der Häuser 15, 16, 3, 32 ist zu setzen 15, 3, 32, 16.
130. Knoff wird nach Geißlers Adreßbüchern zwischen 1715 und 1720 Meister, kommt in den Baubesichtigungen seit 1721 vor und stirbt 1755 oder 1756.
131. Abb. Frey a. a. O. 33.
132. Abb. Inv. S. 588.
133. Abb. Zeyer a. a. O. Tfl. 40.
134. Siehe Inv. S. 490.
135. Abb. Zeyer a. a. O. Tfl. 29 u. 55.
136. Sein Vorgänger Adam Jacob, der nach seiner Lehrzeit bei Rotzsch 1693 Geselle und 1715 Meister geworden war, hatte bereits im selben Jahre das Amt des Ratsmauermeisters übertragen bekommen. Er starb erst 1743, war aber wohl vorher schon siech.
137. Ratsarchiv XXIV C. 1d. Fasc. Nikolaikirche.
138. Ratsarchiv XXIV C. 1d.
139. Vielleicht doch schon seit 1734, wenn man annehmen will, daß der nur in einer

einzigen Baubesichtigung vorkommende Maurer George Döring nur einer Verwechslung des Obervogtes sein Auftreten verdankt. Joh. G. Döring war ja damals ein neuer Name, so daß der Fall denkbar erscheint.

140. Ihre Zuschreibung an Permoser (vgl. Beschorner: Permoser-Studien, Dresden 1913, S. 88) entbehrt jede Begründung.

141. So könnte man Neuß und Worms Frankreich gegenüber, die ganze deutsche Blüte des 15. Jahrh. Flandern und Italien gegenüber, könnte man sogar Neumann, Zimmermann, Seitz dem sich schon ausbildenden Klassizismus anderer Länder gegenüber als Kunst der Peripherie bezeichnen.

142. Abb. Inv. S. 490.

143. Abb. Inv. S. 488.

144. Das auf S. 31, 32 erwähnte Gesuch von 1713 um Erteilung einer Landbaumeisterstelle ist bezeichnet vom Gärtner David Schatz. (Freundliche Mitteilung von Dr. Döring.)

145. Vgl. H. Koch a. a. O. S. 81 ff.

146. Aus Leipzigs Vergangenheit I S. 384 ff.

147. Die Denkmalspflege hatte diese bedeutenden Werke der sächsischen Barockplastik völlig vernachlässigt, und bei neueren Bauarbeiten in der Otto Schill-Straße schien auch das Schicksal der beiden noch übrigen Figuren besiegelt, als das tatkräftige Eingreifen Otto Holtzes (Leipziger Tageblatt, 26. Jan. 1922) ihre Rettung nach dem Palmengarten erreichte. Abbildung der beiden nicht erhaltenen Statuen nach Stichen bei Michalski: B. Permoser, Frankfurt 1927. Vgl. ferner Reimann, Mitt. des Landesvereins Sächs. Heimatschutz 1925 und Beschorner a. a. O.

148. 1714 veranlaßte August hier z. B. ein großes Fischerstechen, zu dem sogar venezianische Fischer zugezogen wurden.

149. Abb. bei Koch S. 84.

150. Der Grundriß wurde aus Bergners Inventar übernommen und gibt nicht genau den heutigen Bestand wieder, sondern enthält den Umbauplan auch für den Westflügel, der in Wirklichkeit in seinen Renaissanceformen erhalten blieb. Baugeschichtlich gehört der Grundriß der Gruppe VI der Pläne an.

151. Über ihn vgl. G. Schmidt: Burgscheidungen 1894, 1900.

152. Siehe Schloßarchiv: „Ohnmaßgebliche Erinnerung" in Sect. IV. fasc. III.

153. Nicht die Jahreszeiten, wie Bergner irrtümlich annimmt. Die Anordnung ist die folgende:

Dezember — Steinbock — Inv. Abb. 153

November — Schütze — Inv. Abb. 154

März — (Mars) — Widder

Januar — (Janus) — Wassermann

Grotte

Februar — Fisch (schwanz)

September — Wage

Juni — (Juno) — Krebs

Oktober — (Bacchus) — Skorpion

August — Jungfrau

Mai — (Flora) — Zwillinge

Juli — (Schäfer) — Löwe

Offenbar entspricht diese Anordnung nicht der ursprünglichen Absicht. Sie wurde wohl erst nach dem Tode des Bauherrn vorgenommen.

154. Siehe Inv. S. 585, Abb. 442 und Sponsel a. a. O. S. 111.

155. Abb. Inv. 386.

156. Abb. im Inv.

157. Abb. Gurlitt: Warschauer Bauten Tfl. 8.

158. Abb. des Grundrisses Inv. S. 26.

159. Abb. H. Popp, Die Architektur der Barock- und Rokokozeit in Deutschland und der Schweiz, Stuttgart o. J., S. 155.

160. Vgl. P. Benndorf: Der alte Johannisfriedhof in Leipzig. 2. Aufl. Leipzig 1922.

161. Inv. Abb. 343.

162. P. Frankl: Die Entwicklungsphasen der neueren Baukunst, Leipzig 1914.

163. Ein Argument mehr für die von Pinder oftmals aufgezeigte Tatsache von der Wellenbewegung der Stilgeschichte, nach der die Stilstufen von gestern und von morgen untereinander immer verwandter sind, als diejenigen von gestern und heute oder von heute und morgen.

164. Auffallend ähnlich war der Giebel des ehemaligen Hauses Specks Hof in der Reichsstraße, für dessen Umbau die Daten fehlen.

165. Schmiedlein war Obervogt seit 1743.

166. Siehe die beschriftete Zeichnung im Ratsarchiv, die sich selbst als Nachzeichnung bekennt.

167. Aus Leipzigs Vergangenheit Bd. II S. 63.

168. Siehe Benndorf a. a. O.

169. Vgl. E. Kroker in: Der Bär, Jahrbuch von Breitkopf und Härtel II 1925. Zu dem Einzug widmete Gottsched dem Bauherrn ein Poëm das von Hase in dem Bericht des Verlags Breitkopf und Härtel 1917 abgedruckt hat.

170. Abb. Wustmann, Leipzig durch drei Jahrhunderte.

171. Abb. Inv. S. 510.

172. Wustmann nennt (Leipzig und seine Bauten) für Petersstr. 24 wie für Klostergasse 5 Werner als Erbauer. Ich weiß nicht, woher er das hat. Mir ist es in den Akten des Ratsarchivs nicht vorgekommen.

173. Huth wurde nach Geißlers Adreßbüchern zwischen 1735 und 1740 Meister, tritt mit Bauten seit 1744 auf und starb erst nach dem siebenjährigen Kriege.

174. Seine schönste Fassade, die des Hauses Löhrsplatz 4, hat man auch abgerissen.

175. Siehe Inv. S. 60, jetzt im Stadtgeschichtlichen Museum.

176. Auch die Grabplastik vom letzten Drittel des 17. Jahrh., zahlreich in der Pauliner- und Johanniskirche vertreten, ist in Leipzig von hoher Qualität und würde eine eigene Untersuchung und eine eingehendere Behandlung als im Inventar verlohnen.

177. Es fanden an Emporen usw. folgende Umbauten statt: 1678–80 in der Nikolaikirche, 1689–99 in der Neuen Kirche, 1707ff. in der Thomas-, 1709–12 in der Pauliner-, 1710f. in der Peters-, 1713 in der Johanniskirche. Vgl. Inv.

178. a. a. O. unter 1665, 68, 68, 69, 74, 75, 77, 78.

179. Nach Vogel a. a. O. begonnen am 7. Nov. 1702, Aufsetzung des Turmknopfes 4. Aug. 1703.

180. Abb. Inv. S. 47.

181. Es verdient Beachtung, daß Vogel die beiden „Baumeister" (vgl. Anm. 12), während deren Amtszeit der Bau entstand, namentlich anführt. Vielleicht sind auch sie an den Planungen irgendwie beteiligt.

182. Ratsarchiv Planabteilung Nr. 255a–d.

183. a. a. O. S. 519.

184. Ratsarchiv Planabteilung 208 u. I i, Akten dazu XXIV B 1 u. 2.

185. Ratsarchiv Planabteilung 31.

186. Abb. Gurlitt Warschauer Bauten Tfl. 8.

187. Vgl. Alfr. Auerbach: Welcher Baumeister hat die St. Salvatorkirche erbaut? In: Heimatblätter des Bundes Heimatschutz, Landesverein Reuß XIII 1926 S. 11f. Herr Dr. Lange machte mich freundlicherweise auf den Artikel aufmerksam.

188. Der Hinweis auf Werner, den Gurlitt gibt, ist ganz unhaltbar: Das Jöchersche Haus ist nicht Kochs Hof, sondern das danebenliegende Haus Markt 2. Außerdem kommt Werner wie gesagt mit selbständigen Bauten erst seit 1726 vor. Abb. s. Inv. Leipzig-Land S. 21.

189. Siehe Inv. Oschatz S. 56 und E. A. Böttger in Neue Sächsische Kirchengalerie: Ephorie Oschatz, Leipzig 1901.

190. Wustmann: Aus Leipzigs Vergangenheit Bd. I S. 163f.

191. Vgl. G. O. Müller a. a. O. S. 24–34 und E. Siegismund in Thieme-Beckers Künstler-Lexikon.

192. Zu Troja vgl. neuerdings die wichtige Arbeit von J. J. Morper über Jean Baptiste Mathey im Münchener Jahrbuch 1927 S. 99–228. Trotz seinem Nachtrag (a. a. O. S. 344) scheint mir der Nachweis nicht erbracht, daß auch der Entwurf der Treppe auf Mathey und nicht auf den Bildhauer Heermann zurückzuführen sei. Die Verbindung mit dem römischen Vorbild der Villa Altieri genügt dafür nicht, da auch Heermann, wie bekannt, „in die 10 Jahre" in Italien studiert hatte. So bleibt für mich der Gegensatz dieses strotzend plastischen und unmäßigen Werkes zu dem kühlen und beherrschten Stil Matheys ausschlaggebend.

193. Abb. Inv. S. 94.

194. Pläne im Ratsarchiv. Vgl. Wustmann in Neujahrsblätter der Staatsbibliothek und des Archivs der Stadt Leipzig II 1906.

195. Abb. Wustmann: Leipzig und seine Bauten.

196. Das Rathaus war in diesen Jahrzehnten verschiedentlich Gegenstand von Beratungen. 1717 hatte August der Starke die Erhöhung um ein Stockwerk und die Verbindung durch eine Brücke mit Apels Haus verlangt, 1734 war George Bähr in Leipzig, um ein Gutachten über die Stützung sich senkender Balken im großen Saal zu geben, und 1744 folgt dann der Turmbau.

197. Aus Leipzigs Vergangenheit Bd. II S. 32f.

198. Einen sehr beachtenswerten Hinweis auf die kunstgeographische Seite unserer Wissenschaft gab Gerstenberg (Bibliothek der Kunstgeschichte Bd. 49, 50), nachdem Jos. Nadler auf sie bereits seine große Literaturgeschichte der deutschen Stämme und Landschaften aufgebaut hatte (vgl. besonders Bd. II, Regensburg 1913). Erst nach dem Abschluß dieses Kapitels wurde sie mir bekannt und bestätigt in manchem meine Resultate über den sächsischen Volks- und Kunstcharakter.

Allerdings scheint mir Nadler die Rassen- bzw. Stammeseigentümlichkeiten un-
berechtigt gegenüber den Faktoren eines gemeinsamen Kulturbodens in den Vordergrund zu rücken. Gemeinsame Heimat vermag viel fester verschiedene Rassen
zu binden als gemeinsame Rasse verschiedene Heimat.

199. Abb. Inv. Tfl. 26, vgl. auch Wiese: Schlesische Plastik, Leipzig 1923.
200. Auch die Hallenser Backofenplastik hat in Leipzig im Meister des Wiedebach-
grabmals der Thomaskirche ihren Anhänger gefunden.
201. Vgl. neuerdings auch bei A. Haupt: Baukunst der Renaissance in Frankreich
und Deutschland (Handbuch der Kunstwissenschaft) S. 289–92.
202. Abb. Dietrich a. a. O. S. 29.
203. Abb. Flottwell: Magdeburgs Bau- und Kunstdenkmäler II. Serie, Berlin o. J.
204. Magdeburger Barock-Architektur, Dessau 1927.
205. Jetzt Städt. Museum. Erbaut 1706–12, nicht 1695, wie sich in allen Handbüchern
findet. Vgl. Overmann in Mitt. d. Ver. f. Gesch. u. Altk. v. Erfurt, Bd. 33, 1912.
206. a. a. O. S. 88.
207. 1680 trennt sich das albertinische Sachsen in vier Nebenlinien: Dresden, Weißen-
fels, Merseburg und Zeitz, vom ernestinischen z. B. allein der Gothaer Teil in acht:
Gotha, Coburg, Meiningen, Römhild, Eisenberg, Eisfeld, Saalfeld.
208. E. Bertram: Nietzsche, Berlin 1918.
209. Die Gründe aufzuzählen, die es mir sicher scheinen lassen, daß der Naumburger
Meister ein geborener Thüringer ist, würde an dieser Stelle zu weit führen. Die
schöne Zusammenstellung Luther-Bach-Naumburg findet sich in Wilhelm Pinders
Naumburger Buche S. 37.
210. S. 270 u. 273.
211. Studien zur Geschichte der sächsischen Plastik . . ., Dresden 1903.
212. Abb. im Atlas von Lutschs Inventar.
213. Die frühesten Beispiele sind in Strehla (AH. Oschatz) und im Dresdner Altertumsmuseum aus Thallwitz (AH. Grimma).
214. Wurzen 1588, Bad Reinerz (nach dem freundlichen Hinweis von Dr. Wiese),
Brilec (Wittingau), Kratenau (Königgrätz).
215. Abbildungen der meisten Bauten befinden sich im Stadtgeschichtlichen Museum.
216. In Anders' Häuser-Chronik falsch 1727–30, bei Leonhardi falsch 1742.
217. Ehemals „Kloster", dann Palais Lastropp. Die Angaben im Inventar, bei Leonhardi und in der Barthelschen Häuser-Chronik sind demnach falsch.
218. Seit 1767 Hôtel de Saxe.

Verzeichnisse

Die einfachen Zahlenangaben beziehen sich auf Seitenzahlen, die mit R. versehenen auf Regestennummern, die mit Abb. versehenen auf Abbildungsnummern.

1. Namensverzeichnis

2. Ortsverzeichnis

3. Verzeichnis der Abbildungen im Text

4. Verzeichnis der Tafeln

1. Deutrichs Hof, Fassade nach der Nikolaistraße (abgerissen)
2. Deutrichs Hof, Fassade nach der Reichsstraße
3. Blatt 17 aus Christian Richters Skizzenbuch (Stadtgesch. Museum)
4. Blatt 16 aus Christian Richters Skizzenbuch (Stadtgesch. Museum)
5. Christian Richter: Alte Börse
6. Andreas Weißmantel und Paul Valentin: Erker Hainstraße 8
7. Erker der Salomonis-Apotheke, Grimmaische Straße 17
8. George Rotzsch und Christian Schmidt: Katharinenstraße 20
9. Erker Katharinenstraße 2
10. Erker Petersstraße 39
11. Leonhard Christoph Sturm: Georg Boses Garten
12. Leonhard Christoph Sturm: Caspar Boses Garten
13. Georg Boses Garten, gezeichnet von Pitzler
14. Fruchthaus in Boses Garten, gezeichnet von Pitzler
15. Gartenhaus in Boses Garten, gezeichnet von Pitzler
16. Leipziger Bürgerhäuser, gezeichnet von Pitzler
17. Leipziger Bürgerhäuser, gezeichnet von Pitzler
18. Große Feuerkugel, Neumarkt 3, gezeichnet von Pitzler
19. Große Feuerkugel, Neumarkt 3
20. Jöchersches Haus, Markt 2
21. David Schatz: Schloß Knauthain
22. Ehemaliges Opernhaus, gezeichnet von Pitzler
23. Johann Gregor Fuchs: Romanushaus, Katharinenstraße 23
24. Johann Gregor Fuchs: Romanushaus, Hof
25. Johann Gregor Fuchs: Romanushaus, Portal nach dem Brühl
26. Johann Gregor Fuchs: Romanushaus, Mittelvorlage nach dem Brühl
27. Johann Gregor Fuchs: Romanushaus, Portal nach der Katharinenstraße
28. Johann Gregor Fuchs: Romanushaus, Giebel nach der Katharinenstraße
29. Johann Christoph Naumann: Entwurf zum Rosenthal-Palais (Ratsarchiv)
30. Johann Gregor Fuchs: Katharinenstraße 11
31. Nikolaus Rempe: Katharinenstraße 18
32. Johann Gregor Fuchs: Königshaus, Markt 17
33. Johann Christian Schmidt und Johann Gregor Fuchs: Katharinenstraße 3
34. Nikolaus Rempe und Andreas Weißmantel?: Hainstraße 23
35. Johann Gregor Fuchs: Entwurf zu einem Gartenhause, Ritterstraße 6
36. Johann Gregor Fuchs: Äckerleins Hof, Markt 11
37. J. G. Fuchs: Äckerleins Hof, Portal nach dem Markt
38. J. G. Fuchs: Äckerleins Hof, Portal nach der Klostergasse
39. J. G. Fuchs: Äckerleins Hof, Hof
40. Ritterstraße 10 (abgerissen)
41. Christian Döring: Katharinenstraße 12
42. Christian Döring: Katharinenstraße 16 und 14
43. Christian Döring: Katharinenstraße 16

89. Schloß Gohlis
90. Haus zum Silbernen Bären, Universitätsstraße 18 (abgerissen)
91. Fürstenstuhl aus der Thomaskirche (Stadtgesch. Museum)
92. Georg Winckler: Vorhalle der Matthäi-Kirche (abgerissen)
93. Ehemaliges Georgenhaus
94. Entwurf zum Georgenhaus (Ratsarchiv)
95. Johann Christoph Naumann: Entwurf zum Reithaus
96. Johann Christoph Naumann: Entwurf zum Reithaus
97. Math. Dan. Pöppelmann: Entwurf zum Peterstor (Ratsarchiv)
98. Math. Dan. Pöppelmann: Entwurf zum Peterstor (Ratsarchiv)
99. Math. Dan. Pöppelmann: Entwurf zum Peterstor (Ratsarchiv)
100. Kapelle des Georgenhauses (abgerissen). Nach einem Aquarell von Hofelich im Stadtgesch. Museum
101. Westportal der Paulinerkirche
102. Adam Jacob oder Johann Michael Senckeisen: Turm der Nikolaikirche

Die den Tafeln zugrunde liegenden Photographien stammen vom sächsischen Landesamt für Denkmalpflege (101), dem Landesverein Sächsischer Heimatschutz (5, 23, 42, 53, 54, 71, 74), dem Leipziger Stadtgeschichtlichen Museum (1, 7, 40, 49, 52, 68, 69, 77, 79, 82, 85, 90, 92, 102), Herrn Architekt Rometsch (2, 28, 76), Frau m. Fimmen-Lindig (6, 8—10, 19, 21, 36, 37, 43, 44, 47, 65—67, 72, 81, 89). Die meisten übrigen Aufnahmen sind für das Marburger Kunstgeschichtliche Institut hergestellt worden.

Nachwort

Mit dem Reprint „Leipziger Barock. Die Baukunst der Barockzeit in Leipzig" von Nikolaus Pevsner, Dresden 1928, legt der VEB E. A. Seemann Verlag Leipzig ein Werk wieder auf, das nach seinem Erscheinen ob seines Inhalts und seiner Methode alle Chancen hatte, ein klassisches Werk der Kunstgeschichtsschreibung zu werden. Seit langem gehört es zu den Desiderata der kunstwissenschaftlichen Fachliteratur, hinzu kommt, für Leipzig, seine große Bedeutung für die Dokumentation einstiger architektonischer Schönheit.

Nikolaus Pevsner hatte seine Studien zur Leipziger Barockarchitektur in den Jahren 1922 und 1923 betrieben, damals standen die kunsthistorischen Forschungen zum Barock gerade erst im vierten Jahrzehnt. Nachdem vor allem Antike und italienische Renaissance die Aufmerksamkeit von Kennern und Kunstfreunden gefesselt hatten und man auch aus patriotischem Gefühle heraus die Gotik als Forschungsgegenstand anerkannte, bedurfte es noch immer einiger Anstrengungen um dem Barock vorbehaltlos entgegenzutreten und um jene Vorurteile auszuräumen, die Aufklärung und Klassizismus gegen die barocke Kunst aufgerichtet hatten. Dies war deshalb besonders schwer, weil mit der Kritik am Barock nicht nur der Vorwurf der barbarischen Geschmacklosigkeit verbunden war, sondern ihm auch immer mit einer negativen moralischen Wertung begegnet wurde. Johann Joachim Winckelmann, der wortgewaltige Verkünder des Klassizismus in Deutschland, dem ein Jahrhundert in seinen ästhetischen und moralischen Urteilen gefolgt ist, sprach schon in seiner Erstlingsschrift „Gedanken über die Nachahmung der griechischen Werke in Malerei und Bildhauerkunst" von 1755 vom „frechen Feuer der Moderne". In der „Geschichte der Kunst des Altertums" 1764 heißt es im 10. Buche im 2. Kapitel von Bernini, er „führte ein großes Verderbnis in die Baukunst ein", und von Boromini wird gesagt, er sei „ausschweifend bis zum rasendsten Sinn." Alle Kritik am späten, verfallenden Feudalabsolutismus am Vorabend der Französischen Revolution mündete ein in die Kritik an der Kunst dieser Epoche. Hinzu kamen im protestantischen Norden alte Vorbehalte gegen den Katholizismus und die Gegenreformation, als deren Werk man den Barock verstand. Man muß sich dies schon vor Augen halten um zu verstehen, welcher Anstrengungen es bedurfte, um barocke Kunst sachlich, objektiv, nach ihren eigenen Gesetzen betrachten und werten zu können. Bildende Künstler und Architekten hatten früher ein neues, produktives Verhältnis zu diesem so verpönten Stil gefunden. In Frankreich entstand aus der Tradition des Rubens heraus mit der Kunst eines Delacroix und eines François Rude der Neubarock, der im letzten Drittel des 19. Jahrhunderts allenthalben in Europa die Architektur bestimmte, die Große Oper in Paris ebenso wie den Dom zu Berlin. Nun erst begann sich die Wissenschaft jenes Stiles anzunehmen, der über mehr als zwei Jahrhunderte in Europa geherrscht und das Große einer Stadt wie das Kleine eines Ornaments geformt hatte. In einem Briefe an Alioth schrieb Jacob Burckhardt 1875 aus Rom: „Mein Respekt vor dem Barocco nimmt stündlich zu, und ich bin geneigt, ihn für das eigentliche Ende und Hauptresultat der lebendigen Architektur zu halten." Die Sachforschung konnte einsetzen, aber noch zwölf Jahre mußten vergehen, ehe jene Bücher erschienen, mit denen die wissenschaftliche Würdigung der Barockarchitektur begann. 1887 erschien von Cornelius Gurlitt die „Geschichte des Barockstils in Italien", ein zweiter Band hatte Belgien, Frankreich, Holland und England zum Inhalt, der dritte, 1889 vorgelegte Band galt der deutschen Barockbaukunst. Heinrich Wölfflin streifte in seinem 1888 veröffentlichten Buch „Renaissance und Barock" alle kulturgeschichtlichen Überlegungen und alle Wertungen einer normativen Ästhetik ab und verglich beide Stile streng nach der formanalytischen Methode. Während Wölfflin den Beginn des Barock in Rom untersuchte, wandte sich August Schmarsow in seinem Werk „Barock und Rokoko" 1897 der gesamten Entwicklung zu; er erkannte den Eigenwert des Rokoko und setzte die Formentwicklung in Bezug zu den historischen Prozessen. Schmarsow, von 1893 bis 1919 Ordinarius für Kunstgeschichte an der Leipziger Universität, fühlte sich Nikolaus Pevsner offenbar besonders verbunden, wie er in seinem Vorwort schreibt, „wenn auch nicht mehr auf Grund persönlich genossener Ausbildung, so doch auf Grund seiner für die ganze wissenschaftliche Methode dieses Buches vorbildlichen Arbeiten über das Wesen des Barockstils." Schließlich war Werner Weisbachs Buch „Der Barock als Kunst der Gegenreformation" 1921 gerade erschienen, als Nikolaus Pevsner seine Untersuchungen zu den Leipziger Barockbauten aufnahm. Sie gediehen ihm so weit, daß er sie 1924 der Philosophischen Fakultät der Leipziger Universität als Inaugural-Dissertation vorlegen und sie mit Erfolg verteidigen konnte. Vier Jahre später erschien dann das Buch nach dem neuesten Stande der Forschung erweitert und redigiert im Verlag Wolfgang Jess in Dresden.

Nikolaus Pevsner wurde am 30. Januar 1902 in Leipzig als Sohn einer Pelzkaufmannsfamilie geboren. Die Erinnerung an das Geburtshaus in der Fregestraße war bald verblaßt, da die Familie umzog, als der Knabe noch keine zwei Jahre alt war, in lebhaftem Gedächtnis aber blieb ihm die großbürgerliche 27-Zimmer-Wohnung in einem Hause in der Schwägerichenstraße, noch der Siebzigjährige erinnerte sich an sie und suchte das Haus beim letzten Besuch in Leipzig auf. Hier scheint sich ihm früh schon ein Bild von Leipziger Bürgertum geformt zu haben, dessen Spuren er in der Architektur um 1700 später wieder aufspüren sollte.

Dem Besuch der Thomasschule folgte ein Studium der Kunstgeschichte in Leipzig, München, Berlin und Frankfurt am Main. Schließlich promovierte er bei Wilhelm Pinder, der seinem Lehrer August Schmarsow auf den Leipziger Lehrstuhl gefolgt war. In den vier folgenden Jahren als Volontärassistent an der Dresdner Gemäldegalerie erschloß er sich ein neues Arbeitsgebiet. Zusammen mit Otto Grautoff brachte er in dem Burger-Brinckmannschen Handbuch der Kunstgeschichte den Band „Barockmalerei in den romanischen Ländern" heraus, Potsdam 1928, er hatte darin den ersten Teil, „Die italienische Malerei vom Ende der Renaissance bis zum ausgehenden Rokoko" geschrieben. Gleichzeitig hatte er seine Dissertation zum Druck vorbereitet. Schließlich folgten die Jahre von 1928 bis 1933 als Privatdozent in Göttingen, in denen er sich mit Kunsthandwerk und Formgestaltung zu beschäftigen begann, ehe er 1934 nach England emigrieren mußte. Für ihn, den Juden, war im faschistischen Deutschland kein Platz. Er teilte das Schicksal der besten Vertreter der deutschen Kunstgeschichte.

Die ersten Jahre im Exil waren auch für ihn schwer; dank seiner letzten Studien fand er Arbeit in der Industrie als Berater für Formgestaltung. Dies wiederum beförderte seine Studien zur neueren und neuesten Baukunst und zum modernen Design. 1936 konnte er eine für dieses Gebiet wegweisende Veröffentlichung vorlegen: „Pioneers of Modern Design". Der deutschen Ausgabe von 1957 „Wegbereiter moderner Formgebung von Morris bis Gropius" lag eine Übersetzung der amerikanischen Publikation von 1949 zugrunde. Die Auseinandersetzung mit der Kunstentwicklung seit dem 19. Jahrhundert führte ihn auch zur Beschäftigung mit der Geschichte von Kunstschulen und Akademien, 1940 erschien „Academies of Art, Past and Present".

Schließlich erhielt er an der Londoner Universität eine Professur und wurde 1941 Direktor der Abteilung Kunstgeschichte am Birkbeck College, von 1949 bis 1955 wirkte er auch als Professor für Kunstgeschichte in Cambridge und ab 1968 in Oxford. Durch eine unermüdliche Vortragstätigkeit in Rundfunk und Fernsehen hat er die Anliegen des Faches und der Denkmalpflege in breiten Kreisen Englands populär gemacht. Neben seiner Lehrtätigkeit sind vor allem zwei Arbeitsfelder besonders hervorzuheben: die Arbeit als Herausgeber und die Inventarisierung der Baudenkmale Englands. Er gab mit den besten Fachwissenschaftlern als Autoren die 30 Bände der „Pelican History of Art", Harmondsworth, Penguin Books, heraus, er förderte als Mitherausgeber und Autor die „Architectural Review" und gab mit John Fleming und Hugh Honour 1966 das „Penguin Dictionary of Architecture" heraus (deutsche Ausgabe des „Lexikon der Weltarchitektur" 1971). An Publikationen, die die Fachentwicklung ebenso beförderten, wie sie die Bedürfnisse breiter Leserschichten berücksichtigten, sind zu nennen „Outline of European Architecture", 1942 (deutsche Fassung: Europäische Architektur von den Anfängen bis zur Gegenwart, 1957), „The Englishness of English Art", 1956, „Studies in Art, Architecture and Design", 2 Bde., 1968 (deutsch 1971), „Some Architectural Writers of the 19th Century", 1972. Sein größtes, bleibendes Verdienst aber ist es wohl, daß er für England das schuf, was für die deutschsprachigen Länder der „Dehio" ist, ein Handbuch der englischen Baudenkmäler. Die 47 Bände umfassende Inventarisierung „The Buildings of England" erschien 1951—1972 in Harmondsworth. Für seine Verdienste um die englische Wissenschaft wurde Sir Nikolaus 1969 geadelt. Er war zu einem der vielseitigsten, anregendsten und wirksamsten bürgerlichen Kunsthistoriker des 20. Jahrhunderts geworden.

Nach einem Besuch 1961 weilte Sir Nikolaus 1977 zum letzten Male in seiner Vaterstadt, Gastvorlesungen am Lehrstuhl für Kunstgeschichte der Karl-Marx-Universität Leipzig waren der Anlaß dazu gewesen. Der Reisetermin des betagten Gelehrten lag zwischen einer Visite in Leningrad und einem Aufenthalt in Israel; körperliche Gebrechlichkeit behinderte keineswegs die Aktivität des Kunsthistorikers. Damals sah er, der Ehrenvorsitzende des Deutschen Bauhausarchivs, der so Entscheidendes für die Erforschung der Architektur und des Kunsthandwerks seit dem Klassizismus geleistet hatte, zum ersten Male das Bauhaus in Dessau und das Wörlitzer Schloß! Als er noch in Leipzig lebte und studierte, gingen seine Interessen in andere Richtungen, als er sich der neueren Kunstgeschichte zuwandte, war ihm durch den Faschismus für 12 Jahre der Weg in seine Heimat versperrt. Am 18. August 1983 verstarb Sir Nikolaus Pevsner hochgeehrt in seiner Wahlheimat.

Dem Sproß einer Leipziger Kaufmannsfamilie müssen die Handelshöfe und Stadtpaläste in der Messestadt einen großen Eindruck gemacht haben, so daß er sie, was damals noch nicht selbstverständlich war, zum Gegenstand seiner Dissertation wählte. Der Eindruck mag wohl vergleichbar dem des jungen Johann Wolfgang von Goethe gewesen sein, von dem dieser noch 1811 in „Dichtung und Wahrheit" lebhaft berichtet: „... ganz nach meinem Sinne waren die mir ungeheuer scheinenden Gebäude, die, nach zwei Straßen ihr Gesicht wendend, in großen, himmelhoch umbauten Hofräumen eine bürgerliche Welt umfassend, großen Burgen, ja Halbstädten ähnlich sind." (J. W. v. Goethe, Poetische Werke, Autobiographische Schriften I, Aus meinem Leben. Dichtung und Wahrheit, Berlin 1967, S. 266 f.) Diese Häuser zeigten noch immer, in welchem Maße die Bürger der Messestadt, die zweimal den Versuch des Landesherrn, sich in ihrer Stadt ein Schloß zu bauen, verhindert hatten und ihn zwangen, während der Messen in einem Bürgerhause zur Miete zu wohnen, einem Vergleich mit dem Adel der Residenz und dessen Bauten standhalten konnten. Ihre Lustgärten, weithin in Europa berühmt, konnten sich mit manchem Schloßgarten messen und die reichen bürgerlichen Sammlungen erlesener Kunst hätten fürstlichen Galerien zum Ruhme gereicht. Doch von Gärten und Sammlungen konnte Nikolaus Pevsner nur noch aus den Quellen erfahren, die großen Gärten waren verschwunden, verändert, überbaut, und die Sammlungen waren in alle Winde zerstreut; kaum etwas davon ist in das Museum der bildenden Künste gekommen. Die Bauten aber standen noch in nicht geringer Zahl, auch wenn der Übergang von der Waren- zur Mustermesse im ausgehenden 19. Jahrhundert schon zu mancher Veränderung im Stadtbild geführt hatte. Erst die Zerstörungen des zweiten Weltkriegs und die Abbrüche der Nachkriegsjahre sollten hier große Lücken reißen. Das Buch von Nikolaus Pevsner dokumentiert auf über 100 Abbildungstafeln jenen Baubestand, der nach dem ersten Weltkrieg das Aussehen Leipzigs prägte. Damals bereits Verlorenes ist in historischen Stichen und Zeichnungen wiedergegeben. So gewinnt diese einzigartige Zusammenfassung Leipziger Barockarchitektur heute den Wert einer Dokumentation, derer sich Städteplaner und Architekten beim innerstädtischen Bauen bedienen sollten, um den alten, unverwechselbaren Charakter dieser Stadt zu erhalten. In einem Regestenanhang sind Auszüge aus den einschlägigen Akten des Ratsarchivs, des Archivs des ehemaligen Baupolizeiamtes, der Plankammer des Hochbauamtes und anderer Archive, auch Dresdener, nach Bauwerken geordnet, zusammengefaßt. Den Regesten zu den Bürgerhäusern folgen solche zu Kirchen und öffentlichen Gebäuden, und zu Schlössern und Landhäusern. Diese Regesten haben späteren Studien zur Leipziger Architektur immer wieder den Weg gewiesen. Anton Springer, der erste Ordinarius für Kunstgeschichte an der Leipziger Universität, hatte einmal zwei Dinge vom Kunsthistoriker gefordert: Gründliche Kenntnis der Denkmale und der literarischen Quellen, der Archivalien also. Beide Forderungen sind in Pevsners Buch zum Leipziger Barock in vorbildlicher Weise erfüllt, sie bestimmten sein methodischen Vorgehen und ließen es vorbildlich für ähnliche Unternehmungen werden. Auf einer ausreichend breiten, soliden historischen und kulturhistorischen Basis, die Leipzigs kulturelle Bedeutung im 17. und 18. Jahrhundert würdigt, wird die Architektur in Leipzig in der Barockzeit dargestellt. Die Bauwerke sind dabei stets der erste und entscheidende Untersuchungsgegenstand. Die aus ihrer Beobachtung gewonnenen Erkenntnisse werden an den Aussagen der Quellen überprüft. Der Vergleich mit der Baukunst in anderen Städten und Landschaften erlaubt die Einordnung der Bauwerke in eine allgemeine Stilentwicklung. Die ausführliche Schilderung der Tätigkeit der für Leipzig wichtigen Architekten — Johann Gregor Fuchs, Christian Döring, David Schatz und George Werner — führt zu ersten biographischen Skizzen dieser Meister, deren ausführliche Darstellung noch immer aussteht. Alles dies fügt sich schließlich zu einer Geschichte der Baukunst des Barock in Leipzig zusammen, unter Beachtung des Zeitstils und der auf Leipzig unterschiedlich einwirkenden Strömungen aus anderen Orten wird die Ausbildung eines eigenen Ortsstils beobachtet und in Bürgerbauten wird ein Gebiet barocker Baukunst vorgestellt, das sonst immer hinter Sakral- und Schloßbau etwas zurückstehen muß. Sechzig Jahre nach dem ersten Erscheinen dieses Buches ist die Literatur zum Barock zu kaum noch überschaubarer Fülle angewachsen und unser Wissen hat im allgemeinen wie im besonderen zugenommen. Eine behutsame Denkmalpflege hat nicht nur Bauten wie das Frege- oder das Bose-Haus vor dem Abbruch bewahrt und in alter Schönheit wieder hergestellt, sie hat durch bauarchäologische Untersuchungen Einsichten über Vorgängerbauten gewinnen können, die Nikolaus Pevsner ganz selbstverständlich versagt bleiben mußten. Auch neuerliche Studien zu Raumverteilung und Raumnutzung haben zu vertieftem Verständnis der Leipziger Handelshöfe geführt und über die Gärten Apels und Boses haben wir wieder klarere Vorstellungen. Dies ist ganz natürlich und wird in gesonderten Publikationen vorzustellen sein; ohne die Pionierleistung Nikolaus Pevsners aber wären diese Untersuchungen kaum erfolgt. Hoffen wir also, daß von dem nun wieder aufgelegten Buche manch neue Anregung ausgehen möge und danken wir dem Verlag und seinen Mitarbeitern, die dieses Buch auf den Gabentisch zum Stadtjubiläum legen.

Leipzig, im Dezember 1988   Ernst Ullmann

Tafeln

1. Deutrichs Hof, Fassade nach der Nikolaistraße (abgerissen)

2. Deutrichs Hof, Fassade nach der Reichsstraße

3. *Blatt 17 aus Christian Richters Skizzenbuch (Stadtgesch. Museum)*

4. *Blatt 16 aus Christian Richters Skizzenbuch (Stadtgesch. Museum)*

5. Christian Richter: Alte Börse

6. *Andreas Weißmantel und Paul Valentin: Erker Hainstraße 8*

7. *Erker der Salomonis-Apotheke, Grimmaische Straße 17*

8. George Rotzsch und Christian Schmidt: Katharinenstraße 20

9. *Erker Katharinenstraße 2*

10. Erker Petersstraße 39

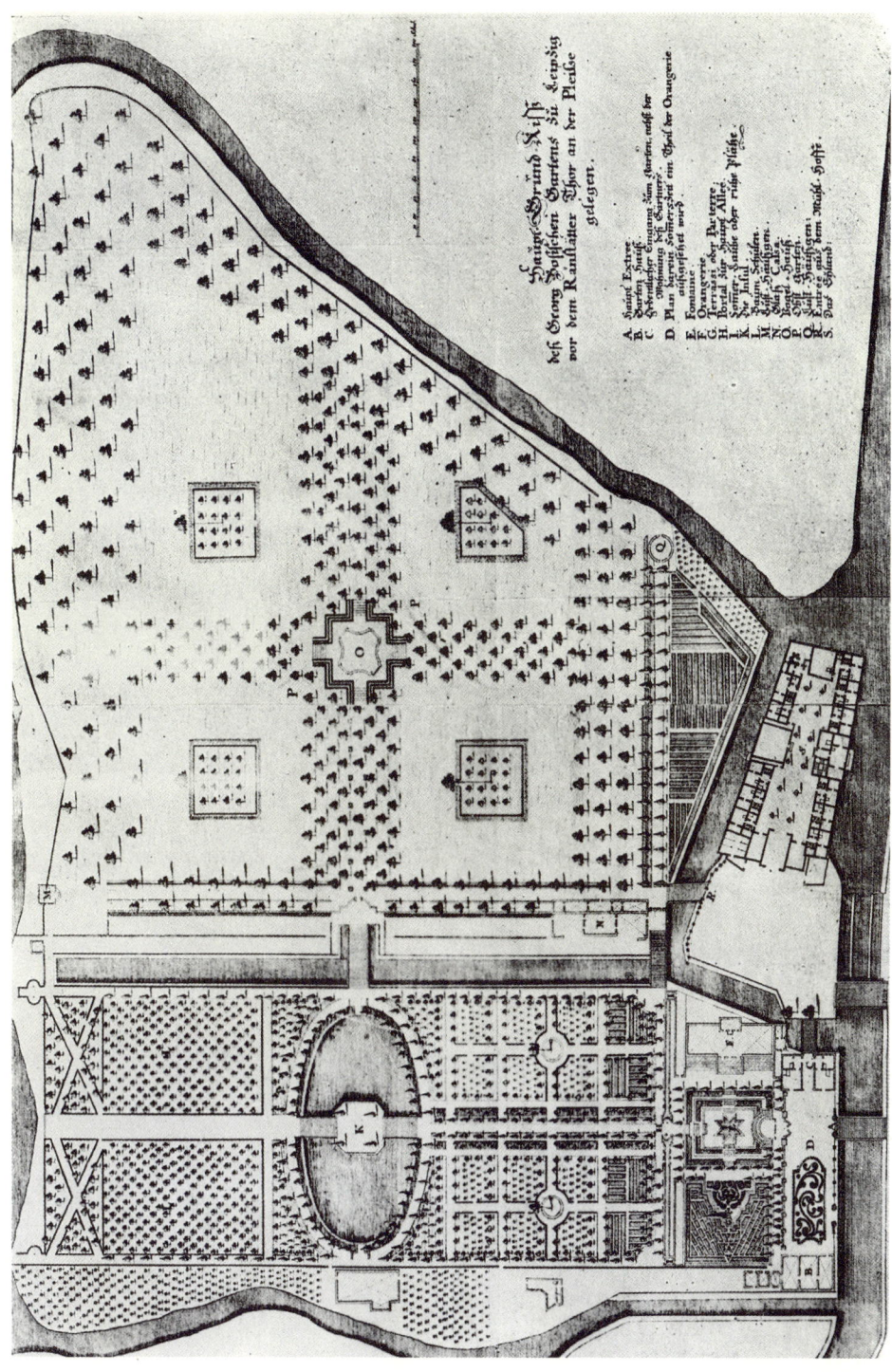

11. Leonhard Christoph Sturm: Georg Boses Garten

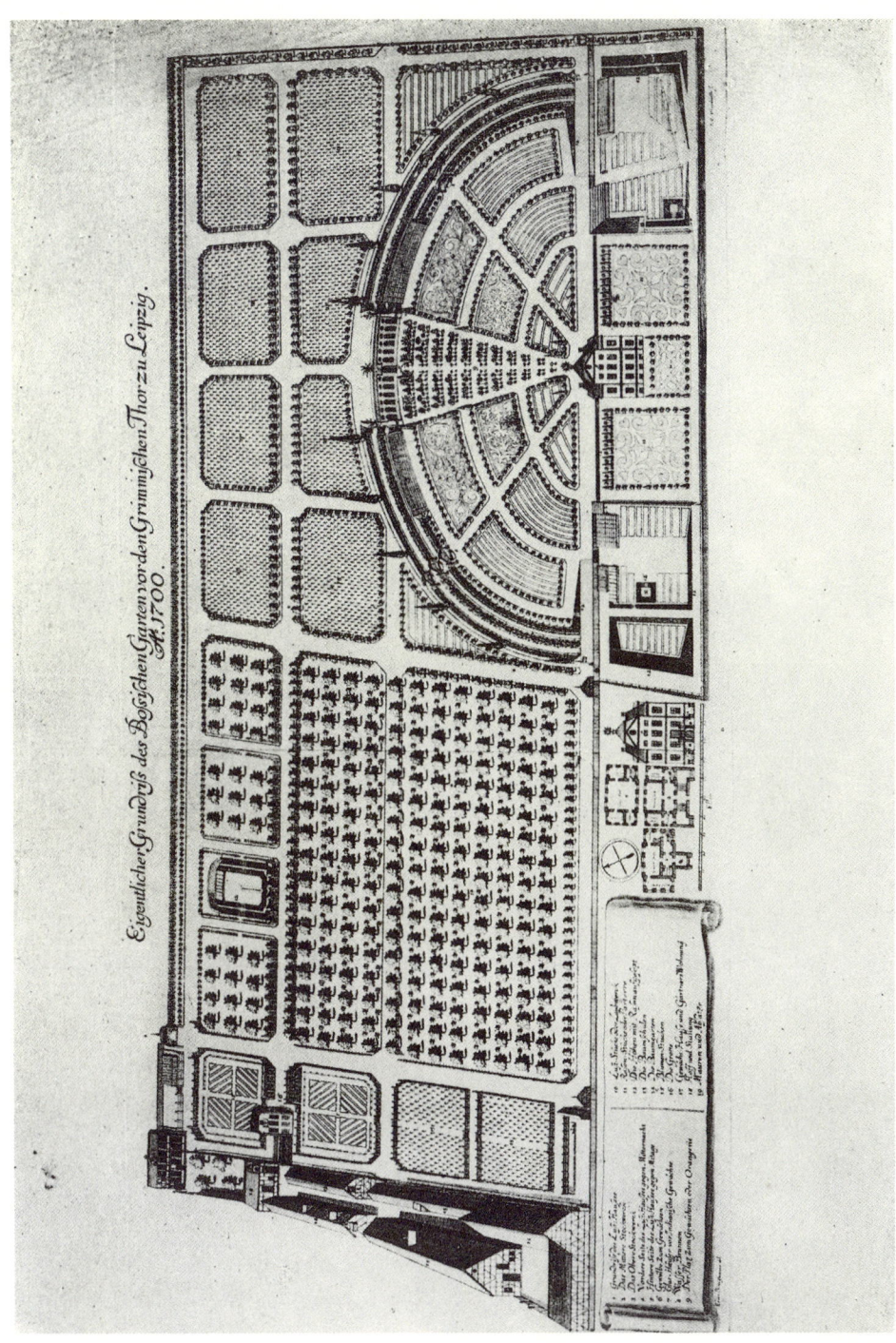

12. *Leonhard Christoph Sturm: Caspar Boses Garten*

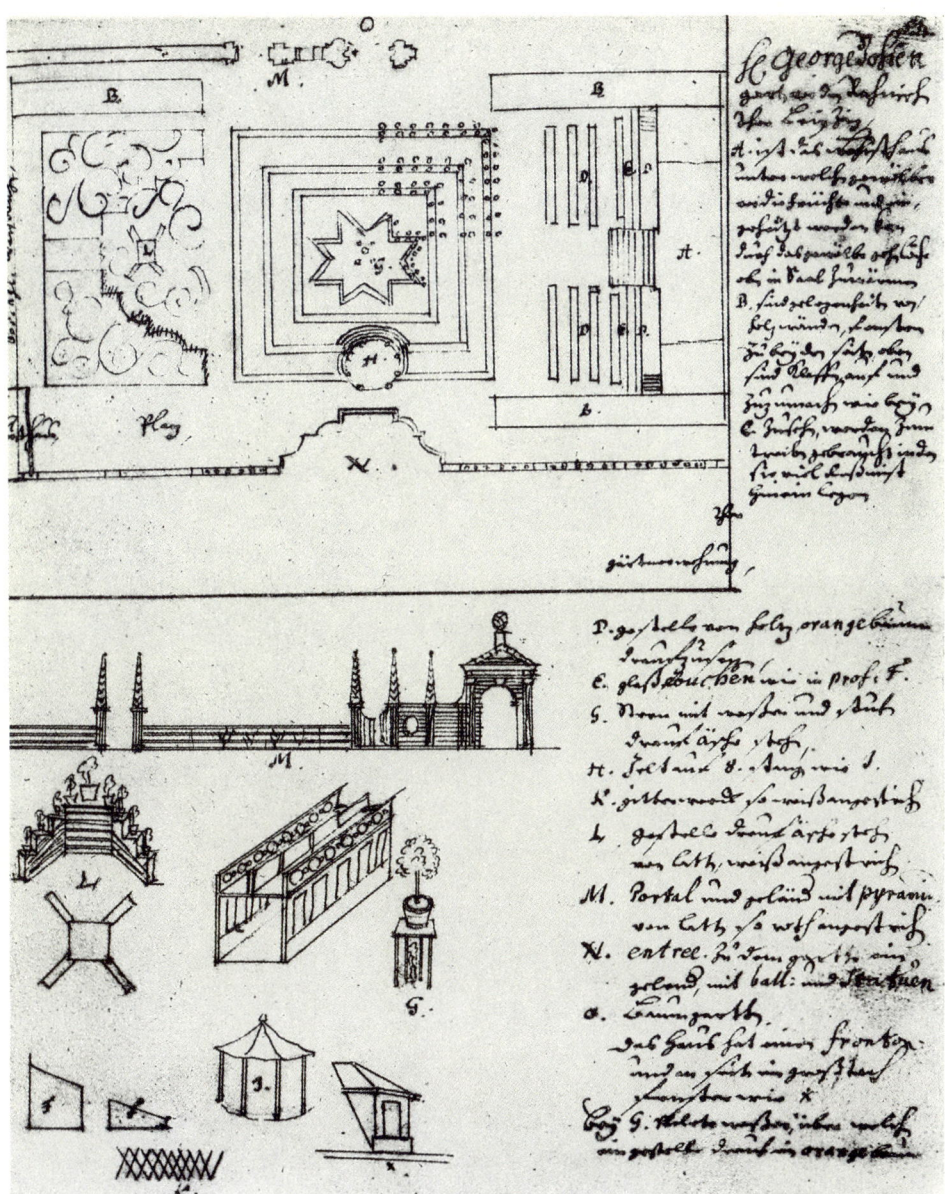

13. Georg Boses Garten, gezeichnet von Pitzler

14. *Fruchthaus in Boses Garten, gezeichnet von Pitzler*

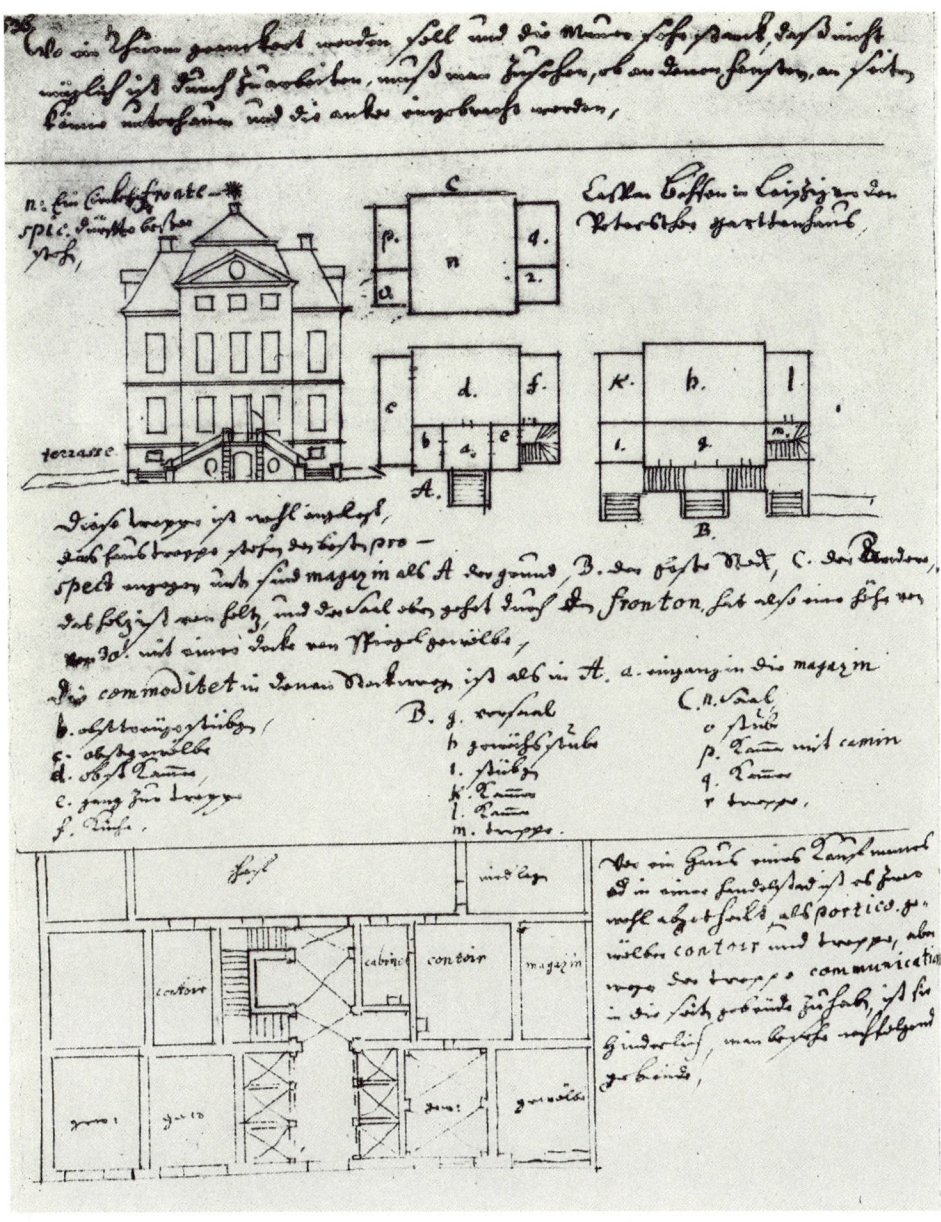

15. *Gartenhaus in Boses Garten, gezeichnet von Pitzler*

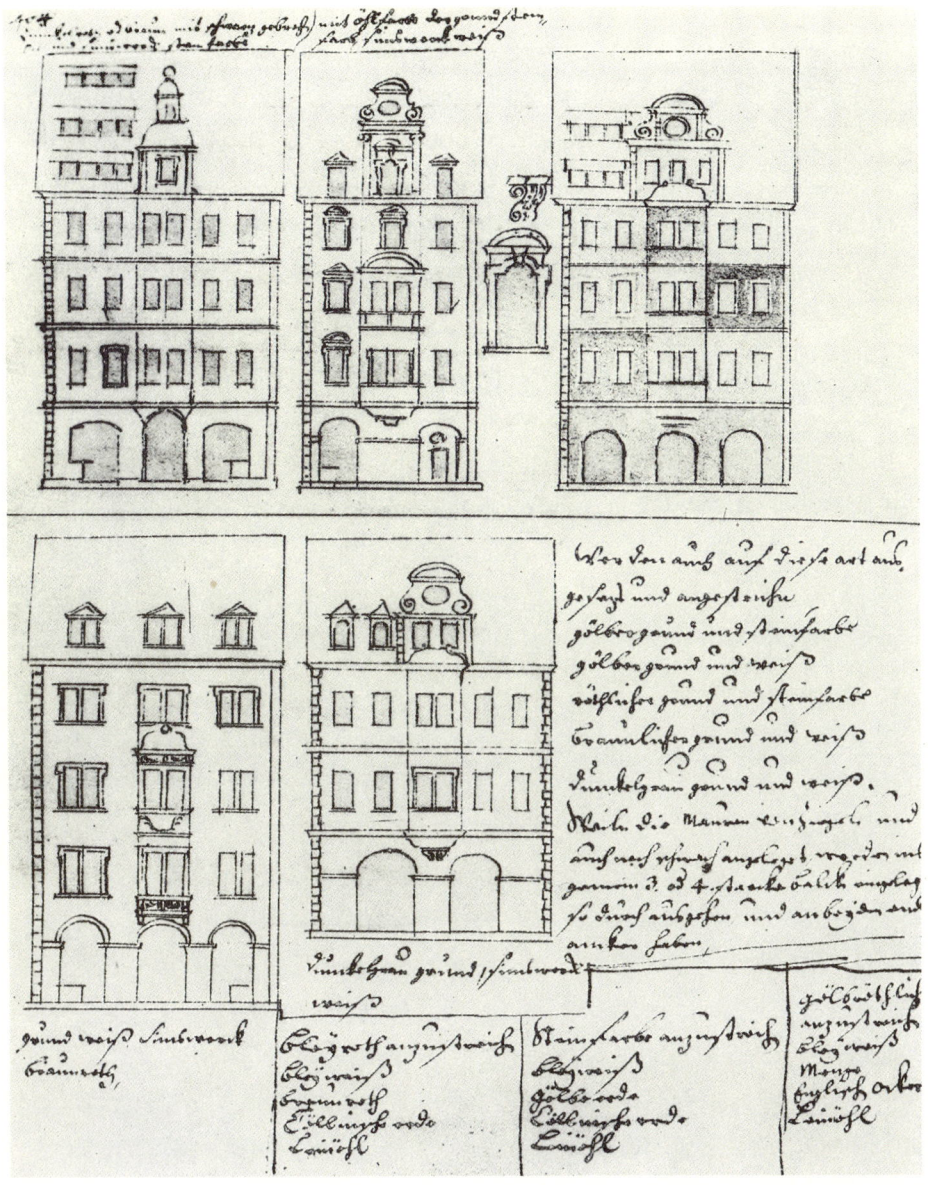

16. *Leipziger Bürgerhäuser, gezeichnet von Pitzler*

17. *Leipziger Bürgerhäuser, gezeichnet von Pitzler*

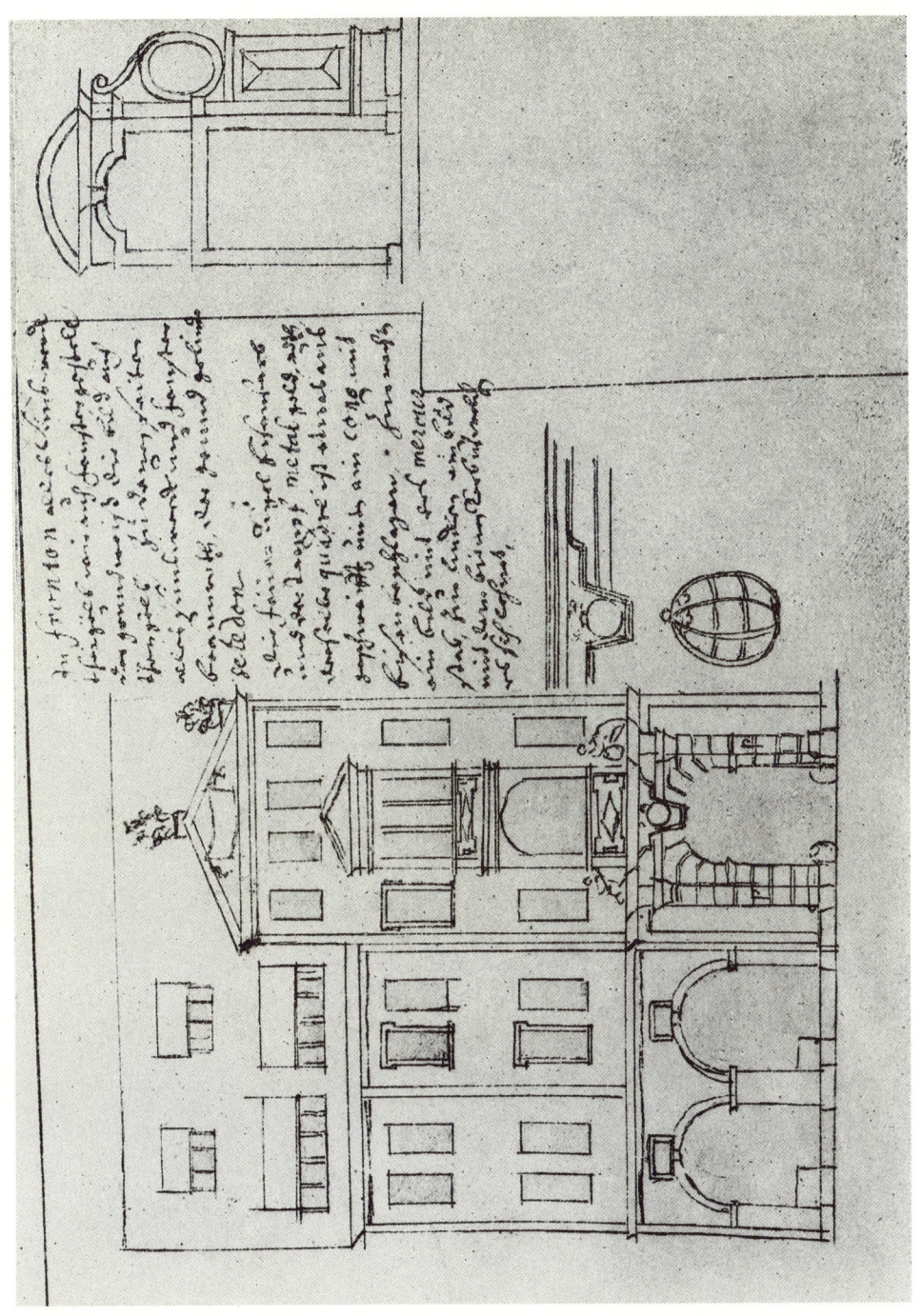

18. Große Feuerkugel, Neumarkt 3, gezeichnet von Pitzler

19. Große Feuerkugel, Neumarkt 3

20. *Jöchersches Haus, Markt 2*

21. David Schatz: Schloß Knauthain

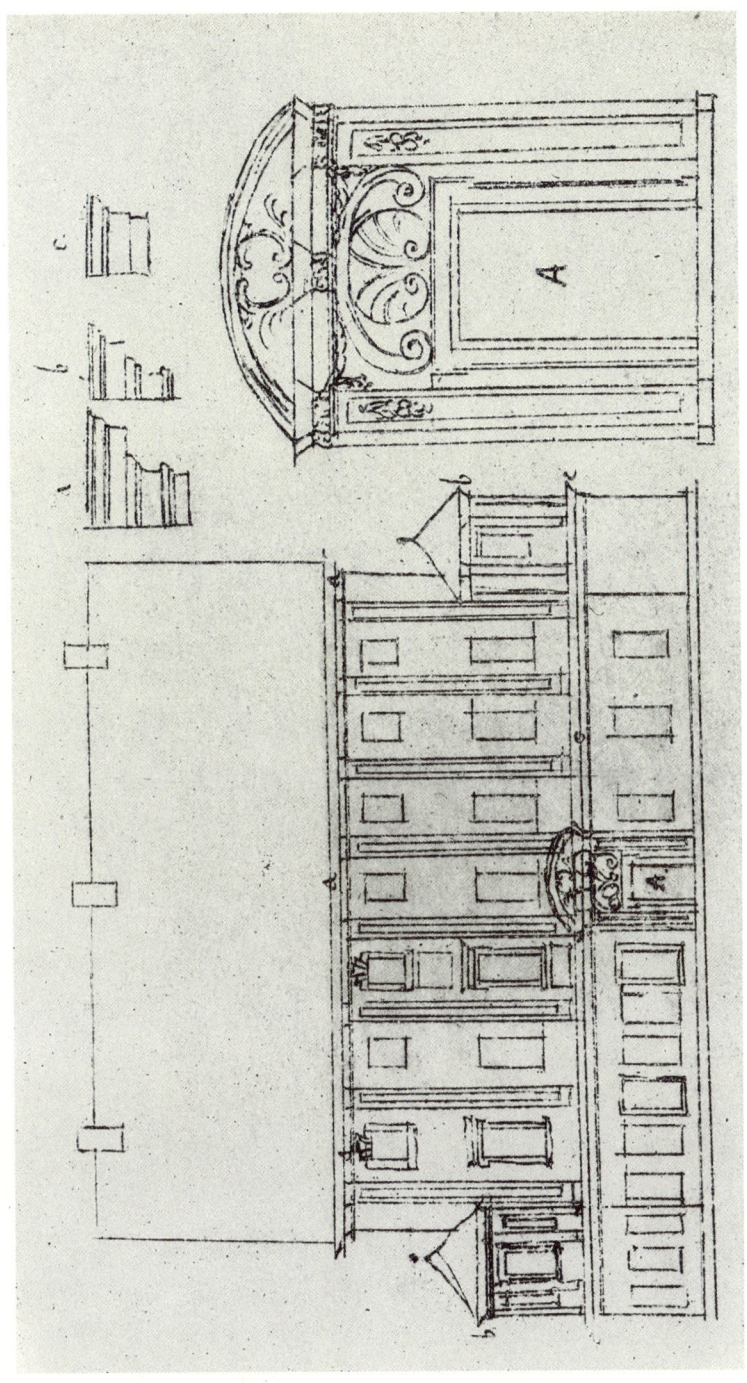

22. *Ehemaliges Opernhaus, gezeichnet von Pitzler*

23. *Johann Gregor Fuchs: Romanushaus, Katharinenstraße 23*

24. *Johann Gregor Fuchs: Romanushaus, Hof*

25. *Johann Gregor Fuchs: Romanushaus, Portal nach dem Brühl*

26. *Johann Gregor Fuchs: Romanushaus, Mittelvorlage nach dem Brühl*

27. *Johann Gregor Fuchs: Romanushaus, Portal nach der Katharinenstraße*

28. Johann Gregor Fuchs: Romanushaus, Giebel nach der Katharinenstraße

29. Johann Christoph Naumann: Entwurf zum Rosenthal-Palais (Ratsarchiv)

30. *Johann Gregor Fuchs: Katharinenstraße 11*

31. Nikolaus Rempe: Katharinenstraße 18

Accuratissima Delineatio aedium elegantissimarum Domini Diterici Apelii, mercatoris longe celeberrimi. Lipsiae.

Io. Ioachim Rühol fecit et excudit Lipsiae.

32. Johann Gregor Fuchs: Königshaus, Markt 17

Maison de Monsieur Theodore Örttel
Lieutenant de la ville de Leipzig du Cercle de Grime et Marchand
tres renommé

33. Johann Christian Schmidt und Johann Gregor Fuchs: Katharinenstraße 3

34. *Nikolaus Rempe und Andreas Weißmantel?: Hainstraße 23*

35. *Johann Gregor Fuchs: Entwurf zu einem Gartenhause, Ritterstraße 6*

36. Johann Gregor Fuchs: Äckerleins Hof, Markt 11

37. *J. G. Fuchs: Äckerleins Hof, Portal nach dem Markt*

38. *J. G. Fuchs:* *Äckerleins Hof, Portal nach der Klostergasse*

39. J. G. Fuchs: Äckerleins Hof, Hof

40. Ritterstraße 10 (abgerissen)

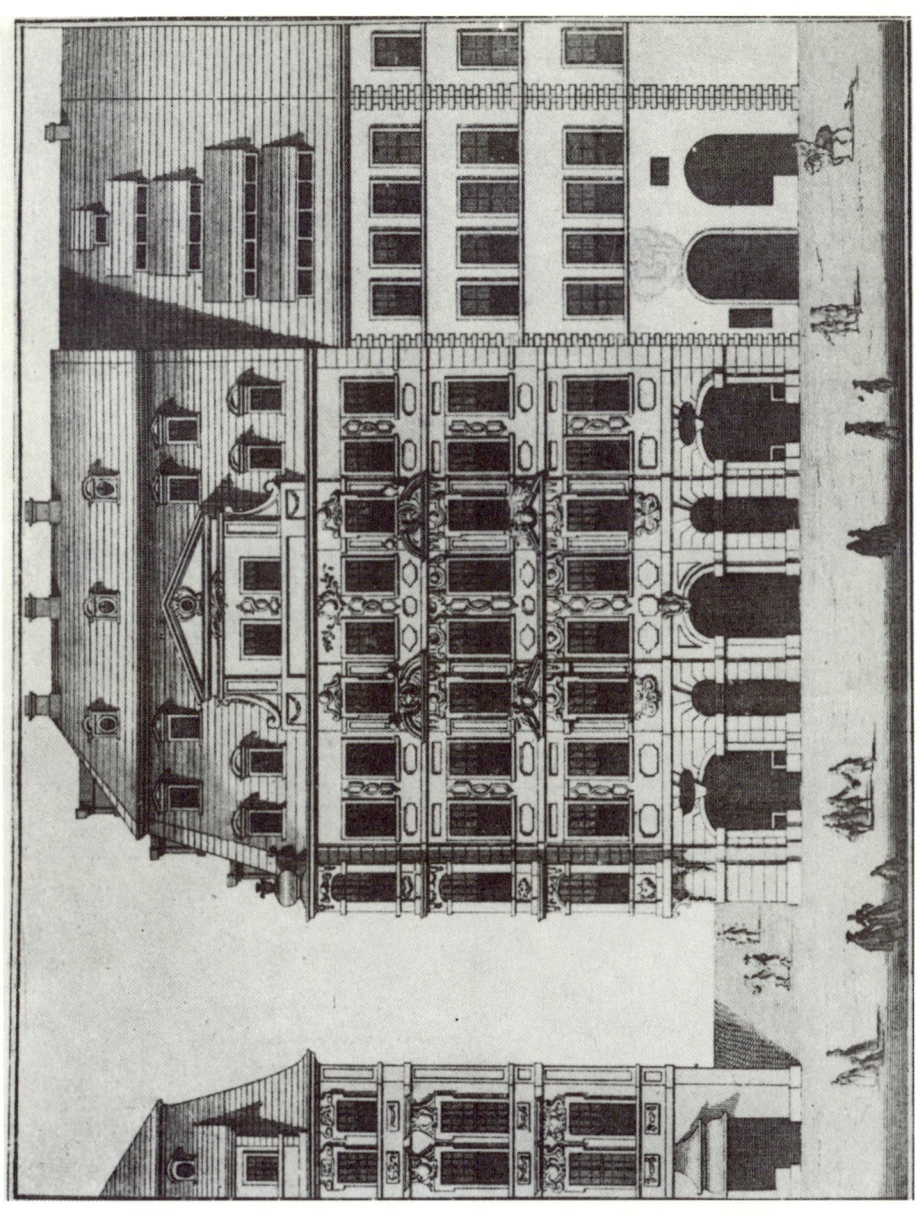

41. *Christian Döring: Katharinenstraße 12*

42. Christian Döring: Katharinenstraße 16 und 14

43. Christian Döring: Katharinenstraße 16

44. *Christian Döring: Katharinenstraße 14*

45. Christian Döring?: Neumarkt 8

46. *Christian Döring?: Grimmaische Straße 20*

47. *Christian Döring: Petersstraße 21*

48. Christian Döring?: Neumarkt 12

49. *Christian Döring?: Haus zum Kaffeebaum, Kleine Fleischergasse 4*

50. *Christian Döring?: Reichsstraße 37*

51. Christian Döring: Jöchersches Haus, Markt 2. Portal

52. David Schatz: Neumarkt 13 (abgerissen)

53. Balthasar Permoser: Jupiter. Statue aus Apels Garten

54. *Balthasar Permoser: Juno. Statue aus Apels Garten*

55. David Schatz: Schloß Burgscheidungen an der Unstrut

56. *David Schatz: Burgscheidungen. Ostflügel*

57. *David Schatz: Burgscheidungen. Hoffassade des Ostflügels*

58. *David Schatz: Burgscheidungen. Gartentreppe des Ostflügels*

59. *David Schatz: Burgscheidungen. Südflügel*

60. *David Schatz: Burgscheidungen. Hoffassade des Südflügels*

61. *David Schatz: Burgscheidungen. Entwurf aus Gruppe I*

62. *David Schatz: Burgscheidungen. Entwurf aus Gruppe II*

63. *David Schatz: Burgscheidungen. Entwurf aus Gruppe IV*

64. *David Schatz: Burgscheidungen. Entwurf aus Gruppe VI*

65. David Schatz?: Schloß Brandis, Hofseite

66. *David Schatz?: Schloß Brandis, Gartenseite*

67. *David Schatz?: Schloß Brandis, Gartenportal*

68. Naschmarkt 1 (abgerissen)

69. Baumgärtnersche Kapelle auf dem Johannisfriedhof

70. *Hotel de Saxe, Klostergasse 9*

71. George Werner: Hohmanns Hof, Petersstraße 15

72. *George Werner: Hohmanns Hof, Petersstraße 15*

73. *Katharinenstraße 5*

74. *George Werner oder Johann Gottfried Schmiedlein: Kochs Hof, Markt 3*

75. *G. Werner oder J. G. Schmiedlein: Kočhs Hof, Fassade nach der Reichsstraße*

76. *George Werner oder Johann Gottfried Schmiedlein: Kochs Hof, Hof*

77. *Westseite des Marktes mit den abgerissenen Häusern Nr. 13 (von George Werner oder Johann Gottfried Schmiedlein) und Nr. 14*

78. Johannisgasse 6

79. Gartenpavillon Johannisgasse 9

80. George Werner: *Alte Thomasschule (abgerissen)*

81. Haus zum Goldenen Bären, Universitätsstraße 11

82. *Friedrich Seltendorff: Richtersches Haus, Gerberstraße 2–4 (abgerissen)*

83. Hof des Hauses Barthels Hof, Markt 8

84. Petersstraße 24

85. George Werner: Markt 5 (abgerissen)

86. *Katharinenstraße 21*

87. Klostergasse 5

88. George Werner?: Katharinenstraße 19

89. Schloß Gohlis

90. Haus zum Silbernen Bären, Universitätsstraße 18 (abgerissen)

91. *Fürstenstuhl aus der Thomaskirche (Stadtgesch. Museum)*

92. *Georg Winckler: Vorhalle der Matthäi-Kirche (abgerissen)*

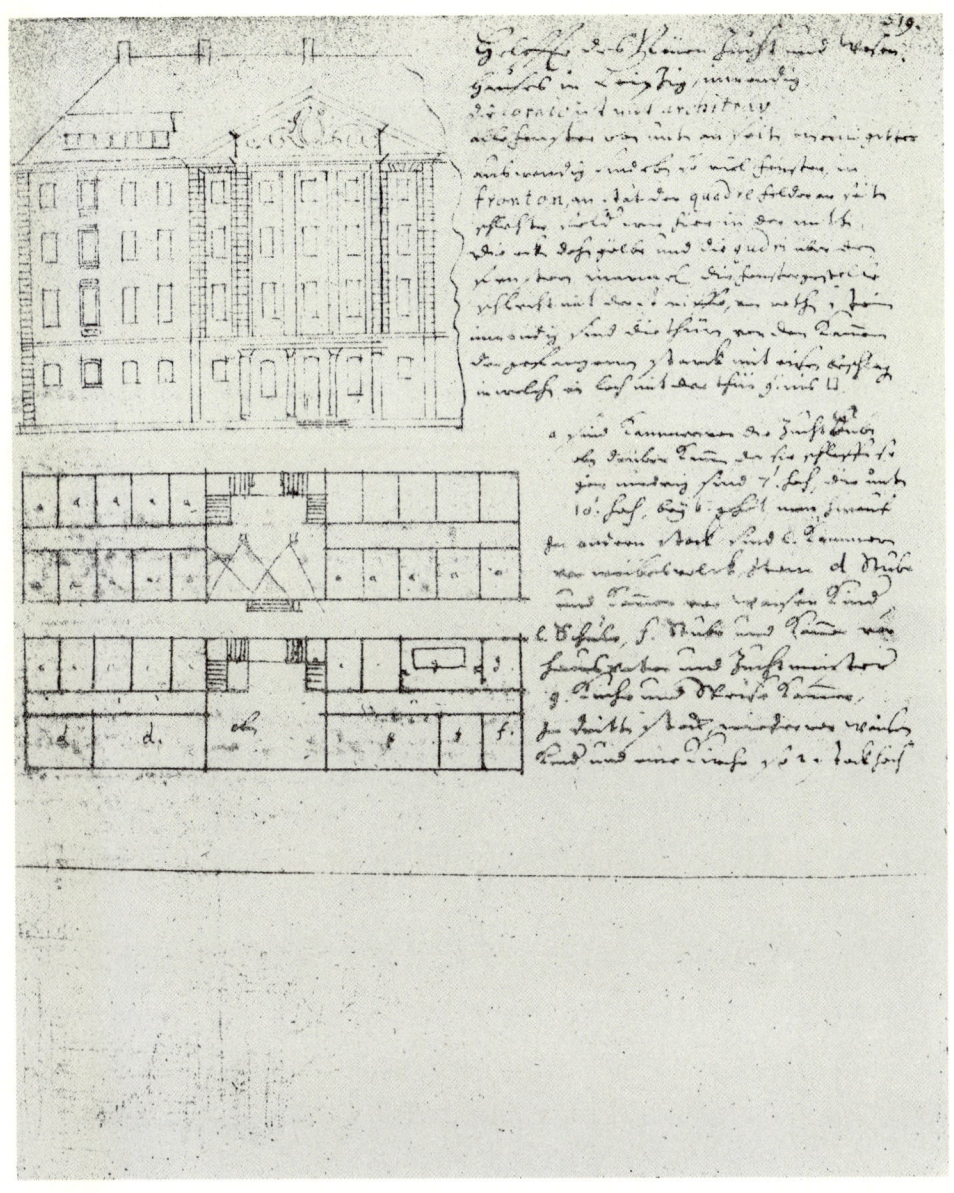

93. Ehemaliges Georgenhaus

Facciata des Haupt. Gebäudes
im Zucht und Waysen Hause.

94. *Entwurf zum Georgenhaus (Ratsarchiv)*

95. *Johann Christoph Naumann: Entwurf zum Reithaus*

96. *Johann Christoph Naumann: Entwurf zum Reithaus*

97. *Math. Dan. Pöppelmann: Entwurf zum Peterstor (Ratsarchiv)*

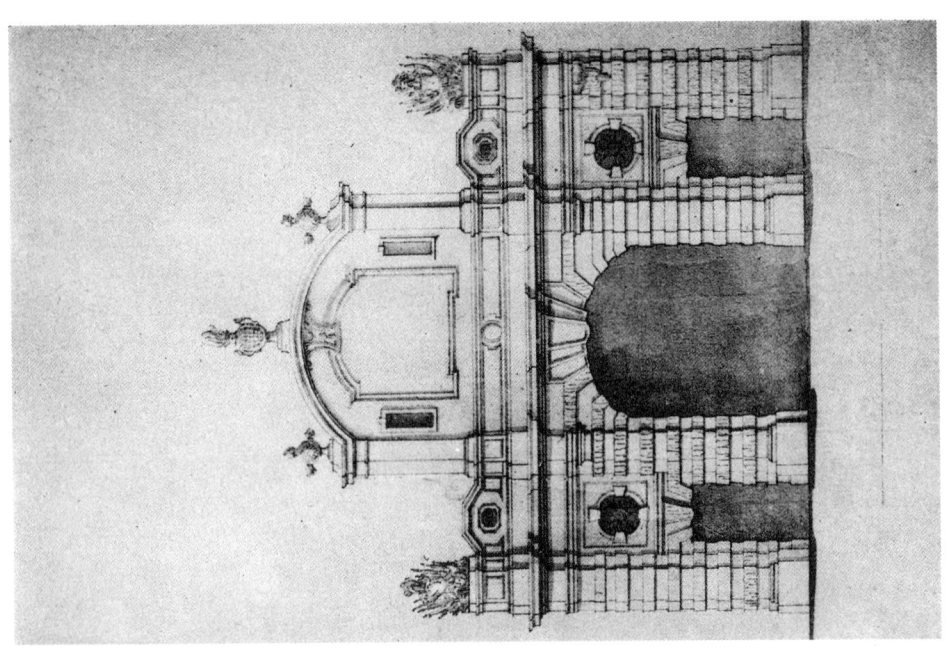

98. *Math. Dan. Pöppelmann: Entwurf zum Peterstor (Ratsarchiv)*

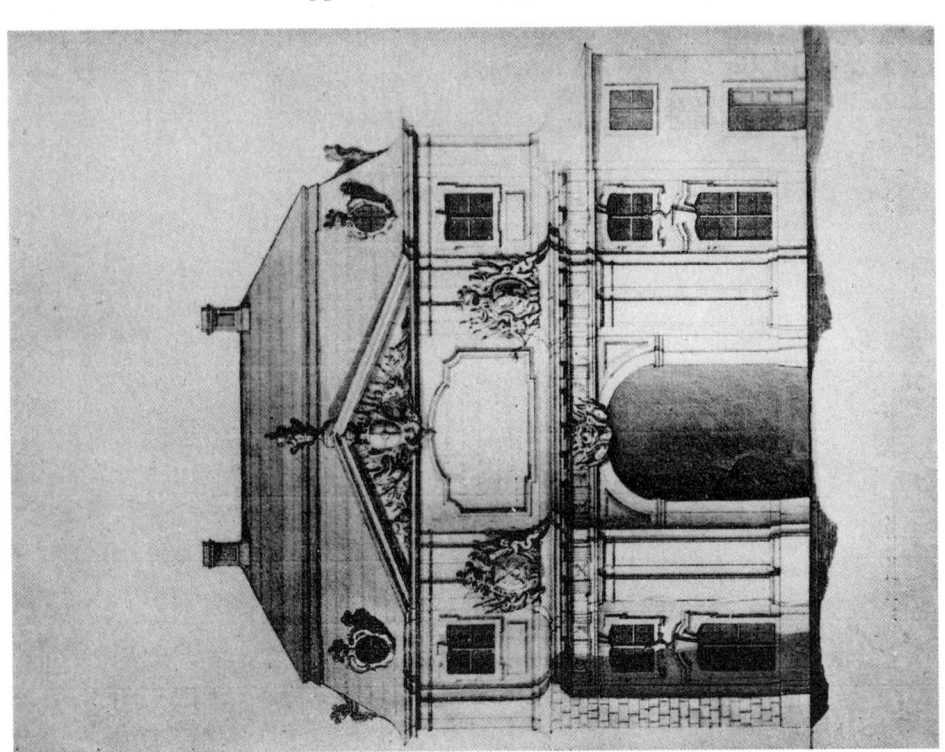

99. *Math. Dan. Pöppelmann: Entwurf zum Peterstor (Ratsarchiv)*

100. *Kapelle des Georgenhauses (abgerissen).*
Nach einem Aquarell von Hofelich im Stadtgesch. Museum

101. Westportal der Paulinerkirche

102. *Adam Jacob oder Johann Michael Senckeisen: Turm der Nikolaikirche*